ミネルヴァ日本評伝選

山名宗全

金吾は鞍馬毘沙門の化身なり

山本隆志著

ミネルヴァ書房

刊行の趣意

「学問は歴史に極まり候ことに候」とは、先哲荻生徂徠のことばである。

歴史のなかにこそ人間の智恵は宿されている。人間の愚かさもそこにはあらわだ。この歴史を探り、歴史に学んでこそ、人間はようやくみずからの正体を知り、いくらかは賢くなることができる。新しい勇気を得て未来に向かうことができる。徂徠はそう言いたかったのだろう。

「ミネルヴァ日本評伝選」は、私たちの直接の先人について、この人間知を学びなおそうという試みである。日本列島の過去に生きた人々の言行を、深く、くわしく探って、そこに現代への批判を聴きとろうとする試みである。日本人ばかりではない。列島の歴史にかかわった多くの異国の人々の声にも耳を傾けよう。

先人たちの書き残した文章をそのひだにまで立ち入って読み、彼らの旅した跡をたどりなおし、彼らのなしとげた事業を広い文脈のなかで注意深く観察しなおす——そのとき、はじめて先人たちはいまの私たちのかたわらによみがえってくる。彼らのなまの声で歴史の智恵を、また人間であることのよろこびと苦しみを、私たちに伝えてくれもするだろう。

この「評伝選」のつらなりのなかから、列島の歴史はおのずからその複雑さと奥ゆきの深さをもって浮かび上がってくるはずだ。これを読むとき、私たちのなかに新たな自信と勇気が湧いてきて、その矜持と勇気をもって「グローバリゼーション」の世紀に立ち向かってゆくことができる——そのような「ミネルヴァ日本評伝選」にしたいと、私たちは願っている。

平成十五年（二〇〇三）九月

上横手雅敬
芳賀　徹

毘沙門天像（鞍馬寺蔵）

武神であるが福神としても信仰され，洛中・洛外の人々が参詣した。山名宗全はこの化身との評判であった。

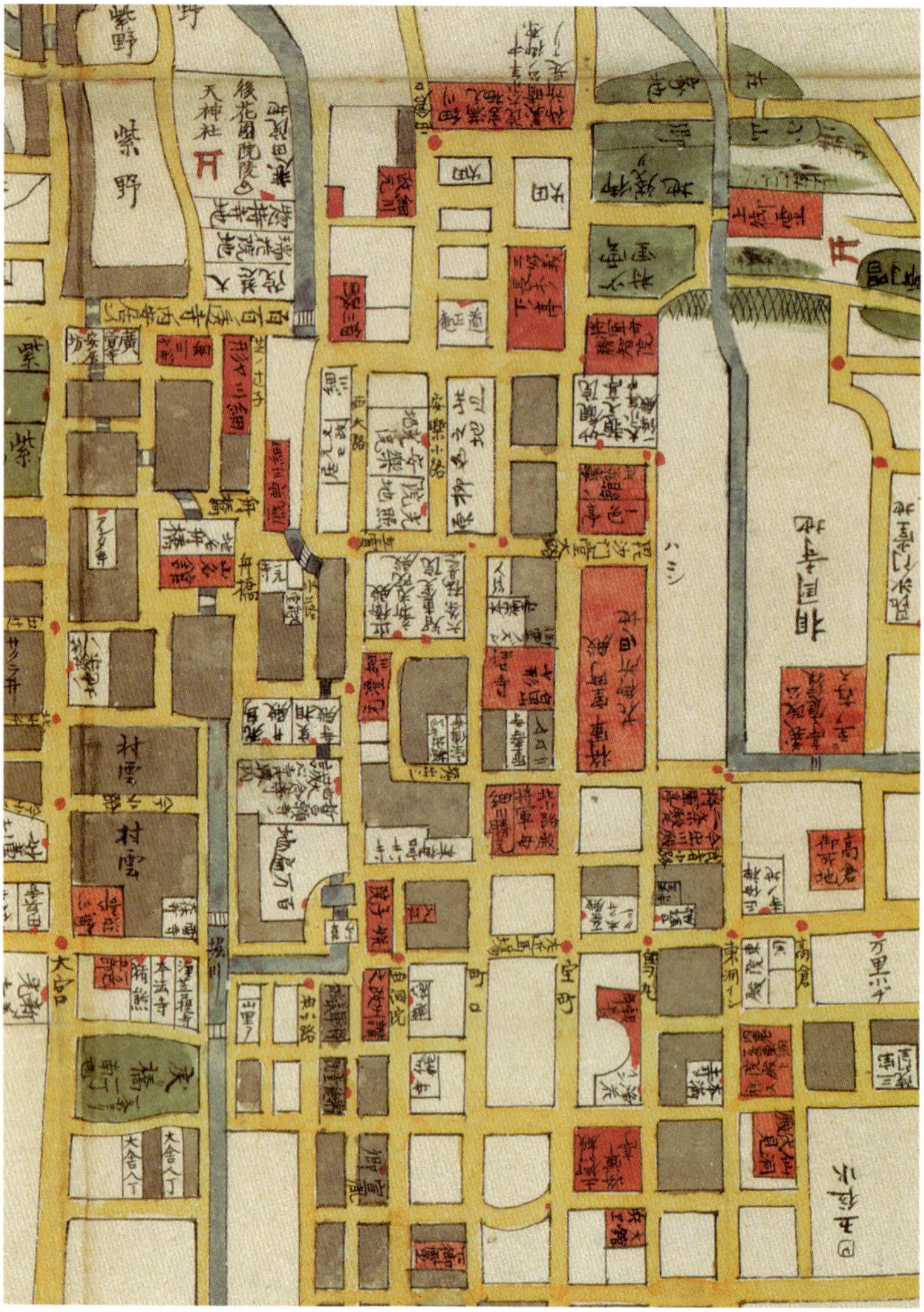

山名邸周辺　「皇州緒餘撰部中昔京師地圖」（筑波大学附属図書館蔵）

中央左寄りに「山名館」と見える（赤色）。その左下には「芝ノ薬ノ地」（白色）も見え，この一帯が宗全屋形であった。

「山名宗全・細川勝元確執之図」（鳥取市歴史博物館蔵）

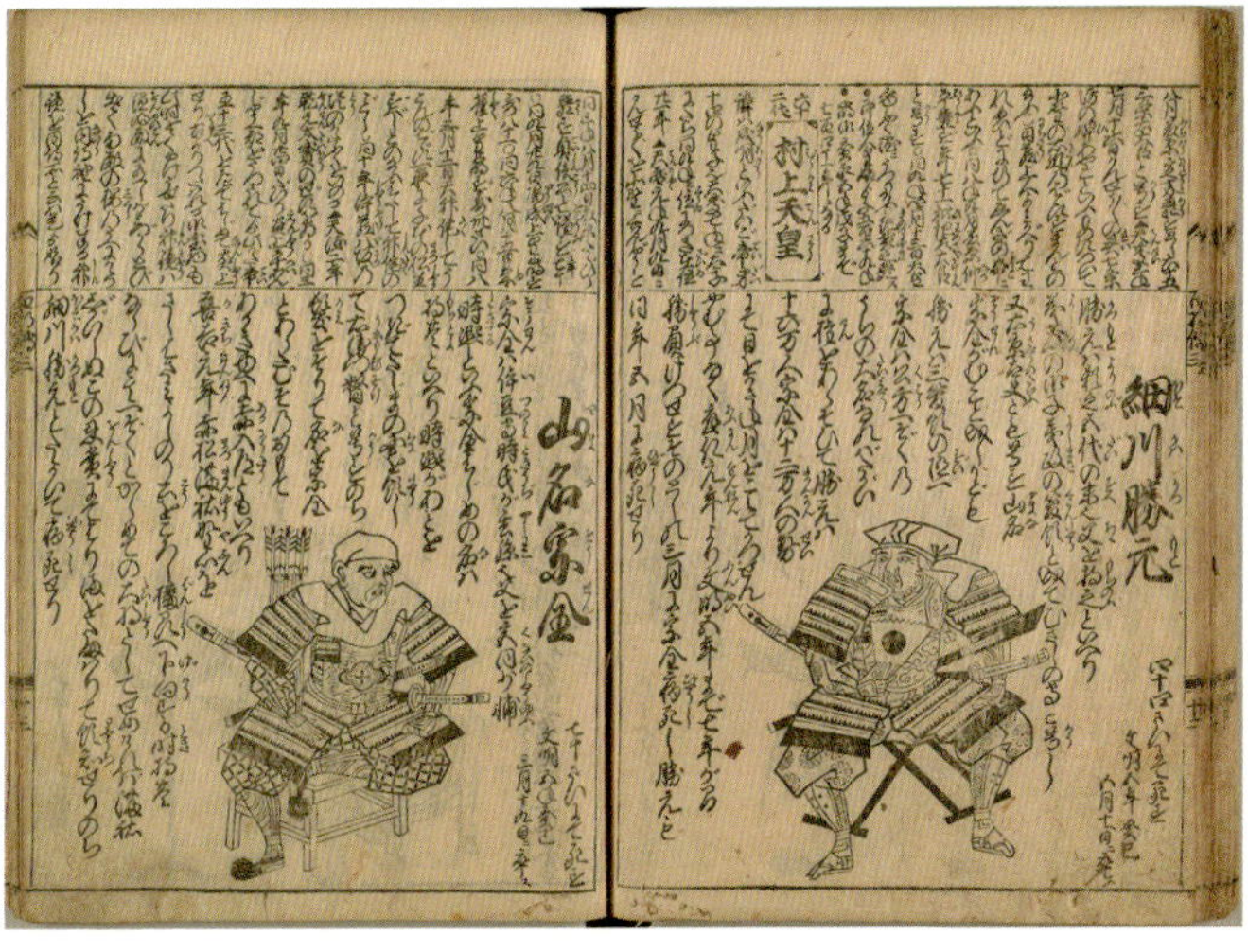

山名宗全と細川勝元

「本朝百人武将傳」四巻（国立国会図書館蔵）部分

真弓（生野）峠（兵庫県生野市・神河町）（たつの市教育委員会提供）
但馬から播磨に越える峠。赤松氏との合戦に際して，山名宗全は但馬に入り，この峠を経て，播磨中心部に向かった。

南禅寺真乗院（京都市左京区南禅寺福地町）

はじめに

山名持豊《やまなもちとよ》という名を記憶していますか。そうです、応仁の乱の時の人物です。細川勝元《かつもと》と戦いました。この戦乱を経て、日本列島は戦国の世に入ります。学校の歴史教科書には「将軍義政《よしまさ》に男子（義尚《よしひさ》）が生まれると、弟の義視《よしみ》と義尚との間が対立関係となり、また斯波《しば》氏や畠山氏でも家督争いが起こっていた。これらが幕府実力者の細川勝元と山名宗全《そうぜん》の対立と結びつき、両派は応仁元年に東西に陣をかまえて戦いをはじめた」という趣旨の文が書かれています。室町幕府の将軍家でも、管領《かんれい》家でも家督争いが起こっており、それが解決できないまま、細川派と山名派に分かれ、合戦に発展したのでした。

細川勝元も山名宗全も、守護大名と呼ばれています。守護という権力をテコにして大名の権勢を築いていています。このような守護大名は、戦国大名に比べて、馴染みの薄い存在です。戦国大名では、上杉謙信・武田信玄・北条早雲・伊達政宗・毛利元就・大友義鎮《よししげ》など多くの名前を思い浮かべることができます。いっぽう守護大名はどうでしょうか。歴史教科書では、守護の領国制の説明には頁を割いていますが、守護大名については「六分一殿《ろくぶんのいちどの》」と言われた山名氏清《うじきよ》と将軍を殺害した赤松満祐《みつすけ》の名前は出てきますが、あとは細川・斯波・畠山など足利一門の名字を書くだけで人名までを記すものは少ないのです。

守護大名は、領国を持っていますが、ほとんどが京都に屋形をもち、居住しています。関東・奥羽以外の守護は京都に出て、幕府の政治に参加しています。山名持豊（宗全）も但馬を領国として支配していますが、その政治力は主に京都で形成されています。京都こそが守護大名の活動の場なのです。地方の領国は彼らの富と権勢の基盤ですが、それとても幕府に参加することによって維持できるのです。

室町幕府は将軍を中心とした権力ですが、将軍を補佐する役職として管領があります。細川・斯波・畠山の三氏（三管領）の中から一人を、将軍が任命します。三氏ともに足利氏の一門です。また幕府の所在する京都を支配する侍所《さむらいどころ》（所司）には、山名・赤松・京極《きょうごく》・一色《いっしき》の四氏のなかから一人が任命されます（四職）。赤松以外は源氏です。これらの一族はみな守護大名の家柄ですが、幕府に参加しているのです。

幕府の所在する京都には朝廷と寺社があります。東寺《とうじ》・賀茂《かも》社などの寺社も朝廷を動かす力を持っています。また少し離れた比叡山には延暦寺・日吉《ひえ》社が、奈良には興福寺・春日社があり、京都まで影響を及ぼしています。京都に樹立された幕府は、この朝廷・寺社と協調しながら、国家体制を動かしているのです。

山名持豊は侍所の家柄である山名家に生まれました。そして持豊は侍所別当《べっとう》に永享十二年五月から嘉吉《かきつ》元年七月までの間、就任していました。これは彼が幕府に参加していた期間のなかでは前半です。それ以後の時期、持豊は侍所に就いていませんし、他の山名一族も就いていません。山名一族の侍所就任は南北朝期がほとんどですが、持豊の前では兄の満時《みつとき》が短期間（応永二十一年三〜六月）就いたことがありました。でもその後は持豊だけです。つまり山名一族は侍所の家柄でありながら、就任は少ないのです。幕府の役職には就いていなかったのですが、それでもいろいろな場面で幕政に参画して、大きな権勢を振るったのです。役職を超えて幕府を動かす力量があったのです。幕府の側でも持豊の社会的権勢に依存しているのです。つまり役職に就いていたから持豊に権勢があったのではなく、持豊の社会的権勢が幕府参加の原動力になっているのです。このことは細川勝元などにも当てはまりますが、持豊にこそ、そのことがうかがわれます。

その持豊の社会的実力が育まれた場所は京都という政治世界であったと思います。武家のなかでの政治的訓練や公家・寺院・僧との付き合いを経て、彼の政治的手腕が形成されていったのでしょう。入道となり、宗峯《そうほう》のち宗全と称したのも、そうした世界での振る舞いと理解されます。

持豊（宗全）という人物が、気性はげしく、時には勇猛果敢に、時には慎重に、行動し戦ったのは京都という政治舞台と関連があるものと思われます。室町時代の都市京都という政治世界が彼の個性をひきだしたともいえるのでないかと思います。大名山名宗全の生涯は都市京都とともにあったことを叙述してみるつもりです。

山名宗全——金吾は鞍馬毘沙門の化身なり　目次

目　次

図版写真一覧

山名氏系図（作成山本隆志）

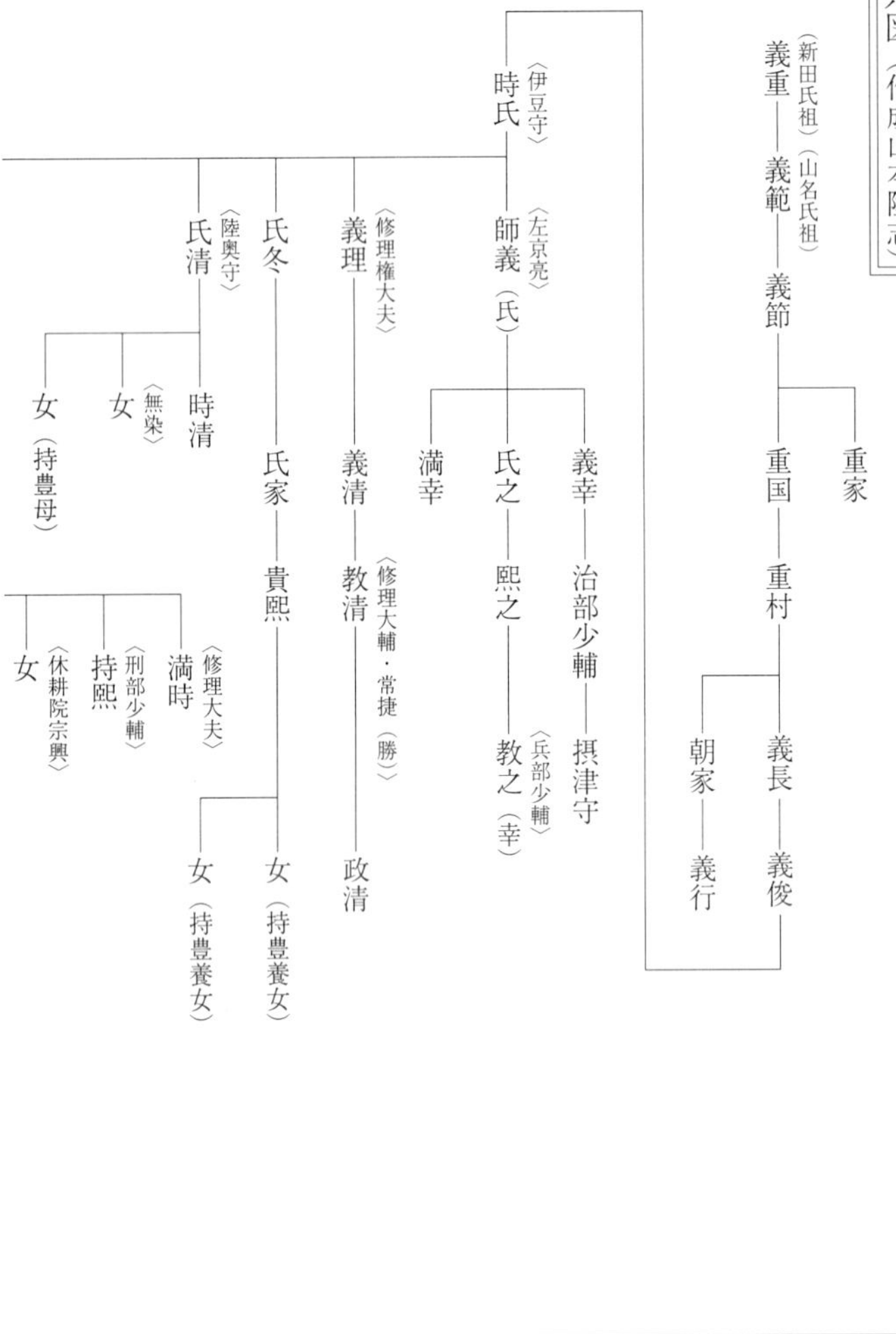

- 時義
  - 時熙〈宮内少輔・巨川〉
    - 持豊（宗全）〈弾正少弼・右衛門佐〉
      - 教豊〈弾正少弼〉
        - 政豊〈弾正少弼〉
          - 俊豊〈弾正少弼〉
          - 致豊〈弾正少弼〉
          - 誠豊〈右衛門督〉
      - 政豊
      - 是豊〈弾正忠〉
      - 勝豊〈左衛門佐〉
      - 女（養女、大内教清妻）
      - 女（養女、斯波義廉妻）
      - 女（養女、細川勝元妻）
    - 女〈安清院〉
    - 熙高〈上総介〉
- 氏重〈右馬助〉
- 高義〈修理亮〉

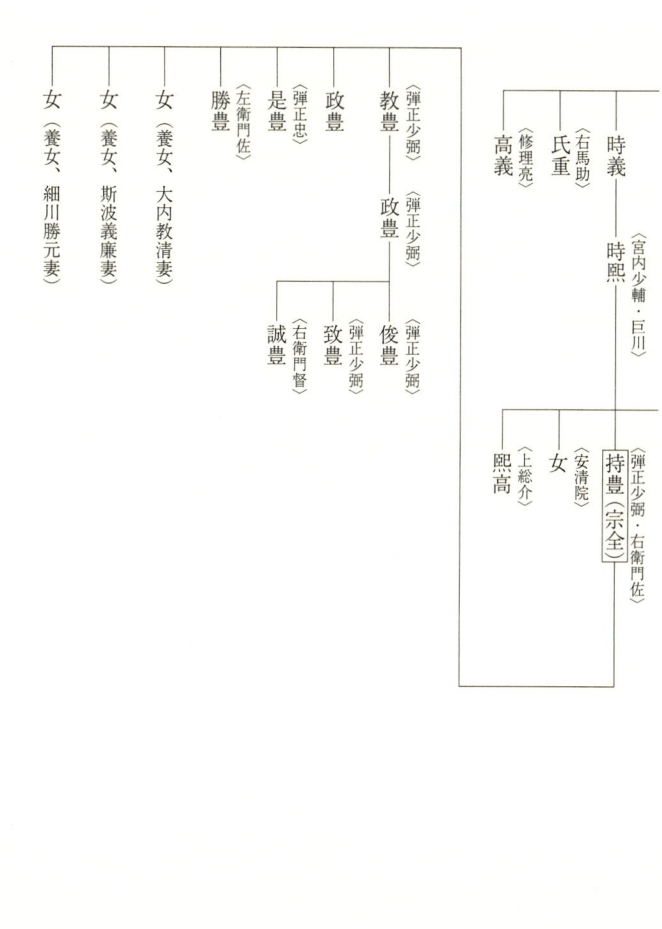

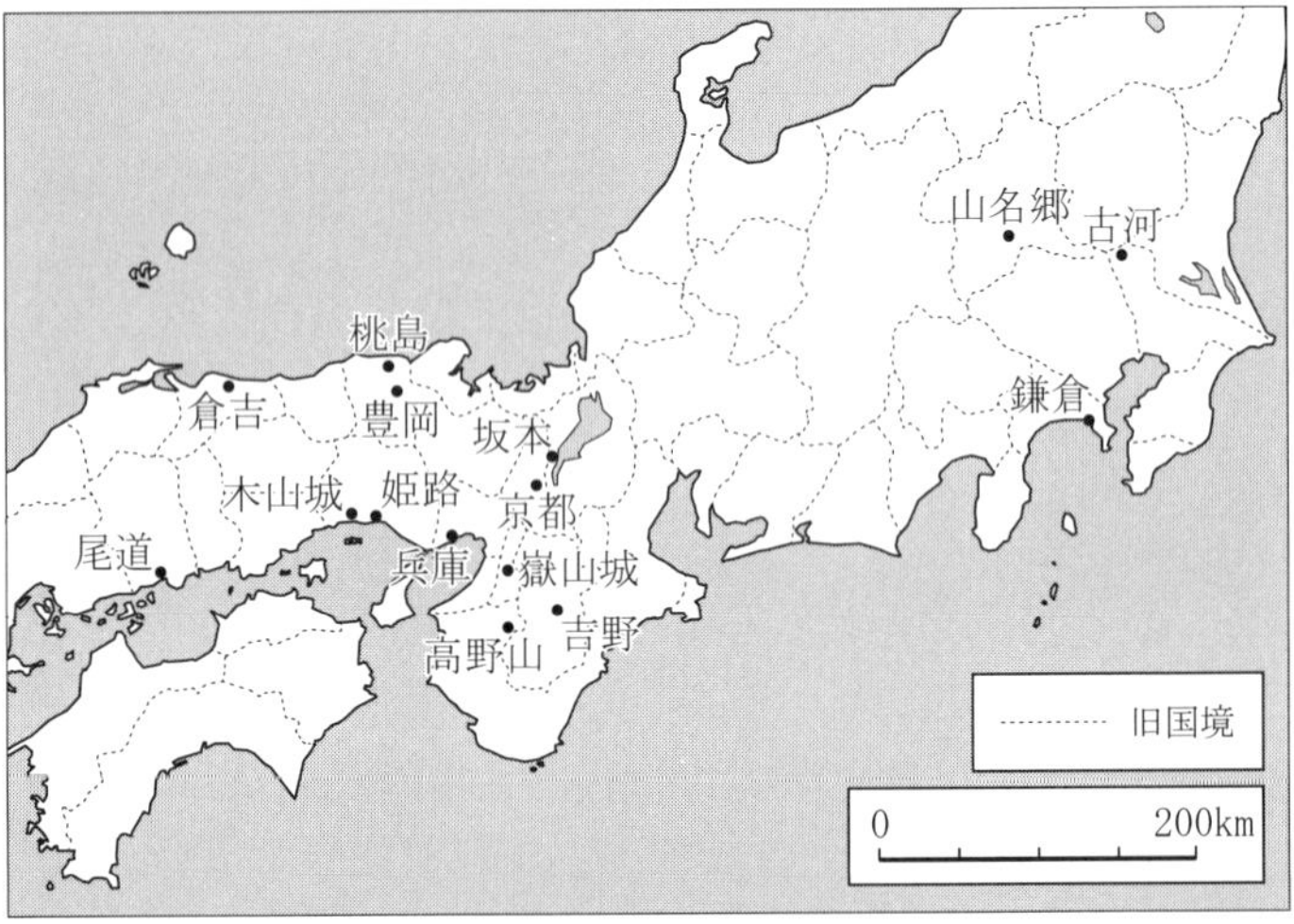

図1　全体図（作成　山本・武田）

山名宗全は京都を中心に畿内・近国を主な活動範囲としていたが，西は尾道，東は上野国山名郷まで関心をもっていた。

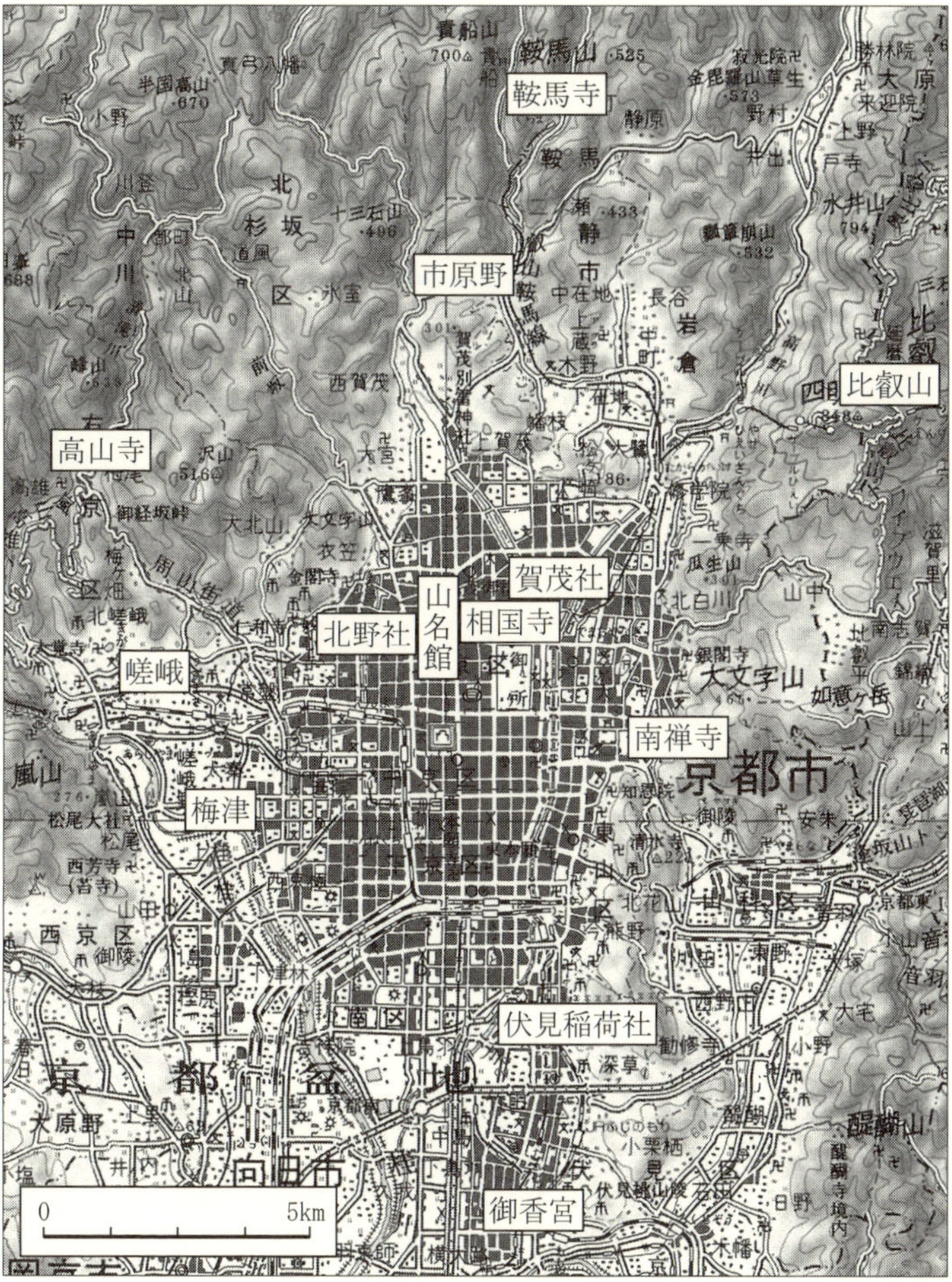

図２　京都と周辺

（国土地理院20万分の１地勢図「京都及大阪」〔平成23年要部修正〕）（作成　山本・武田）

第一章　関東から山陰・京都へ

1　山名氏の成立

新田氏流の山名氏

山名氏発祥の地は上野国山名郷である。烏《からす》川と鏑《かぶら》川という二つの川が合流する低地帯に位置する。ここに広がる水田地帯に立つと、赤城《あかぎ》・榛名《はるな》・浅間《あさま》の山を眺望できるが、冬の晴れた日には冷たい空っ風が吹きぬける。京都から遠くはなれた北関東の地であるが、山名氏の成立は首都の政治情勢と関係していた。源氏の足利氏・新田《にった》氏は源義国《よしくに》に始まるが、義国は京都で起こした紛争のために、久安六年（一一五〇）下野《しもつけ》国足利に下向した。義国は首都の軍事貴族である源義家《よしいえ》の子であるが、父は都と東国・陸奥《むつ》を往復していて早くから関東に拠点をもっていた。その義国の東国での基盤の一つに藤原姓足利氏があり、義国はその因縁で下野国足利に退いたのである。

足利に下った義国は渡良瀬《わたらせ》川を越えて、上野国新田郡にも進出した。その義国の権益を継承したのが義重《よししげ》である。彼は新田庄を本領として確立するとともに、京都に出て後白河院政・平氏政権に奉仕した。ところが治承四年（一一八〇）八月に源頼朝が伊豆で挙兵して南関東を勢力圏にすると、その鎮圧を理由にして新田義重は上野国に下った。源平内乱のなかで、義重は寺尾城（高崎市）に拠りながらも、やがて新田庄世良田《せらだ》に居館を建設した。

その過程で、義重は上野国西部の現地勢力と接触して、子息に山名義範《よしのり》が、孫に里見義成《さとみよしなり》ができた。新田氏系山名氏の成立であった（山本隆志『東国における武士勢力の成立と展開』）。これが上野国西部を本拠とする新田一族としての山名氏・里見氏の始まりである。

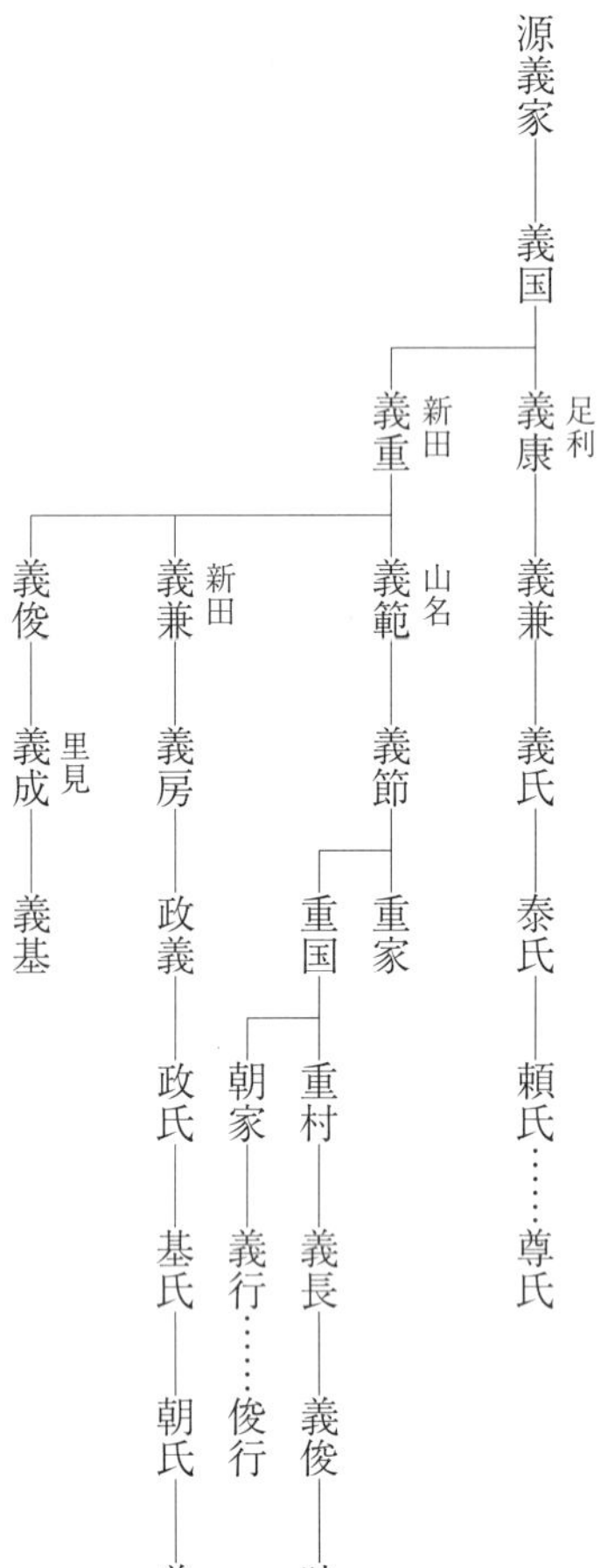

新田義重の子である義範が山名氏を興す前に、現地には武蔵児玉党が武蔵国北部から上野国中西部に進出していたが、そのなかには有道《ありみち》氏系の山名氏・島名氏・小幡《おばた》氏を称する者もいた。その山名氏は山名大夫親行《ちかゆき》という。したがって一時的には有道氏系と新田氏系の山名氏が併存していたことになるが、やがて有道氏系山名氏は衰退する。新田氏系の山名氏（義範）に吸収されたと見られる。

山名義範は治承四年末迄には父義重と同じく頼朝のもとに出仕し、鎌倉幕府御家人となった。以後、新田義重とともに、あるいは義重の補完者として、新田（世良田）義秀・里見義成とともに、山名義範は鎌倉に出て頼朝に奉仕した。

山名氏を継承したのは義節《よしたか》であるが、早世であったらしい。そのため義範は孫の重国《しげくに》をともなって頼朝が出かける時の供奉にあたっている。山名重国は鎌倉で幕府に奉仕しているが、その兄重家《しげいえ》は本領の山名郷にて上野国御家人として活動していた。ただ鎌倉と上野国山名とが別々になってしまったわけではなく、他の御家人のように、二人ともに鎌倉と山名を往復していたものと考えられる。

山名郷と山名宿

山名氏の本領は山名郷であるが、これは古代の多胡《たご》郡山字《やまな》郷が変化したものであった。多胡郡は平安後期には多胡庄へと改変され、山名郷はそこから離れて、以後は「上野国山名郷」と呼ばれ、独立した所領単位となった。この山名郷は信濃から上野国に入った東山道が通過する板鼻《いたはな》八幡宮に近く、また鎌倉から信濃善光寺に向かう鎌倉道に沿った場所にあった。前代以来の交通の要衝に、山名氏は本領を築いたのである。

現在の山名・山名神社は丘陵地（観音山丘陵）の麓にあるが、中世には烏川と鏑川に囲まれた平地

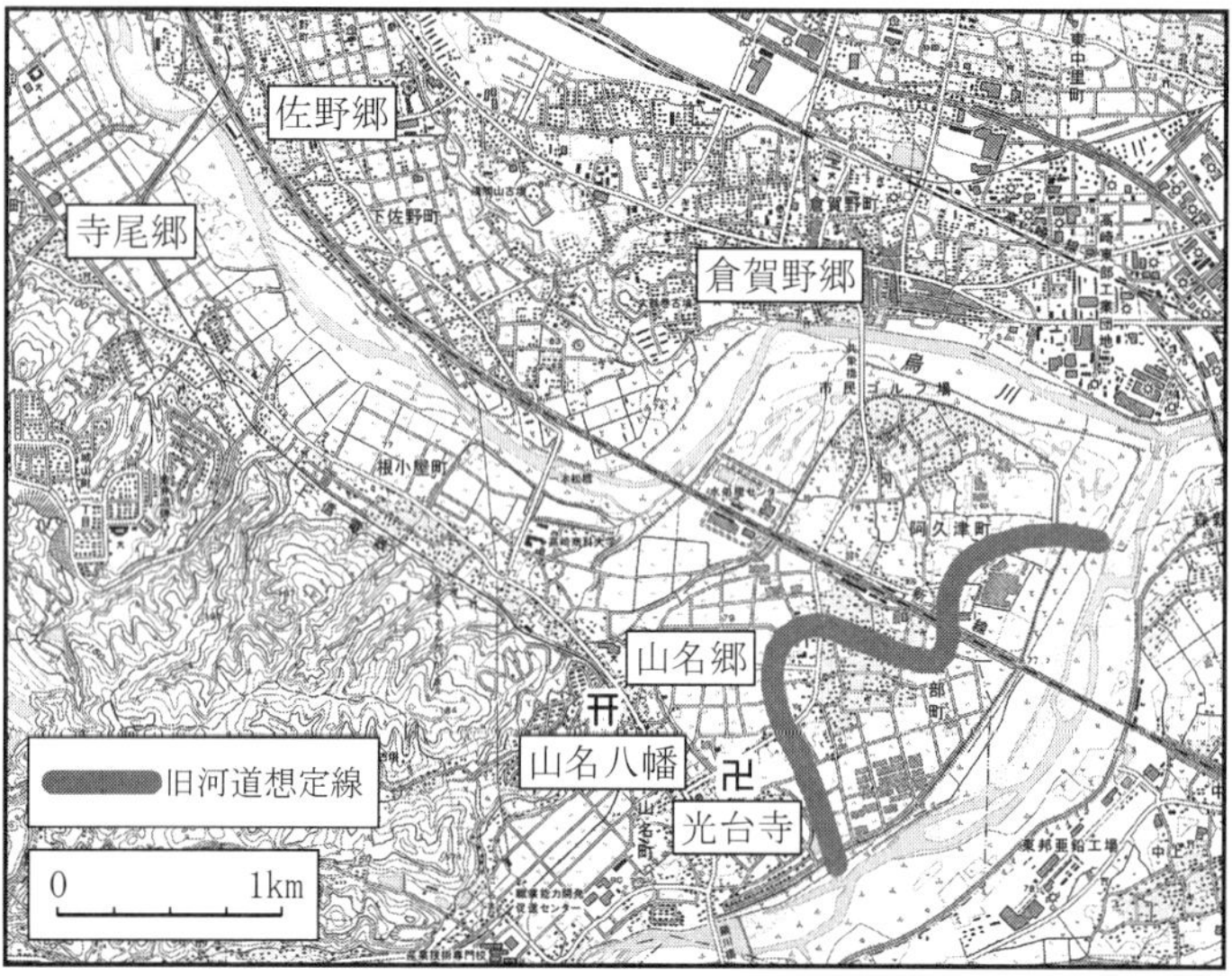

図3　山名郷と周辺

（国土地理院2万5千分の1地形図「高崎」〔平成22年更新〕）（作成　山本・武田）

にあった。古代の多胡郡は鏑川の西側であるが、中世山名郷の地は周囲を二つの川がめぐっていた。ここに山名氏館や鎌倉から勧請した八幡神社があった。今も「古八幡」の地名が低地帯に残っている。また遊行僧と関係深い光台寺（時宗）も近接地に建立された。ここに善光寺へ向かう道の宿が形成された（山名宿）。鎌倉末期に小代伊重《しょうだいこれしげ》が先祖の事蹟を子供に書き残した訓戒書のなかで、建久四年（一一九三）に源頼朝が善光寺参詣に向かったとき、先祖の小代行平《ゆきひら》は護衛・供奉の任務に当っていたが、先祖供養の法事で遅れてしまったものの、追いかけて山名宿で参会したと述べている。また鎌倉から善光寺に参詣に向かう道筋を綴った文芸書（『宴曲抄』）では、武蔵から上野に入った最初の宿として山名宿を書きのせる。山名宿・山名郷は交通の要衝となっていたのであり、山名氏はそこを本拠としていた。

山名氏と周辺御家人　山名郷を本領とする山名氏の周辺には御家人が高い密度で分布していた。児玉党の有道氏系が多いが、山名郷東を流れる烏川の対岸には倉賀野《くらがの》氏・島名氏が、また鏑川の西には多胡・白倉《しらくら》・小幡・奥平《おくだいら》などの武士が分布していた。また近く高山御厨《みくりや》（藤岡市）には秩父一族から分かれた高山氏・小林氏がいたが、この高山・小林は南北朝以降に、山名氏とともに山陰に入り、守護となった山名氏の代官として活躍することになる。

建治二年（一二七六）、鎌倉幕府は京都六条八幡宮造営費用を全国の御家人に割り振ったが、その時の目録が残っている。そこには御家人が「鎌倉中」・「在京」・「諸国」に分けられて列記されている。諸国のなかの上野国では十二人の御家人と負担額が記されているが、そのなかに、里見伊賀入道跡（七貫）・山名伊豆前司跡（六貫）・高山三郎跡（八貫）・同五郎跡（六貫）・寺尾入道跡（六貫）・倉賀野三郎入道跡（五貫）などがみえる。この「跡」とは後継者の意味であるから、山名氏は伊豆前司（義範）の所領継承者が費用を負担することとされたのである。どの人の負担も、鎌倉中の人物に比べて少額である。

この時の負担者は建長二年（一二五〇）の閑院内裏造営費負担が参考にされたが、その時にも山名氏は「山名人々」として築地垣を一本分負担していた。この時「新田入道」も六本分負担していたが、建治二年の六条八幡造営では名前がない。新田氏はこの時期、幕府・北条氏との関係が良好ではなかった。一方の山名氏は上野国御家人としての地歩を保っていた。

2　鎌倉の山名氏

鎌倉幕府引付衆の山名氏　山名義範と孫重国は鎌倉に出て幕府に奉公する機会が多く、ほとんど鎌倉住まいであった。その子孫には幕府の役人としての技量を蓄積して、引付衆《ひきつけしゅう》となった人物もいた。引付衆は、幕府裁判の迅速化を図って、北条時頼《ときより》が建長元年に設置した訴訟審理機関である。建長三年（一二五一）から弘長元年（一二六一）の間に、山名氏の進二郎行直《にきなお》・中務丞俊行《としゆき》・中務大夫俊長《としなが》・進二郎行忠《ゆきただ》が引付衆として審理に参加したことが『吾妻鏡《あづまかがみ》』に見える。この人たちは鎌倉幕府職員の山名氏の家柄を形成しており、鎌倉山名氏とも呼ぶことができよう。そのためか『尊卑《そんぴ》分脈《ぶんみゃく》』の山名系図に俊行が見えるだけであるが（二頁系図参照）、「俊」・「行」の字を共通して実名に入れている者は親子か兄弟であろう。また全体も一族であろう。

このうち俊行という人物は正安三年（一三〇一）、幕府政争に巻きこまれて没落した。『尊卑分脈』にも「山名太郎二郎、正安三八廿五、謀叛の風聞あるのよって召し捕えられ誅され了ぬ」と注記されている。この謀叛の詳しいことは不明であるが、幕府奉行人の山名俊行が企てたとは思えず、政争に巻きこまれたのであろう。俊行の系統はここで没落したが、建武政権の時代には鎌倉将軍府の裁判にあたっている寺社方奉行山名掃部大夫入道という人物を確認できる（円覚寺文書）。この系統と思われる山名智兼《ともかね》は下総国《しもうさ》大戸《おおど》庄牧野村地頭職を獲得し、永徳元年（一三八一）八月同地の観音堂と免田を智円《ちえん》御房に与えた。この系統の山名氏も南北朝内乱を生き抜いたのであろうが、室町時代以後のことは分からない。

西国地頭職の獲得

山名一族のなかには、鎌倉時代に山陰・山陽の地頭職を得た者もいた。天福二年（一二三四）に丹波国出雲社の神領を違乱した山名陸奥入道はその早い例であろう。また山名左近蔵人景家《かげいえ》は正応元年（一二八八）十一月に備前国裳懸《もかけ》庄地頭職の一部を没収されている。こうした地頭職を持つ山名氏が確認されるが、獲得した契機は幕府奉公であろう。元徳元年（一三二九）十一月に山名讃岐守は出雲国加賀庄・持田村の押領人を退けるように命じられたが、六波羅探題または出雲国守護に属していたのであろう。

こうして鎌倉時代にも西国に進出した山名一族がいた。ただそれが南北朝内乱時代の、山名氏の山陰進出の地ならしになったかは、疑問である。

3　山陰から京都へ

南北朝内乱と山名氏

鎌倉幕府は、元弘三年（一三三三）五月、足利尊氏が六波羅を攻略し、新田義貞が鎌倉を攻め落としたことにより、崩壊した。隠岐《おき》から帰京した後醍醐天皇が樹立した政権に尊氏・義貞ともに参加したが、建武二年（一三三五）の北条氏残党（時行《ときゆき》ら）蜂起を鎮圧した尊氏は鎌倉にて義貞との対決方針をとった。同年十二月に鎌倉を発った尊氏は翌年（建武三）正月には京都に入ったが、新田軍に敗れて西に逃れ、一時は九州に入る。そこで軍勢を立て直した尊氏は上京を企てて、山陽道を東進し、湊川合戦で楠木正成軍・新田軍を破り、七月には京都に入った（山本隆志『新田義貞』）。

この間、鎌倉を攻めた新田軍に参加した山名氏もいたようであるが（『太平記』巻二十二）、足利尊氏に属した山名氏が台頭する。山名時氏《ときうじ》（伊豆守）が建武二年十二月の伊豆中山合戦から足利方大将（日の大将）として見える。時氏はその後も尊氏軍と行動をともにして、京都～九州～京都の合戦に加わっている。建武三年六月晦日《みそか》の京都三条大宮合戦でも平子重嗣《たいらくしげつぐ》らを率いて参加し、兵士の軍忠状に証判を与えている。

鎌倉幕府滅亡の直前まで、山名時氏は鎌倉で将軍近くにいたらしい。『山名家譜』は、時氏の母が上杉重房《しげふさ》の娘であり、尊氏の母（上杉頼重娘）と時氏は従兄弟《いとこ》関係であると述べている。そうした縁があるにしても、時氏が最初の六波羅攻めから尊氏軍に参加していたかは不明である。建武二年八月の鎌倉攻略の時期から加わったと考えるのが妥当であろう。

山陰の守護大名　尊氏は建武三年十一月には式目を定め、京都に幕府権力を樹立する。また全国の守護を任命したが、山名時氏は同四年七月に伯耆《ほうき》国守護となった。その後、出雲国（暦応四年三月～）、丹後国（暦応四年十月～）、丹波国（康永二年十二月～）の守護職を獲得した。

山名時氏は在京することが多く、守護国の統治は代官に任せた。伯耆国では小林左京亮《さきょうのすけ》が守護代となり、貞和三年六月二十三日には布美庄の現地を領家代官に渡すよう、山名時氏の命令を受けている（尊経閣文庫所蔵文書）。

代官小林氏には左京亮の他に民部丞《みんぶのじょう》の活動もみえるが、この小林氏は上野国高山御厨小林郷を本領とする一族であり、小林郷と山名郷は近接している。小林氏は山名氏とともに足利軍に属し、山陰に入ったと考えられる（山本隆志「山名時氏の西国進出」）。

幕府に参加した山名時氏は、貞和元年（一三四五）八月二十九日に天龍寺供養に向かう足利尊氏・直義《ただよし》を供奉（護衛）した。延暦寺が猛反対するなかを、尊氏兄弟が建立した天龍寺供養の儀に参加したのであるが、それは幕府の大行事であった。時氏は直前に侍所に任じられていて、随兵の先頭に立ったのである（『園太暦』）。

山名時氏の実力

幕府では、尊氏家臣で足利家家政を握る高師直《こうのもろなお》の党と、尊氏弟で幕府裁判機関を統轄する直義の党とが対立を深めた。やがて武力対立に発展して京都での合戦が起こったが、観応二年（一三五一）七月末には両者は分裂した。直義党は京都を脱出して北陸に向かい、やがて直義は越後を経て鎌倉に入った。この直義軍を尊氏は討伐するために一時は南朝と講和して、関東征服に向かった。その結果、観応三年三月には直義党は敗北したが、勝利した尊氏はしばらく鎌倉にとどまった。

この戦乱に、山名時氏は直義党の一人として、北陸に入った。だがそこで別行動となり、山陰に入った。観応三年には出雲に勢力を築いた時氏は尊氏方との協調方針をとり、子息の師義《もろよし》を山城石清水《いわしみず》八幡の合戦に送り出した。ところがこの合戦直後に、師義は山陰に戻ってしまい、山名時氏・師義父子は幕府体制から離脱した。「山名豆州御敵に成られ候、伯州・雲州・因州・作州四ヶ国すでに打ち取られ候」（十一月十三日実有書状）と言われ、中国地方は山名右馬権頭（師義）に押さえ込まれる状況になった（「兼綱公記」十一月十二日）。山名氏は反幕府の立場となったのである。

その時の山名氏の本拠は伯耆にあった。伯耆国府（倉吉市）には守護所があり、近くには田内《たうち》城と打吹《うつぶき》城がある。両城ともに山名時氏・師義が築き、籠もったとの伝承が残る（「伯耆民談記」）。田内城の膝元には山名氏縁の寺である山名寺もある。近くには在庁官人小鴨《こがも》氏の本領もあり、山名氏は現地勢力に支えられていた。

観応三年十一月以降、幕府復帰までの十年間、山名時氏・師義父子は山陰に本拠を置き、幕府権力とは関係なく、実力で権勢を維持していた。この間に山名氏は南朝と接触していたらしい。兵庫県美《み》方《かた》郡新温泉町の楞厳寺《りょうごんじ》に「山名家判物扣幷鐘銘扣」（明治二十年九月）と題する冊子が残っている。これが写真とともに紹介されているが（山本茂信編『楞厳寺随想』）、十六点の中世文書・銘文の写しが掲載されている。そのなかに山名時氏発給書状が四通、同受給綸旨《りんじ》が一通、山名氏義受給綸旨が四通含まれている。綸旨は南朝からである。いずれも写本であり、検討は慎重でなければならないが、字配りに大きな問題はないようである。年欠正月二十五日の二方御寺宛の時氏書状には、彼が綸旨で「伯耆国因幡国丹波国美作国守護職」を与えられたことが示されている。また正平十五年（一三六〇）十一月一日後村上天皇綸旨は山名右衛門佐に備後国守護職を付与するものである。なぜ写本だけが残ったのか、正文を残すと不利益があったのか、分からないことが多いが、山名父子が南朝から守護職に任じられていたと考えられる。少なくとも、そのように現地で意識されていた。

時氏の幕府復帰

実力による勢力維持を図ってきた時氏であったが、貞治二年（一三六三）九月に方針転換し、幕府方に戻った。山陽方面に出てきていた足利直冬《ただふゆ》の勢力が衰えたのが原因であろう。

幕府方となった山名勢が上洛したは翌年の貞治三年三月からである。まず子息二人（師義・氏冬《うじふゆ》）が小林民部丞とともに三月十六日に上京した。二人は父・時氏を迎え入れる準備をしたのであろう。そして八月二十五日の夜に、時氏は入京した。宿所となったのは、近衛烏丸の近衛家祇候人《しこうにん》近藤為重の宿所であった。この宿所は子息二人が五ヶ月間住んで手入れをしていた。このとき時氏は熱が出て輿に乗り、密々に入ったという（『師守記』八月二十五日）。

幕政に復帰した時氏は引付頭人《とうにん》となり、貞治五年九月二十四日には新見庄相論を裁いている。また一時は失っていた丹波国守護職を回復し、因幡《いなば》・伯耆・石見《いわみ》・丹後・美作《みまさか》の守護職を一族で確保した。この時期は京都の時氏邸に奉行人が置かれたが、小林氏の他に、大葦《おおあし》土州義信（西大寺文書）・成田大進房（師守記）・長《ちょう》鼻《ばな》某（同）が被官あるいは奉行として、活動していた。ただこの時期の被官・奉行人から持豊時代に継続した者は少ない。

氏清と時熙

時氏は応安四年（一三七一）二月二十八日に死去し、丹波国府近くの屋賀に埋葬された。子息には、師義（師氏とも）、義理《よしただ》、氏冬、氏清、時義《ときよし》などがいる。そのなかで強大な権勢を築いたのが氏清である。父から丹波国守護を継承し、間もなく和泉国も加えた。明徳元年に、将軍足利義満が山名時熙《ときひろ》（時義子）・氏幸（師義子）と対立すると、氏清は甥の満幸《みつゆき》（氏幸弟）とともに二人を追討した。これにより、時熙が持っていた但馬《たじま》守護職が氏清に移った。

ところが氏清の強大化を警戒する将軍義満の策謀にかかった。氏清は同二年（一三九一）十二月に和泉で挙兵し、男山（石清水）に陣を進めたが、京都での合戦で戦死した。

4 持豊と家族

時熙の子、持豊は応永十一年に生まれた。『親長卿記《ちかながきょうき》』文明五年（一四七三）三月十八日条は山名宗全（持豊）の死去を伝えるが、「今日敵陣大将山名右衛門督入道宗全死去、七十歳云々」と見える。文明五年で七十歳なので、生年は逆算して応永十一年（一四〇四）となる。死去年令を七十三歳とする記録もあるが、『山名家譜』（巻之五）も、持豊は応永十一年（一四〇四）五月十九日生まれ、父右衛門督時熙、母右衛門佐師義女、少名は小次郎と伝え、山名豊道氏（東京都）所蔵系図も「応永十一年甲申年出生、山名六郎」と伝える。持豊が応永十一年に誕生したことは間違いなかろう。

持豊が生まれ、育った山名家とはどのような家なのであろうか。父・母はどのような人なのか、また家族の気風はどうだったのか。壮年となった持豊に見える激しい気性や果敢さ溢れる個性はどのような家族環境のなかで育まれたのだろうか。

父と母

持豊の父が山名時熙であることは間違いない。古記録、諸系図で一致している。いっぽう母親については記述が少なく、各種の系図に記載がない。わずかに『山名家譜』が右衛門佐師義女と伝えるのみである。いっぽう南禅寺瑞巌（岩）の行実を記す『蟬庵稿《ぜんあんこう》』（建仁寺両足院蔵）は、山名宗全が康正二年（一四五六）、亡き母の十七回忌を但馬で行った時の記録であるが、「安清開基無染太姉十七年忌、山名金吾母、奥州女」と見える。したがって宗全の母は安清開基無染太姉ということになる。そしてその無染大姉は『瑞巌禅師行道記』（『続群書類従』九―下）では、「無染は氏清公の娘、而して其宗の巨川公の夫人也」と見える。山名氏清の娘、巨川《こせん》（時熙の法名は巨川常熙）の妻と確認できる。『蟬庵稿』の「奥州（氏清）の女」の記事とも整合する。したがって持豊の母は、同族の氏清の娘である、と考えてよかろう（片岡嬾樹「守護山名氏とその在所」）。

尼として「安清院」の開基であると確認されるが、その安清院は但馬竹野円通寺《えんつうじ》塔頭《たっちゅう》の安清院とも推定されるが（片岡前掲論文）、持豊妹（姉）に安清院を称する人物がいる。安清院を継承したのではないだろうか。すると、妹安清院は京都での活動に終始し将軍義政と御台富子《とみこ》に近仕していることが確認できるので、安清院は京都の尼寺かと思われる。すでに応永三十年（一四二三）には時熙とともに南禅寺にて山名氏清三十三回忌の施主となった女性の存在が指摘されているが（小坂博之『山名常熙と禅刹』）、これも安清院（持豊母）であろう。

また母（安清院）は肝の据わった女丈夫であったと言われるが（『蟬庵稿』など）、この気概は山名一族の女性には多く見える（後述）。

兄の持熙

持豊は「小次郎」、「山名六郎」と言われているので、時熙の嫡男（長子）ではない。兄がいた。兄としては持熙《もちひろ》がまず確認できる。室町幕府奉行人伊勢貞弥《さだや》の日記（『花営三代《かえいさんだい》記《き》』）には、応永三十年三月二十四日に将軍義持《よしもち》の御供騎馬衆の山名刑部少輔《ぎょうぶのしょう》、同六月二十三日に将軍北野神社参籠には御供の山名刑部少輔持熙と見え、同十一月十九日の将軍伊勢参宮出発の御供にも登場する。この人物の「持熙」という名前は、将軍義持と父時熙から一字ずつ継承しているように、山名家惣領の位置にあった。応永三十一年と翌年には正月十五日幕府椀飯《おうばん》を刑部少輔持熙が沙汰していることも確認出来る。

応永三十五年（一四二八）四月、父山名時熙が病気になった際にも、周囲はその跡目を、兄刑部少輔（持熙）か弟弾正《だんじょう》（持豊）のどちらが継承するか注目した（『満済准后日記《まんさいじゅごうにっき》』、この時のことは後述する）。この兄持熙は『尊卑分脈』や『続群書類従』系図には記載されていないが、山名豊道氏所蔵系図には「刑部少輔」として、また村岡山名藩家老池田氏所蔵系図には「刑部少輔、与持豊家督相論、火乱」との注記が記載されている。

兄の満時

他にも兄がいる。満時《みつとき》である。池田氏所蔵山名系図には「満時〈棲真院殿〉」が兄として記されている。小坂博之『山名常熙と禅刹』は「東海璚華《けいか》集」（『五山文学新集』所収）に見える棲真院欽叟が常熙（時熙）の嫡子であり、池田氏所蔵山名系図に記載されている満時である、と述べている。山名豊道氏所蔵系図には持豊兄として「修理権大夫法号棲真院殿」が記されるが、この人物に該当するだろう。後述するように、この人物は幕府侍所別当に就いている。

弟の熙高

次に弟の熙高《ひろたか》がいる。『尊卑分脈』には持豊弟として「熙高実高義子」が、記されている。この人物については後に少し述べる。

将軍近仕の姉（妹）

女性では『満済准后日記』永享六年（一四三四）二月二十五日条に「山名息女」と見えるのは、時熙の娘である。したがって持豊の女兄弟となる。この日の記事によれば、この女性は将軍義教の側に仕えていて、この日は邪気となり、種々の意味不明の言葉を発していたという。

姉の安清院

他に姉（妹とも）の安清院《あんしょういん》がいるが、『蔭凉軒日録《いんりょうけんにちろく》』に記事がいくつか見える。寛正五年（一四六四）三月四日条では、南禅寺栖真院《せいしんいん》楞厳頭を安清院と金吾（宗全）が勧めるよう将軍義政から命じられている。また文正元年（一四六六）八月三日条には、義政が山名宗全と斯波義廉《よしかど》の婚姻を止めるのに、あらかじめ「安清院を召し仰せ出され」、次に日野勝光を使者に立てて命じた、という。義政に近しい人物であろう。また『応仁記』には、山名宗全が畠山義就《よしなり》を味方に引き寄せるために、日野富子のもとに「姉比丘尼《びくに》安清院」を通わせた旨が記されている。勘案すると、義政・富子に近しい人物であり、財政力も持っていたと考えられる。系図では山名豊道氏所蔵系図と池田氏所蔵系図に、妹として記載されている（山名豊道氏所蔵系図では「一臺安清院」）。

持豊の晩年、文明三年（一四七一）八月二十六日に宗全らは西軍に南朝小倉宮《おぐらのみや》の王子を迎えたが、その居所を北野松梅院に近い「山名入道之妹比丘尼安山院」とした。この宗全妹の「安山院《あんさんいん》」もその場所柄から見て「安清院」かと思われる（発音も近似している）。

妹の休耕院

妹に休耕院がいる。彼女は尼として京都で活動し、尼五山景愛寺の住持にまでなっている。『建内記《けんないき》』文安元年正月二十日条に「景愛寺当住は山名妹休耕院…」とみえる。景愛寺は万里小路時房《までのこうじときふさ》の氏寺建聖院《けんしょういん》敷地と接していたため、何回か紛争が起きる。そのことの関係で『建内記』には記事がいくつか見える。系図では池田氏所蔵系図に「九畊院」とみえる。山名豊道氏所蔵系図が「休畊院宗輿」として姉の位置に記載している（巻末の「山名氏系図」山名豊道氏蔵、写真）。

第二章　京都の大名山名時熙

1　山名時熙の政権参加

戦乱と山名時熙

庶子の独立性が高く互いに競争的であった山名一族は一時的に政治的危機に陥ったが、やがて幕府の有力大名にのし上った。危機とは時氏子息の氏清と時熙の対立が将軍義満に利用されて、やがて氏清は没落した時であった（一三九一年、明徳の乱）。この時、時熙は義満方に付いたが、山名氏一族全体としては衰退するところとなった。応永六年（一三九九）に大内義弘《おおうちよしひろ》が義満に叛逆し（応永の乱）、それに丹波宮田・近江京極・美濃土岐《とき》の人々が与同した時に、時熙はこれを討伐する幕府方軍勢の一勢力となった。以後、山名時熙は足利義満の権力に属して、時熙流を中心とした山名氏が発展するところとなった。

義満は将軍を子息義持に譲り、太政大臣として官界の最上位にたち、さらに朝廷をも包摂するようになり、「日本国王」として振る舞うようになった。幕府も貴族・朝廷を含む権力全体を動かす姿勢と力量が求められたのである。山名時熙は幕府に参加し、備後・但馬などの守護職となったが、守護職は幕府だけでなく国家全体を支える位置にあった。持豊が生まれたのは（応永十一年）、このような、時熙が国家的職権たる守護としての権限を行使し始めた時期である。

守護権の行使

時熙が守護権を行使し始めるのは応永七・八年からである。但馬国守護としては、応永七年（一四〇〇）六月一日に同国与布土《よふと》荘地頭職得分内三十石を与布土中務丞に給分として宛て行っている（山崎文書）。また同年十一月八日の同国大同寺が規式を定めるに守護代太田垣通泰《おおたがきみちやす》が関与し、さらに時熙本人が袖判を与えている。

備後国では、応永八年には幕府から守護として、七月には上村地頭職の押領人を退けるよう、また太田庄では年貢千石を高野山金剛峯寺に納めるよう、命じられている。同年八月三日には山内熙通《やまのうちひろみち》に地毗《じび》庄を安堵し、同十年三月八日には佐々木筑前入道には小童保《こわらべのほ》領家職を祇園社代官に返付させている。

守護としての山名時熙は配下の軍勢に対して所領を給付しながら、同時に権門寺院の所領の維持にも幕府の命令を受けつつ配慮している。

幕府の椀飯沙汰

応永十四年（一四〇七）年正月十五日、幕府の椀飯《おうばん》行事を山名時熙が頭人《とうにん》（主催者）として沙汰した（『教言卿記』）。正月椀飯は、室町幕府の将軍と大名の主従関係を年頭に更新して行く上で大事なものである（二木謙一『中世武家儀礼の研究』）。幕府では正月のうちに、大名が交替で椀飯を主催するが、将軍に近しい者だけである。この年もまず七日に赤松義則《よしのり》を主催者として行われた。将軍義持に臣従する儀式であるが、在京する大名が将軍御所において、年の改まった正月に酒・膳をともにする。頭人（主催者）はその差配の責任者であり、費用も負担する。十五日に山名時熙が椀飯沙汰頭人となったということは、時熙が在京する有力大名の仲間に入ったことを示す。この後、幕府正月椀飯の十五日は山名氏沙汰の記録が散見するので、山名氏は幕府・国家を支える有力な大名となっていたことがわかる。

将軍義持の時熙邸御成

西国の守護は、当時、京都に居住することが義務づけられていたので、時熙も京都に邸宅を構えていた（場所は不明）。その山名邸に将軍義持がしばしば訪問するようになる。応永二十年（一四一三）正月二十二日に「公方様山名亭渡御《とぎょ》」（『満済准后日記』）と見えるのをはじめとして、同年九月三日、同年十月二十日に見える。

公方《くぼう》（義持）の正月二十二日山名時熙亭御成《おなり》は定例化したようで、応永二十一年、同二十二年、同二十三年、同二十四年、同二十六年とつづく。将軍の正月大名邸御成は時の管領邸や斯波氏・畠山氏・細川氏・赤松氏などの邸を訪問し、その親密な関係を確認する行事である（二木謙一『中世武家儀礼の研究』）。山名時熙邸への正月御成が恒常化したことは、山名時熙が幕府を支える有力大名として扱われるようになったことを示している。応永二十年頃には山名時熙は幕政に参加する有力大名にのし上がったのである。

2　侍所別当の山名満時

山名氏の侍所別当

侍所別当は幕府要職であるが、明徳の乱以前には、山名氏の人物が就任することが多かった。永和元年（一三七五）四月には山名時義（弾正少弼《だんじょうしょうひつ》）が就任し（〜同年末カ）、氏清（陸奥守）も永和三年七〜十二月に侍所別当として見える。時義・氏清は兄弟であるが、系図上では時義が時氏の第五子で持豊の祖父であり、氏清は第四子で「六分一殿」と言われた人物である（巻頭系図参照）。

次に侍所別当に就任したのは満幸であるが、永和四年十一月〜康暦元年（一三七九）十一月（民部少輔・讃岐守）、至徳元（一三八四）年六月〜同年十二月（弾正少弼）、至徳三年九月〜同年十月（弾正少弼）、と三度も就任している。この満幸は、師義（師氏）の子である（兄に氏幸がいる）（『尊卑分脈』、『続群書類従』の山名氏系図）。

満幸は、父（師義）から丹後国守護を永和元年に継承して、没落する明徳二年まで維持している。他にも伯耆国・出雲国・隠岐国の守護職を一時獲得しており、「六分一殿」と言われた山名氏清とともに山陰守護山名一族の主力を形成していた。同時期に山名氏では、他に義理《よしみち》・時熙・氏之《うじゆき》（氏幸）などの実力者が並び立ち、一族内では競争しあっていた。満幸と氏清は、将軍義満と対立するところとなり、明徳二年（一三九一）十二月には協同して京都を攻めた。だが幕府の細川頼之《よりゆき》・畠山基国《もとくに》と京都・内野で戦って敗れ、氏清は戦死し、満幸は山陰に敗走した。その後出雲にいた満幸は挙兵し京都に進出したが、応永二年（一三九五）三月に五条坊門高倉の宿所にて、侍所別当京極高詮《たかあきら》に討たれた。

満幸が侍所別当に三回も就任したのは、丹後国などの守護として活躍している時であり、満幸は京都と丹後を往復しながら、権勢を築いていたと見てよい。最後に討たれた場所の五条坊門高倉宿所は、満幸の旧臣「タコノ某」（多胡氏ヵ）の宿所であったが、この人物は当時侍所別当京極高詮の被官になっていた。このことは満幸自身も承知していて、「旧好」を頼りにして「タコノ某」宿所に逗留したのである（『荒暦』応永二年三月十日条）。京極高詮は応永元年九月に侍所別当となり同五年までの比較的長期間継続しているが、「タコノ某」のような侍所被官経験者は有用な人材だったのであろう。

時熙の子、満時

満幸の後、山名氏ではしばらく侍所別当は出なかった。幕府には満幸と同世代の時熙が出仕するところとなった。時熙は時義の子であるが、山名氏一族が壊滅的打撃を受けた明徳の乱では、反乱側の山名氏清とは距離を置いて行動し、乱後にも但馬国守護職を維持していた。その時熙の子である満時が、応永二十一年（一四一四）年、侍所別当に就任した。父時熙の政治力が発揮されたのであろう。

室町幕府政治顧問満済《まんさい》僧正の『満済准后日記』応永二十一年三月十二日条には「侍所山名宮内少輔ニ仰せ出さる」と見える。山名宮内《くない》少輔が侍所別当に就任することを伝える史料である。この山名宮内という人物の実名は、この記事では分からない。

この山名宮内少輔が、東寺散所法師の課役（税の一種）を免除する文書（書下）を出している（東寺百合文書）。応永二十一年六月二十七日のもので、宮内少輔（花押）の署判で発給しており、宛名は土屋越前守である。この文書には封が残っており、「土屋越前守殿　満時」と書かれている。したがって山名宮内は山名満時である。また宛名とされた土屋越前守は、二日後の二十九日に配下の大塚四郎左衛門尉に宛てて同命令を伝達しているが、その封には「大塚四郎左衛門尉殿　越前守熙忠」とあり、土屋越前守の実名は熙忠であることが判明する（上島有「封紙の重要性」）。ただ大塚四郎左衛門尉の実名はわからない。

こうして山名宮内少輔（満時）は、応永二十一年三月には幕府侍所別当に就任し、六月にはその権限を行使する文書を出している。その権限行使は、土屋越前守（熙忠）―大塚四郎左衛門尉という被官関係にもとづいていた。土屋氏は山名家の被官であるが、熙忠の「熙」は時熙から一字を拝領したものであろう。

この満時について系図類では、『尊卑分脈』と『続群書類従』の山名氏系図では記載がない。近世山名氏系図では、村岡藩池田氏所蔵の系図には時煕の長子として実名「満時」で記され、「栖真院殿」の注記がある。南禅寺栖真院《せいしんいん》の檀那《だんな》であったことを思わせる。また幕臣山名氏系図（山名豊道氏所蔵）では時煕の子の筆頭に「修理権大夫法号栖真院殿」を記しているが、満時は死去の時（応永二十七年正月）「修理大夫」であったから（『康富記《やすとみき》』）、これが満時を指すことは間違いない。

満時の経歴

応永二十一年六月、侍所別当山名満時は「宮内少輔」と署判している。従五位下相当の職である。同二十四年二月二十三日に、山名時煕の子で「伊予守」が刑部大輔に任じられようとした。この人物が満時かとの推定がされている（川岡勉『山名宗全』）。ことの次第は、山名金吾入道（時煕）の屋敷に御成した将軍義持に対して、時煕はみやげの引出物を山のようにたくさん出したので、義持は金吾入道（時煕、時に右衛門佐）を右衛門督に、子息伊予守を刑部大輔に、それぞれ任じると約束したのである（『看聞日記《かんもんにっき》』）。この子息伊予守が満時ならば、彼はこの時すでに宮内少輔から伊予守に転進していたのであり、さらに刑部大輔に昇任することになったのである。ただこの人事は、公卿たちに「希代の事か」といぶかしがられた。

だが半年後には、満時は「刑部少輔」になっていた。宮内少輔と同じく従五位下相当である。将軍義持は同年九月二十五日に山名時煕亭と「同子息刑部少輔満時亭」に御成して大酒に及んでいる（『康富記』）。満時は、この時、二十代の青年であったが、その後体調がすぐれず、三年間もの病となり、二十五歳の若さで、応永二十七年正月二十一日に死去した。

3 足利義嗣の出奔と山名時熙

足利義持の弟・義嗣

応永十五年（一四〇八）五月六日に死去した足利義満の後継者となったのは子の義持である。新しい権力者となった義持は北山御所を引き払い、三条坊門に幕府を移し、朝廷から義満に贈られた大上天皇の尊号を辞退した。義満の政治と決別しようとしたのである。

義持の弟に義嗣《よしつぐ》がいる。母は摂津能秀《よしひで》の女《むすめ》である（春日局）。義満に寵愛されて、応永十五年二月二十七日には元服以前の昇殿を許された。そして三月四日に従五位下、三月二十四日に正五位下・左馬頭、同二十八日に従四位下、二十九日に近衛中将となった。四月二十五日には内裏にて元服したが、直後に父義満が死去したのである。

義持・義嗣、山名氏之亭へ御成

義嗣は義持としばらくは協調していたようで、義持と行動をともにすることが多く、応永十五年十月十九日にはともに山名亭を訪れている。『教言卿記』同年十月十九日条に「一、御両所、御出上椙云々、山名典厩許へ御出云々」と見えて、両御所（義持と義嗣）は上杉亭とともに山名典厩《てんきゅう》亭を訪れている。また同二十一日には富小路の任継《にんけい》法印という僧をともに山名氏亭を訪問している。

この時、訪問された山名典厩とは氏之（氏幸とも書く）である。『尊卑分脈』・『続群書類従』山名氏系図はともに師義（師氏）の子として氏之を載せて、「右馬頭」と注記する。典厩は右馬頭の唐名であるから、この人物にちがいない。また『続群書類従』系図の方は注記のなかに「之一作幸」と入れてあり、「之」の字が一つの系図では「幸」と書かれていたことを示している。氏之が氏幸と呼ばれていたことが分かる。この氏之（氏幸）は師義（師氏）の子であるから、先に取り上げた満幸（侍所別当）とは兄弟ということになる。

義嗣の出奔

義嗣は、義持の三条坊門移住にともない、応永十六年（一四〇九）に、みずからも三条坊門に新邸を造り、同年末には移った。時に参議・権中納言であったが、同十八年十一月には権大納言となった。

その義嗣が応永二十三年十月、突然出奔した。将軍義持は仰天し、京中は大騒ぎとなった。追手を出し探索したが、詳しい行方は分からなかった。噂では、高尾に隠栖し、すでに髻《もとどり》を切ったとのことで、その理由は所領が困窮し、室町殿（義持）にも伝えたが承諾されず、それを恨んでのことであるという（『看聞日記』同年十月三十日条）。ただ誰しもがそのままには受け取らなかった。「野心」があるのではないか、という観測が広がった。義嗣は義満からは後継者として扱われていたが、義満の死後は義持周辺に甘んじていた。だが二十三歳にもなり、思うところが強くなり、また周辺からも期待されることもあった。前年の応永二十二年には伊勢で北畠満雅が謀反を起こした時に、呼応する動きを示したらしい。『鎌倉大草紙』には「去年伊勢の国司動乱せしとき、近習のともから義嗣公をすゝめ申て、ひそかに御謀反を思召立ける、しかれとも勢州無程しつまりけれは、力なくこの事思召止ける」と見える。

応永二十三年十月末の出奔には山科教高《やましなのりたか》・同嗣教《つぐのり》らが随ったが、栂尾《とがのお》にいた義嗣は十一月初旬には臨光院という寺に籠《こ》められ、山科教高らは加賀に流された。だがことはこれではすまなかった。関東ではこの時、鎌倉府前管領の上杉禅秀《ぜんしゅう》（氏憲《うじのり》）が公方持氏《もちうじ》を攻撃し、持氏は鎌倉を退去していた。義嗣の出奔はこれと関係があるのではないか、と観測されたのである。「関東謀叛は亜相（義嗣）所為」と日記に書いた人もいる（『看聞日記』同年十一月十六日条）。大名のなかにも賛同者がいるのではないか、との憶測もでた。幕府管領の細川満元は「山科教高を糺問して、その白状にもし大名の名前が四・五人もでたら一大事となる。糾問は無益だ」と将軍に進言している。幕府政治に参加している大名の、一色義範《よしのり》（時に侍所別当）や畠山満家・富樫満成《とがしみつなり》の意見も区々であった。そのためか、そのことの探索はうやむやとなった。いっぽう臨光院に押し込められた義嗣を奪い取ろうとする動きもあったが、大きな事件とはならなかった。

山名時熙の出仕停止

ところが一年余りして、応永二十五年（一四一八）正月二十四日、足利義嗣は殺害された。義持の密命を受けた富樫（満成）が林（輪、臨）光院に火を懸けて殺害されたのである。最後は自焼とも自殺とも言われるが、加賀守護代山川某が頸を討ち取ったらしい（『看聞日記』）。義持がこうした挙動に出たのは、義嗣を担ぎ出そうと動きを壊滅する意図からであろう。

半年後に、ことは山名氏・畠山氏に及んだ。同年六月二日、京都では将軍・諸大名に緊張が走った。義持は御所四方の防備を固めたという。そして、同六日畠山修理大夫（満慶《みつのり》）・山名右衛門督（時熙）が「押小路亜相（義嗣）叛逆同意の故」として処分され、山名時熙は出仕を止められた。また同時に土岐与康《ともやす》も同罪とされたが、与康は死去していたので、子息の伊勢守護職が改易された（『看聞日記』）。こうして、足利義嗣出奔・叛逆に山名時熙は畠山満慶とともに関与していたとされたのである。この時、義持は富樫満成を通じて時熙出仕停止を命じたのである。この間の動きは義持に指揮された富樫満成の策動によって展開している（伊藤喜良『足利義持』）。

富樫満成の処分

富樫氏は利仁系藤原氏の一流であるが、南北朝時代に富樫高家《たかいえ》が足利氏に従い、加賀国守護職を一時あたえられた。その守護職は斯波氏に移ったが、応永二十一年六月には斯波満種《みつたね》から取り上げられ「富樫両人」に与えられた。この富樫両人とは、満春と満成である。満春・満成ともに昌家の子である、と考えられる（『国史大辞典』「富樫氏」）。

満成は将軍義持の密命を受けて義嗣を襲撃・殺害したのであるから、義持の懐刀ともいえる位置にいた。その満成も、義嗣を殺害した年（応永二十五年）の十一月二十二日には、今度は自身が、義持に勘当された。本人は高野山にいったんは遁《のが》れたが、京都の屋形は欠所とされ、従類の所領も没収された。守護職（加賀半国）は取り上げられ、富樫介（満春）に付けられた（『康富記』）。

満成はやがて義持の意向で高野山からも退去した。その後は吉野の天川《てんかわ》に隠居していたが、翌年（応永二十六）二月義持は赦免の使僧を派遣しておびき出し、河内にて国人に討たせた。「故押小路亜相（足利義嗣）謀反同心の故」だという（『看聞日記』同年二月四日条）。富樫満成は、今度は義嗣謀反与同として断罪されたのである。前年正月にはその義嗣を殺害した人物が、将軍義持の密命を受けて討伐されたのであった。

富樫満成が義嗣謀反与同者であるなら、彼は畠山修理大夫（満慶）・山名右衛門督（時熙）・土岐与康らと協同していたことになる。また将軍義持はそれを知っていて、そのなかの一人（富樫満成）を裏切らせ、何かをえさに義嗣殺害を持ちかけたのかもしれない。真相は不明であるが、山名時熙が義嗣謀反同意者として出仕停止となったのは、富樫満成の挙動に由来している。

4 山名満時の死去と時熙の大病

時熙亭御成の停止と復活

時熙の出仕停止処分は形だけに終わったようである。その年（応永二十五）の十一月九日、義持は石山寺に参詣した帰路、管領（細川満元）亭にて沈酔したが、その時の相伴した大名として、管領の他に、畠山満家、同満慶、山名時熙、赤松某などがいた。将軍の相伴衆として見えるので、出仕停止は解除されていると見てよかろう。

年が明けて応永二十六年（一四一九）になると、将軍義持は正月二十二日に「山名邸」に渡御した。将軍義持の正月山名亭御成は応永二十年以降恒例になっていたが、同二十五年には中断していた。義嗣謀反という事態は正月に問題となっているので（前述）、この時すでに義持は山名時熙に疑いを抱いていたのかもしれない（出仕停止の処分は六月だが）。それが同二十六年正月二十二日の山名亭御成が復活したのは、時熙の扱いをもとに戻したのである。

なお同二十七年の正月二十二日は山名満時が死去した日であり、山名亭への将軍御成はなかった。

その後、応永二十八、二十九年もなかったが、三十年には復活した。その後も同三十一年、同三十二年、同三十三年、同三十四年、と正月二十二日に将軍御成の儀を山名亭で催したのであった。それは「恒例」と言われるほどであった（『満済准后日記』）。

時熙嫡男満時の死去

山名満時が侍所別当として活動していたことは前に述べた。その満時は、時熙の「嫡子」とも言われ、後継第一候補であった。時熙が出仕停止処分を受ける前、応永二十四年九月二十五日に将軍義持は山名金吾禅門（時熙）のもとに御成しているが、同時に「子息刑部少輔満時亭に同じく御成す、大いに御酒云々」（『康富記』）と言われている。義持は満時と気があったようであるが、この時、満時は「刑部少輔」であることが分かる。

その満時が応永二十七年正月二十二日に死去した。「今暁山名修理大夫満時卒せらると云々、此三年違例を被る、虚気夭シ病、二十五歳云々。親父金吾禅門愁歎是非なしと云々、哀也々々、」と『康富記』に見える。満時はこの三年間病に伏せっていたのである。将軍の山名亭正月御成がなかったことも分かろう。満時は二十五歳の若さで死去したのであり、父金吾禅門（時熙）の愁歎はこの上もないものであったに違いない。

死去は「今暁」と書かれたように、前日（二十一日）から暁方の間であった。伏見にいた貞成《さだふさ》親王は正月二十一日の日記にも「又聞く、山名右衛門佐入道嫡子死すと云々」と記している。二十一日に死去したとも記されたわけであるが、貞成親王も「山名右衛門佐入道（時熙）嫡子」の死去を嘆息したのである。

時熙の出家

時熙は応永三十年（一四二三）年に出家して「入道」となった。貞治六年（一三六七）生まれというから五十六歳である。『満済准后日記』には応永二十九年十一月二十日までは「山名右衛門佐」と表記されているが、応永三十年正月十一日以降は「山名右衛門佐入道」、「山名右衛門佐禅門」と変わる。同年の正月には入道になっていたのである。時熙が応永三十年には出家していたことが確認できるわけであるが、その契機は何であろうか。

『山名家譜』では、「同三十年癸卯四月に将軍家義持公職を義量公に譲らる、このとき時熙も職を辞退して薙髪あり」と記す。将軍義持は三月十八日に将軍を辞し、四月二十五日に出家しているが、時熙はこれに従ったのであろうか。もしそうなら時熙の出家は正式には四月とも理解される。

『山名家譜』の伝承は、山名時熙が将軍義持に近仕していたとの考えから、その出家を義持隠居にかけて理解した結果であろう。山名家では将軍家のもとで幕府を支える大名となったのを将軍義持の時期のこととして意識している。

時熙の病気

「嫡子」満時を失った時熙であるが、今度は当の本人が大病となった。『満済准后日記』応永三十五年（一四二八）四月二十三日が「山名右衛門佐入道、三日病以て外の大事、大略待時式云々」（『満済准后日記』）と書かれている。三日病《みっかやみ》の記事はこの当時の古記録に頻出するが、この時の時熙は重体になったようで、跡目相続までが問題として浮上するほどであった。山名家とも接触の多い連歌師正徹《しょうてつ》の『草根集《そうこんしゅう》』には、「（永享元年）五月廿一日右衛門督入道常照〔熙〕例ならぬことの祈禱祈とて北野の社にたてまつる百首を人々にす、められ侍るに」と見える。永享元年（一四二九）五月に右衛門督入道常照［熙］は「例ならぬことの祈禱とて北野の社にたてまつる百首」を集めたのであるが、それに正徹も歌を寄せたのである。常照［熙］が時熙であることは『続群書類従』山名氏系図の時熙の項に「法名巨川常熙」と記されていることに確認できる。病の回復を願って、翌年五月にも北野社に歌を奉納したほどであった。

三日病が大事となった際、幕府政治顧問の満済は先の記事に続けて「仍て遺跡事、刑部少輔兄弾正弟両人の中、父入道計いたるは悉く弾正に申付け了んぬ。而るに公方様たるは刑部少輔已に兄の事也、多年又昵懇奉公し了んぬ。旁不便に思し食さるの間、刑部少輔を以て相続人躰たる旨具に山名に仰せ付けるべき旨管領に相談すべき由仰せ下さる。何様に申遣すべし云々。」と書いている。父時熙の「遺跡事」（跡目相続）について、兄刑部少輔と弟弾正も両人が候補とされた。父時熙の意向は弟弾正であったが、公方（将軍義教）は兄の刑部少輔であった。義教は兄であり、多年奉公という理由で刑部少輔を相続人としたかった。もし満時が生きていれば、候補は三人となり、一層複雑となったであろう。

兄の実名は後述のように持熙である。いっぽうの弟は弾正と言われるので、持豊を指すことは間違いない。この時は時熙の病も次第に回復したこともあり、問題としては発展しなかった。ただここでは、遺跡継承問題に対する、当の時熙の意向が明確にあらわれた。時熙は持豊（弾正）に譲ることを腹に決めていたのである。ここで対立候補として出てくる兄（刑部少輔）については後に述べる。

三日病と瘧病

三日病と瘧《おこりやみ》病は、室町時代の貴族の日記に頻出する。服部敏良『室町時代医学史の研究』によれば、瘧病はマラリヤである。マラリヤは種類が多いが、日本で流行するのは三日熱マラリヤのみである。気温が二五度以上の日が二週間続くと三日熱マラリヤ原虫が蚊の体内で発育し伝搬力をもつようになるという。三日ごとに高熱が出て、顔面が紅潮するので、これにかかると貴族も出仕を控えることになる。応永二十三年九月には流行したことが古記録に散見する。

三日病は、室町時代には最も流行した疾患として古記録にみえる。「三日はしか」というよりは、その流行状況からはインフルエンザと見られるという（服部敏良前掲書）。死亡に到る例も多い。山名時熙も応永三十五年四月の流行で罹ったが、この時は多くの人が死亡した。吉良《きら》東条入道の死去（四月二十五日）は三日病のためであり、徳大寺大納言実盛《さねもり》死去（四月二十三日）もその可能性が高い。幕府政治顧問である満済は同月二十六日に予定されていた将軍御成を延期しようとした。御成を受ける満済京宅（法身院）が、三日病の世間流行のため、直前でも用意が整っていないことを理由にしている。管領（畠山満家）はいったん決まったことを延引するのはよくないと満済に実行をせまり、満済も慌ただしく準備し、御成は行われた。

この時、幕府も朝廷も、諸社に祈禱させて、三日病沈静を図っている。この年の陰暦四月二十三日はグレゴリオ暦六月十五日であるので、梅雨の時期である。京都の蒸し暑い気候のなかで、インフルエンザが蔓延した。室町時代の京都は人口も増えていて、洛中の密集地は群衆が集まり、都市特有の雑踏が多くなり、流行性感冒が威力を振るう条件がそろっていたのである。

第三章　山名時熙の政治力

1　赤松満祐の叛逆

赤松満祐の播磨下向

赤松家は播磨《はりま》を領国とする守護大名であるとともに、幕府侍所別当を担当する家柄の一つである。こうした赤松氏の権勢を築き上げたのは赤松義則《よしのり》であるが、この人物は播磨のほか美作・備前の守護を兼ね、南北朝末期から侍所別当に四度も任じられた。義則は五十六年もの長い間赤松氏当主の位置にあり、大名赤松家を築き上げた。その義則が、応永三十四年（一四二七）九月二十日に死去した。時に七十歳であった。

その家督は嫡男満祐《みつすけ》が継承すると京都の大名の誰もが思っていた。満祐は四十五歳であり、応永十八年十一月からは侍所別当に就いていた（約二年間）。年齢からいっても、幕府奉公の実績からしても、跡目継承者として申し分ない。播磨など三国の守護職は満祐に与えられるはずであった。ところが、将軍義持は播磨国守護職を取り上げて将軍が直接に守護権力を掌握するとし、実際の統治には赤松氏一族の持貞《もちさだ》を代官とした。その持貞は義持の寵臣であり、赤松氏のなかでは将軍の側近であった。赤松氏当主の満祐は、播磨は代々の忠節奉公で得た領国であると将軍に嘆願したが許されず、さらに残る二国（美作・備前）も赤松氏内の別人に預けられた。

この処置に対して、赤松満祐の怒りは頂点に達した。亡父（義則）三十五日忌日にあたる十月二十六日の酉初刻（午後五時頃）京都の宿所に火を懸け、満祐は播磨国に下向した。突然のことで周囲は驚いたが、満祐はそれなりの手順は考えていたようである。宿所を燃やす前に、家内の財宝はみな持って行ってもいいと雑人《ぞうにん》に言ったとのことである。蔵も打ち破り重宝を取り去った後に、火を懸けたということで、「以ての外に心静かに沙汰せしむか」と評された（『満済准后日記』）。

時熙ら、赤松討伐に向かう

将軍義持は赤松満祐討伐を山名時熙と一色義貫《よしつら》に命じた。二人は来る四日（十一月四日）に京都を出発することとなった。ところが、当日になってみると、一色義貫はにわかに出陣を取りやめた。山名時熙だけが播磨に赤松退治に発向したのである。一色義貫は出陣しなくてすむならばそうしたいと思っていたのであるが、山名時熙は領国・但馬が播磨の隣国なので出陣したのである。

その山名時熙も軍勢を調えようと、まず領国但馬に入った。「先ず分国但馬へ罷り下り、勢をあい随えて浅五群（朝来郡《あさご》）より責め入るべし」（『満済准后日記』）との作戦であった。京都の山名邸から山陰道を下り、但馬に向かったのである。但馬は時熙の領国であり、山名家被官の垣屋《かきや》・太田垣・八木・田結庄《たいのしょう》の本拠地もあった。朝来郡は但馬国南部にあり、播磨に接している。国境の峠（生野《いくの》）を越えて猪篠《いのしの》川・市川に沿って南下すれば、播磨南部の中心部（姫路）に出る。

赤松方は徹底抗戦を望んでいなかった。守護代の小寺《こでら》氏と国衙目代《こくがもくだい》小川氏は、将軍に降参する旨をすでに十月二十九日には申し出ていた。また義持寵臣持貞も不祥事で切腹させられ、満祐の競争相手は消滅した。そうしたなかで赤松満祐は告文（誓約書）を将軍に提出してきた。十一月十七日には幕府としてもそれを受け入れるところとなり、但馬に在陣中の山名右衛門佐入道（時熙）にも将軍から使者が派遣され「赤松赦免次第」を伝えられた。

在陣中の山名時熙への使者に指名されたのは相国寺勝定院主（持西堂）という人物であるが、彼は十一月十八日に京都を発ち但馬にて時熙に会い、同二十五日に帰京した。使僧を迎えた時熙は「使者がわざわざ来てくれて畏《かしこ》みいる。身に余ることだ」と述べたという。赤松赦免を了解した時熙は同二十六日に京都に還った。

2　但馬の領国支配

守護所と守護代

山名時熙は赤松満祐を攻めるのに、但馬に入り、朝来郡から播磨に攻め込むという方針を立てた。これは但馬が時熙の守護国であることによるが、どのくらいの勢力を形成していたであろうか。また守護が領国を支配するには守護所を拠点とするが、その守護所はどこにあったのだろうか。研究史上では、此隅山城《このすみやまじょう》（旧出石郡《いづし》）と九日市《ここのかいち》（旧城崎郡《きのさき》）が候補に挙がっている。このうち九日市は南北朝時代から軍勢の集結地であり、室町時代には山名氏当主や垣屋氏が拠点としていたとの文献が残っており、守護所と考えるのが妥当であろう（宿南保『城跡と史料で語る但馬の中世史』）。

九日市は交通の要衝であり、政治経済の中心であった。山陰道が円山川《まるやま》を越えた所で分かれる道（近世の豊岡街道）を北上すると、養父《やぶ》郡養父神社前を通過する。この道は国府の所在した府市場を通過し、九日市に出る。府市場と九日市（上町・下町）は円山川左岸に沿って分布するが、地図でみると、その間はわずかに三キロ位であり、隣接しているといえる。南北朝末期の熊野那智大社処分状に「（但馬）九日市金谷入道引同所檀那絹屋入道」と見えるように、金谷《かなや》入道・絹屋《きぬや》入道という商人が九日市には居住していた。金谷入道が檀那を引率する先達であり、熊野への往復活動を含め、広範囲の交易活動を展開していた、とみてよい。また南北朝期には中国地方の南朝勢力が「九日市場」に集結したため、足利方との緊張を高めたということもあった。九日市は交通の要衝なので、軍勢集結の地として利用されたのであろう。この九日市場の西側には妙楽寺城跡が残るが、山名氏勢力との関連が想定される。

守護代としては、垣屋氏と太田垣氏がいる。応永二十五年には但馬国守護代として垣屋煕続《ひろつぐ》（越前守）が見えるが、この系統の垣屋家は楽々前《さきのくま》城を居城（日高町佐田）としたという。ここは但馬国府（守護所）から稲葉川沿いに少しさかのぼったところであるが、守護所とはほぼ四キロ位で近い。一方の太田垣氏は朝来郡に本拠を持つので、九日市周辺は垣屋氏の勢力が強かったと思う。

山名時熙の発給文書〜書下

時熙は明徳三年（一三九二）に但馬国守護に就き、永享五年（一四三三）まで続く。この間に、管内の武士や寺院に文書を発給して、守護としても権力を示した。その文書は、幕府の命令を知らしめる（遵行する）職務上のものもあるが、守護権力としての独自の立場で出したものもある。城崎郡の円通寺に出された山名時熙発給文書を通覧してみよう。なお円通寺文書は現存文書（『兵庫県史史料編中世三』所収）と『山名家譜』所収文書とがあるが、最近の研究により、両者は関連性があり、全体として扱ってよいものと考えられる（渡邊大門『中世後期山名氏の研究』）。

山名時熙
（楞厳寺蔵／兵庫県立歴史博物館提供）

・康応二年三月十四日山名時熙寄進状（『山名家譜』）
　書下。署判は宮内少輔時熙（花押）。但馬竹野郷内曾木谷を円通寺に寄進。
・応永九年六月二十四日山名時熙寄進状案（県史5）
　書下。署判は沙弥常熙御判。因幡国津井郷の寄進経緯を確認。
・応永十三年三月二十三日山名時熙安堵状案（県史6）
　書下。署判は沙弥御判。円通寺大智庵敷地を安堵。

・応永十三年三月二十六日山名時熙寄進状案（県史7）
書下。署判は沙弥御判。円通寺大智庵に但馬国野郷内田地を寄進。
・永享元年十一月十三日山名時熙ヵ寄進状案（県史9）
書下。署判は御判。円通寺大智庵領但馬国野郷内田地の段銭免除。

所領を円通寺に寄進するものが多いが（寄進状）、安堵状もある。

円通寺内大智庵敷地の事、谷内山林竹木は永代相違あるべからざるものなり、仍って状件のごとし、

応永十三年
三月廿三日　沙弥御判
円通寺都聞禅師
（読み下し文）

円通寺都聞禅師という僧に、円通寺内大智庵の敷地につき、山林・竹木の支配権（知行）を山名時熙が公認している。大智庵の敷地は円通寺内の谷内にあったのであろうが、その谷内の山林・竹木の支配権をこの僧に認めたのである。

文書の様式は、本文は「仍状如件」で終わり、文中に上意を受けたことが見えない。発給者の独自

の立場から出されたものである。このような様式の下達文書が、この時期の守護の発給する文書として全国的に見られるが、これを「書下《かきくだし》」と呼んでいる。

時熙は備後国の守護でもあったが、応永二十一年四月二十二日に山内上野介（熙通）に宛てて地毗庄内奈目良分を給分として与えた。その文書も「…状如件」という書止文言で終わっており、書下様式である（『山内首藤家文書』八七号）。そして直後の時熙書状（山内上野介宛）ではその文書を「書下」と言っている（同八八号）。

円通寺文書のなかの時熙発給文書はみな書下様式である。このことは同じ城崎郡の興長寺に宛てられた時熙発給文書でも同様である。また出石郡の蓮華寺・大生部兵主《おおいくべひょうず》神社などにも、時熙発給の書下様式の文書が出されている。山名時熙は本国但馬国にて守護職にもとづいて領国を形成していたが、それは書下様式の文書を用いたものであり、守護職を私的実力にもとづいて行使している。

3　幕政を動かす時熙

義教の将軍就任

正長元年（一四二八）正月、幕府権力の頂点にあった足利義持が、後継者を決めないまま死去した。義持はすでに将軍を子の義量《よしかず》に譲っていたが、その義量も応永三十二年（一四二五）に死去して、将軍空位が二年以上続いていたのである。幕府を支える有力大名たちは、義持が重態となった時から、新しい将軍を決めるべく協議を重ねた。候補者をしぼり、最

足利義教（妙興寺蔵）

後には石清水八幡宮の神前にて鬮《くじ》を引き、義持弟の僧義円《ぎえん》を後継者とした。義円は還俗して三月十二日左馬頭・従五位下となり義宣と名乗り、翌年（永享元）三月十五日には左近衛中将・征夷大将軍となり、名も義教《よしのり》と改めた。

この義教将軍就任の過程を推進したのは幕府の有力大名たちであるが、幕府政治顧問であった僧満済の日記に見える有力大名は、管領（畠山満家）・武衛（細川）・右京大夫（細川持元）・山名右衛門佐（時熙）・畠山修理大夫（満慶）である（正月十七日条）。中心人物は管領の畠山満家であるが、山名時熙は管領（畠山満家）と一緒になって満済に申し入れをしたりしている。

山名時熙は病気回復後間もない時期であったが、幕府の一大事に重要な役割を果たして、幕政になくてはならない人物となった。

「山名は宿老」

山名家では時熙とならんで持煕（刑部大夫）・持豊（弾正少弼）が幕政に参加していた。持煕は持豊の兄であり、足利義持死去直前の応永三十五年（一四二八）正月十五日にも幕府椀飯を沙汰している。

その持煕が、永享三年五月、将軍の義教から振る舞いを注意された。義教は「今度の振舞、此の間の儀共、以ての外の様」と怒った。だが「山名は宿老の事なり」との判断から、持煕を元のごとく出仕させるか、遠国に下すか、「山名の所存」に任せることになった（『満済准后日記』同年五月二十四日条）。将軍を怒らせた振る舞いがどのようなものであったか不明だが、持熙の処分は父時熙に委ねられた。その後の経緯は不明だが、おそらくはしばらくの期間、但馬に蟄居するところとなったであろう。ここで「山名は宿老」と扱われている。「宿老」とは幕府構成者のうちでも老《おとな》であり、しかも年来の老であるとの意味である。この義教の言説がまかり通ったのは、他の大名家もこれを了解していたためである。ここに幕府政治を支える有力大名としての山名家が認められる。

持豊も兄持熙とともに、幕府有力大名の山名時熙のもとで、幕府に出仕し、政治的鍛錬を重ねていた。兄が将軍の不興をかった応永三十五年は、持豊二十四歳である。持豊が山名家惣領後継者の最有力となった。

足利将軍室町第跡
（京都市上京区室町通今出川上ル）

将軍御所の造営沙汰

時熙がその政治力・経済力を発揮したのは、永享三（一四三一）年の将軍御所造営事業であった。この年の七月に義教息女が、ついで義持夫人が死去したことにより、御所移転が具体化して動き出した。将軍御所移転（造営）は幕府としても大事業であり、その進め方は政権のあり方を反映しているはずである。事業は七月末から始まり、翌年四月には一応完了する。その上御所（北小路室町殿）の建築様式については詳しい研究がある（川上貢『日本中世住宅の研究』）。ここではその経緯を、将軍義教の政治顧問である満済の日記によって、整理してみよう。

表1　永享の御所造営事業（『満済准后日記』）

永享三年	
七月二十八日	山名禅門（時熙）は幕府上御所造営を満済を通じて公方義教に建議する。
八月三日	山名禅門は満済に書状を出して、造営費用負担について管領（畠山満家）と話し合ったことを伝える。
八月十日	御所候補地につき山名禅門ら諸大名と将軍が検討する。
八月十九日	御所移住先について将軍が満済に意向を伝える→上御所に造営となる。
八月二十二日	事始の儀。造営惣奉行は山名右衛門督、畠山修理大夫となる。
八月二十四日	将軍は、上御所事始のために延引していた相国寺入院を行う。
九月十日	立柱上棟日幷御移徙日の勘進。
九月十一日	山名禅門は早朝に満済を訪ね地鎮祭に関する意見を述べる。
九月十四日	移転先御所の五ヶ所につき山名禅門が意見を満済に申す。
九月二十日	山名禅門は諸大名の用脚無沙汰と移転以前の造作が六ヶ所と満済に伝える。
九月二十三日	将軍家、上御所移徙にそなえ、富樫介亭に方違。
十月十三日	上御所、立柱上棟。

十一月十日	義教と満済は上御所四足門役について話し合う。
十一月十三日	上御所安鎮法は移徒前に行うべしと、阿闍梨から請文あり。
十一月十四日	山名方より、上御所鎮守に植える杉檜を調達する旨を満済に申し出る。
十一月十六日	上御所鎮宅の件につき、関係者が話し合う。
十一月二十一日	上御所作事進行状況を義教と満済が視察する。
十一月二十二日	上御所鎮宅法の担当者につき、満済が仰せを広橋に伝える。
十二月三日	上御所で鎮宅法を行う。
十二月五日	上御所移転後の下御所番衆につき、山名禅門・畠山が意見を具申する。
十二月七日	新御所庭に大石をおく。
十二月九日	上御所の鎮宅修法。
十二月十一日	義教、室町北小路新邸に移徒する。
十二月十二日	山名禅門は満済に書状を送り、将軍移徒が無事にすんだことを祝う。
十二月十三日	摂政ら公家が新造御所に参賀。
十二月十五日	満済など、新造御所に参賀。
十二月十九日	新造御所において不動法を始める。
十二月二十日	近衛忠嗣新造不参により、その若公を満済門跡入室から外す。
十二月二十五日	将軍、新造御所から参内・院参す。
永享四年	
一月十一日	上御所造作事始。

一月十九日	山名禅門が上御所用脚皆済・未進目録を注進。
二月二十四日	幕府上御所の会所・車宿・月次壇所の立柱上棟。
二月二十九日	御所造作奉行怠慢。大名が番々に沙汰するよう山名方に申遣す。
四月二十四日	会所への移徙。

この表からは次のことが分かる。

(ア)新御所造営の提案が諸大名合議を経て管領畠山満家と山名時熙によってなされた。

(イ)造営費用は惣奉行となった管領と山名時熙によって見積もられ、その負担も割り振られた。

(ウ)将軍義教の考えは満済が大名達に伝え、大名側の意見は山名時熙が満済に伝えた。

(エ)山名時熙は満済との意志疎通を図るのに、書状を出すだけでなく、早朝に直接満済邸を訪問している。

このうち(イ)造営費用は一万貫と見積もられ、守護大名に負担が割り振られた。三カ国・四カ国守護は千貫、一カ国守護は二百貫としたので、千貫衆は七人、二百貫衆は十五人となった、という（八月三日条）。このことを山名時熙は管領（畠山満家）と面会・談合して決めたという。この時、山名時熙は但馬・備後・安芸の三カ国が守護として確認できるので、千貫の負担である。時熙の他に山名氏で守護は、教清《のりきよ》が石見国、熙高が因幡国、教之《のりゆき》が伯耆国、と認められる。一族では少なくとも千六百貫を負担するところとなった。

千貫を負担した大名は七人というが、『日本史総覧』「室町幕府守護一覧」で検索してみると、山名時熙の他には、畠山満家（四ヶ国）、細川持之《もちゆき》（四ヶ国）、斯波義淳（三ヶ国）、一色義貫（三ヶ国）、上杉憲実《のりざね》（三ヶ国）、大内持世《もちよ》（三ヶ国または四ヶ国）、島津貴久（三ヶ国）が確認できる。全部で八人になってしまうので、このうちの誰かは二ヶ国守護であったかと思われる。このメンバーを見ると、畠山氏・細川氏・斯波氏は管領家であるし、一色氏は侍所別当家であり、幕府政治の中枢部にいる。上杉氏・大内氏・島津氏は遠国守護であるが、京都に邸を持ち、京都に出先機関（在京雑掌）を持つ有力者である。なおここには見えない赤松家では満祐が二ヶ国、京極家では持光《もちみつ》が二ヶ国の守護であった。

山名時熙は費用を大名から徴収する担当でもあり、九月二十日には大名無沙汰の様子を満済に知らせており、年が明けた正月十九日には未進目録を提出している。時熙が惣奉行であり、会計担当であるから、山名氏はいち早く分担金を出したはずである。この費用負担は所領の年貢や守護国の段銭で賄い切れるわけでない。時熙の場合は明に派遣する貿易船での収入が相当にあったと思われるが、このことについては後述する。

また時熙は満済邸を早朝に訪問するなど、満済とはまめに接触を図った。時熙の邸がどこにあったかは史料的には不明であるが、後の宗全邸であるとすると、芝薬師近辺である（後述）。満済の洛中活動の拠点は法身院であり、その場所は北が土御門大路、南は近衛大路、西は高倉小路、東は富小路であると考察されている（森茂暁『満済』）。時熙邸から法身院まではかなりの距離がある。榎原雅治編『日本の時代史11』に載せられた京都地図の示す法身院の位置は少し異なるが、その地図を参考にして、山名邸から法身院までの道のりを辿ると、次のようになる。山名邸から堀川通りを少し（一キロ弱）南下して、北小路（今出川通り）を東に行き（二キロ弱）、富小路を下る（約一キロ）。約一時間が必要であろう。この間、永享三年には関東問題もあり、協議のために山名時熙はたびたび満済を訪れていることが日記に見える。山名時熙はこの道を経て頻繁に満済邸（法身院）を訪れたと推定しておきたい。

このように山名時熙は管領畠山満家とともに作事惣奉行として満済と接触したが、二人の大名は有力大名の合議を踏まえていた。たとえば八月十日、上御所の候補地の吉凶を占うことについては、畠山邸にて諸大名が会合・談合し、吉凶占いを賀茂在方に申しつけることを決め、その使者には畠山匠作（満慶）が発った。ここには大名の会合・談合が認められる。十月十三日の上御所の立柱上棟には大名達が立ち会うはずであったが、管領（畠山満家）、細川持之、山名時熙、畠山修理大夫満慶、一色修理大夫義貫、赤松左京大夫満祐、土岐大膳大夫持頼《もちより》、山名上総介熙高の諸氏が実際に参加した。事情があり、京極、六角《ろっかく》、土岐美濃守は参加しなかった。このように新御所造営の作事は有力大名の参加するなかで進行していった。そして山名時熙はその先頭にいたのである。

4　永享の山門騒動と山名軍

山門使節と幕府の対立

比叡山延暦寺は南都（興福寺）とならび権門寺院の最大勢力であり、朝廷からも幕府からもなかば独立していた。比叡の谷々に分立する院とその僧（衆徒）は宗教者であるが、独自の財政と武力を持ち、全山の衆議は朝廷・幕府を動かす力を持っていた。このような比叡山衆徒を幕府権力に取り込んだのが将軍足利義満であり、「山門使節」という機関を創設した。山門使節は五名前後の山僧で構成されていて、幕府と衆徒の間に立ち両方に関係を調整しつつ独自の権力圏を形成・行使した（下坂守『京を支配する山法師たち』）。それだけに幕府と対立することが往々にあった。

将軍義持の応永二十六年（一四一九）に、幕府は京中の酒麹業の独占権を北野社の西京神人《にしのきょうじんにん》に与えて、日吉神人の酒屋・土倉《どくら》が酒麹業の損害を受けた。このことは比叡山には大きな打撃となるはずであるが、翌二十七年に山門使節・山上衆徒・坂本衆徒も同意した。将軍が義教となると、正長元年（一四二八）には西塔衆徒が主力となった嗷訴《ごうそ》が起こり、西京北野神人に与えられた酒麹独占権の廃棄を求めた。幕府は承知するが、なかなか実行に移さない。衆徒には幕府に対する不信感が高まり、永享五年（一四三三）七月に神輿《しんよ》を山上に動座させた。

永享五年の山門騒動

七月十七日暁、客人《まろうど》社神輿が根本中堂に振り上げられた。山上も坂本も衆徒が騒然と化した（『満済准后日記』）。そして「圓明以下の使節が悉く同心」しているという（同二十日条）。幕府は「無為の御成敗」（平和的解決）の方針をとり、管領も山名時熙もそれに賛成であった。

ただ二十四日には坂本馬借が蜂起したので鴨河原でも鬨《とき》の声があがり洛中が猥雑な雰囲気となった。山名禅門（時熙）はその日に次のように満済に語ったという。「馬借が洛中に乱入するとの風聞なので、野伏《のぶせり》を河原に配置した。また大原辻にも馬借三百人ほどが出てきたので、こちらも五・六十人ほどを向かわせたら、「金ツメ」で出くわし、矢軍となった」。山名軍は野伏を動員して河原に配置し、また大原辻（金ツメ）にも雑兵を出している。山名側の手者も傷を被った者も出る程の激戦であったが、山名の奮闘はめざましく「山名高名」と評された（『看聞日記』）。

鴨河原は京中でもあり、翌二十五日から山名・畠山・管領（細川持之）・赤松・斯波の大名が交替しながら警固した。二十六日に叡山の猷秀《ゆうしゅう》（光寿院）が管領に召し取られ土佐に配流され、神輿も翌月十七日に帰座して（『師郷記《もろさとき》』）、騒動はいったん収まった。ところが十月末に緊張が高まる。二十八日、日吉神輿が根本中堂に上げられ、山上・坂本の衆徒が軍勢を集めて、幕府の攻撃に備えた（『師郷記』）。幕府では十一月に「山門使節圓明以下の罪科」を管領（細川持之）と山名時熙が将軍に申し入れた。ただ管領は穏便な対応を求めて兵を出すことに反対したが、強硬策を主張したのが山名時熙（金吾入道）であった。「この度のことは金吾専ら申沙汰なり」（『看聞日記』）、「今度の儀（山門への発向）は一向山名一身の計略の様」(『満済准后日記』)といわれたのである。この背景には山門使節側の対応があった。使節のうち杉生《すぎう》坊・金輪院《こんりんいん》・月輪院《がちりんいん》は山名の料簡を受け(意向に随い)幕府方につく旨の告文《こうぶん》(誓約書)を出した。ところが再び奉書を出して降順を求めたところ、杉生坊・金輪院は山名への返事で恭順の意を示したのに対して、管領(細川持之)への月輪院の返事は使節は一味同心であり、圓明《えんめい》を捨てることはできないとの趣旨であった。幕府から罪科の張本とされた圓明につき、同じ使節のなかでも杉生坊と金輪院は山名と連絡をとり恭順し、月輪院は管領細川と通交して幕府に同意できない態度を示している(『満済准后日記』)。

このような曖昧な状況のなかで、山名時熙は武力行使により事態を明確化しようとした。十一月二十六日には、二十七日出陣が決まった。実際、二十七日には坂本に向かって進発したが、全体の陣容は次のようであった(『看聞日記』)。

浜(東坂本)の軍勢……山名(時熙)、土岐美濃守(持益)
西坂本の軍勢……土岐大膳大夫、佐々木、小笠原、玉琳坊・上林坊・西勝坊・十乗坊、蒲生下野入道
北口の軍勢……武衛(斯波義淳)
内裏・旧院御所警固……畠山尾張守(持国)
室町御所警固……管領(細川持之)
洛中警固……侍所(一色)、細川讃岐守、同治部少輔、同淡路守、上杉五郎、富樫

比叡山の衆徒勢力を、東・西・北から攻める布陣であるが、それとともに京都市中の権力機関と洛中を防御する態勢をとっている。坂本馬借の洛中乱入に備えているのである。

山名軍の構成

山名勢は土岐美濃守持益《もちます》勢とともに東坂本（浜口）を担当した。三井寺《みいでら》に陣を置いたが、そこまでの行軍が見る者を驚かせた。三百騎ほどで、他に野臥二・三千人、という。三百騎というのは一族・被官・内者であろう。野臥《のぶせり》（野伏）が二千〜三千というは駆り集めたのであろう。野伏を含むことは土岐持益勢も同様であり、百二・三十騎と野伏一・二千人というので、こちらも多い。京中の合戦は野伏をすばやく動員してこそ有利となるが、持豊もそうした力量を身につけていたのである。

山名勢三百騎は金吾入道（時熈）を中心にしているが、持豊も参加していた。『師郷記』には「今日山名父子軍勢を率いて大津に向かう、依って坂本を攻めるべしと云々、土岐勢おなじく発向す」（十一月二十七日条）と見えて、発向した山名軍勢は山名父子（時熈と持豊）に率いられていた。山名軍は持豊と時熈が率いていたが、持豊はすでに二十九歳であり、軍勢を指揮するには十分な年齢に達している。実質的には持豊が率いていたと考えてよかろう。持豊は山門騒動を押さえた山名軍全体を指揮して、山名家を代表する武的存在としての姿を京都の人々に明示した。鴨川合戦は京住人・雑人の見物するなかで展開していた。

この年の山門攻撃は、十二月十二日、張本の圓明坊（兼宗《けんしゅう》）が隠居し、乗蓮坊《じょうれん》（兼珍《けんちん》）は降参するとの条件で、ひとまず終わった。山門側は「一山の事書」（全体の意志を示す文書）を提出し、元のごとくの幕府との関係を申し入れた（『満済准后日記』同日条）。

戦闘と謀

十一月三十日には再び戦闘が始まった。琵琶湖畔の唐崎《からさき》・志賀《しが》で、山名軍・土岐軍が戦い、土岐勢のうち四人が討たれ、治部少輔《じぶ》（実名不詳）は二ヶ所に疵《きず》を受けた。山名勢では二人が討死したが、山徒（叡山衆徒）の宝寿坊《ほうじゅ》が討たれた（『満済』）。さらに十二月一日・二日には戦闘は叡山麓にひろがり、土岐大膳大夫（持頼）が坂本に陣を取った。土岐軍配下の者が高名の圓明坊同宿者（圓明坊従者）二人を討ち取り、その頭（首）を京都に送ってきたが、損害も大きかった。山名軍は旗差《はたざし》が討たれ、手の者ども四・五百人が「おとしの堀」に落ち入った、という（『看聞日記』）。山門側は比叡山登り道の各所に堀を掘り、防いだのである。山中の合戦は西山麓の雲母坂《きららざか》でも行われていた。

山名側からは戦況などが満済に知らされた。十二月一日に山名方から届いた折紙は驚くべき内容であった。「比叡山中の山名軍に片岡右京亮《うきょうのすけ》なる者が現れ、攻め込むための案内者となろうというので、今暁寅刻（四時前後）に彼とともに野瀬口まで進んだところ、すでに夜が明けた。片岡は今夜の計略はうまく行かなかったので、本陣に引き返そう、というので、返ってきた」。この話を満済は将軍に申し上げたが、「胡乱者《うろんもの》（うさんくさい人物）だ、信用できない、よくよく調べよ」と命じられた。直後に片岡は逐電した、希代のことだと、再び山名から注進（折紙）があった。

この片岡右京亮なる人物は、まことにうさんくさい。山名軍を混乱させている。大津坂本側山名軍の一部を引き回し西麓の野瀬《のせ》（八瀬に近接する）まで遊軍させている。また本陣に還った直後に逐電しており、山名軍など幕府軍の様子をさぐっている。このような存在が、比叡山という谷の縦横に走る地形のなかでの戦闘には必要なのだろうが、敵対関係のどちらにつくかも知れず、敵方が放った間《かん》諜《ちょう》かもしれない。

永享六年の持豊出陣

いったんは静まった山門騒動は、翌年（永享六年）七月に関東の公方持氏《もちうじ》の動きに山門が関与しているとの風聞が幕府に入り、緊張する。今回も張本は圓明坊であるが、山僧は西坂本の雲母坂に堀を掘り、また釘貫（木戸）を構えているという（『満済准后日記』七月十一日条）。永享四年の富士遊覧などで、京都将軍義教と鎌倉公方持氏は緊張した関係にあったが、永享七年十一月には関東での不穏な動きが顕在化し、幕府は上杉安房守（憲実）に書状を出して問い合わせることを決めた。持氏の佐竹討伐の噂もあり、実際に十一月十二日には常陸で合戦が起こっていた（阿保文書）。こうしたなかで、山門をどのように処分するか、将軍義教は大名の意見を徴集していたが、ついに十一月十九日に軍勢を向けた。

『満済准后日記』は「山門発向の軍勢、今朝罷り立つ」と記し、その軍勢が畠山・山名・赤松・土岐・細川讃岐（持常《もちつね》）・京極・斯波治部大輔（義郷《よしさと》）・甲斐などの諸氏であったという。ただ畠山は舎弟（持永《もちなが》）が、赤松も舎弟伊予守（義雅）が出陣した。山名も「自身（時熙）は立たず子息少弼（持豊）罷り立つ」ところとなった（十一月十九日条）。畠山軍・細川軍・赤松軍は西阪本に、山名弾正少弼（持豊）軍は東坂本に向かった（『師郷記』）。東坂本での戦闘は、甲斐軍勢の活躍もあって、坂本は殆どが焼け落ちた。

山名氏では、この合戦に中務大輔熙貴も参加していた。『草根集』には「（十一月）十九日ひえの山へむかふとてひしめきし中に中務大輔（熙貴）陣中にてこむへしとて百首の題をこはれしに書てそのつ、みかみに」と見える。出陣前に熙貴は正徹に陣中連歌の題を所望したのであろう。

幕府軍は山上に攻め上ることはなかったようだが、山門側が屈服した。その具体的処分は、大名たちの要望により、圓明坊（兼宗）は「没落せしむ」（追放する）、金輪院・月輪院・坐禅院・乗蓮坊の使節四人は京都に参じ侘《わ》び申すことで「御免」とする、ということになった（同十二月二日条）。山名持豊もこの処分に納得したのであろう。使節四人は十二月十二日に将軍義教と対面して、いちおう決着した。ただ義教は翌年二月四日、山門使節のうち三人（金輪院・月輪院・乗蓮坊）と乗蓮同宿称名《しょうみょう》の四人の頸を悲田院で斬った。翌日、山上では乗蓮坊兄たち二十人余が閉籠・放火した。義教への抗議であるが、猜疑心の強い将軍は政治的不安のもとを少しでも断っておきたかったのであろう。

5　遣明船と山名時熙

時熙と村上水軍

山名氏では、時熙が備後国守護として活動するのは応永八年（一四〇一）七月から永享五年（一四三三）八月の期間であるが（その後は山名持豊）、国人の山内熙通には地毗庄地頭職を安堵するとともに、庄内の土地を給分として宛て行っている（『山内首藤家文書』）。守護として管轄国内の武士に対する統率権を強めているのである。備後国は瀬戸内沿岸も管内にもつが、代表的水軍として村上氏がいる。戦国期には因島《いんのしま》・来島《くるしま》・能嶋《のしま》の三村上氏として活発に活動するが、三氏が共通の出自をもつのかは不明である。

応永二十七年（一四二〇）七月、村上右衛門尉（実名不詳）は伊予守護家の河野通元《みちもと》から東寺領弓削《ゆげ》島《しま》所務職を沙汰するようにとの文書（書下）を与えられており、伊予の国人衆であったと思われる。この村上右衛門尉系統の人々も海上に進出したが、それとは別系統の村上氏もいた。「因島村上文書」に見える村上備中入道である。

備後国多嶋地頭職の事、給分として宛て行うところ也、早く先例に任せて沙汰致すべきの状件の如し、

正長元年十月廿日　（花押）（山名時熙）

村上備中入道殿

（読み下し文、『広島県史古代中世資料編Ⅳ』所収）

この文書は、山名時熙が村上備中入道に備後国多嶋地頭職を給分として沙汰することを公認したものである。多嶋（田島）は瀬戸内に浮かぶ島（福山市）であるが、村上備中入道に与えられた。おそらくは戦功によって預けられたものと思われ、山名時熙に軍役を奉仕することで、そこの地頭職としての権利行使を承認されたのである。

田島支配権を認められた村上備中入道の実名は不明であるが（『広島県史』は吉資《よしすけ》とする）、この文書

が因島村上氏の伝来文書のなかにあることは、この人物と因島村上氏との系譜上の繋がりを想像させる。また田島と因島は近い（因島は田島の約一〇キロ西）。また瀬戸内の主要な湊である尾道《おのみち》にも近い。

日明貿易と山名時熙

永享四年（一四三二）八月十九日、遣明船五隻が兵庫港を出発した。将軍義教は兄義持とは違って、明との国交・貿易に乗り出したのである。五隻の船のうち、一号は将軍（公方）の船であった。二号船は相国寺、三号船は山名氏、四号船は十三人大名寄合、五号船は三十三間堂のもうけた船であった。遣明使者を代表とする一行は明に入り、皇帝に謁見して献上物資を買い上げてもらい、余分は商売で売られた。莫大な利益があがったと言われている。

この遣明船の一つを山名氏が出している（三号船）。当主は時熙である。遣明船は輸出物の銅を備後国尾道で積み込んだが、時熙は備後国守護である。港湾都市である尾道との関係も強いものと予想される。遣明船の銅は山名時熙が取り仕切ったであろう。硫黄は薩摩島津氏が調達し幕府に上納したものが宛てられたが、山名時熙は九州と往復する僧との因縁をつかって入手していた。

永享六年にも渡唐船派遣が計画されて、山名時熙内者の山口遠江守は申し入れをして、山口の弟（僧）は渡唐使者に任じられた（『蔭凉軒日録』）。山名氏関係者は日明貿易に積極的であった。

遣明船の警固

永享四年八月に出航した遣明船は明での滞在を終えて、翌々年（永享六年）の帰国となった。将軍義教は正月から政治顧問の満済と協議を始める。遣明船帰国に際しては、九州から瀬戸内にかけて、海賊が出没し、物資が略奪される恐れがある。そこで幕府は帰国に備えて、水軍武士に警固を命じる。山名時熙は帰国船警固には周防・伊予辺の「海賊」に加え「備後海賊村上」にも命じるのがよい、と満済に進言した。船の警固を海賊に命じるというのは変な言い方であるが、この「海賊」とは普通の海賊を押さえる（取り締まる）人たちである。その帰国船警固に時熙は備後海賊村上氏を動員しようと提案したのであるが、この村上氏とは先の村上備中入道（後の因島村上氏につながる）であろう。

正月二十三日、将軍義教は山名時熙作成の折紙（メモ）に基づいて唐船（帰国船）警固を上松浦・下松浦・千葉（九州千葉）・大内・島津・伊集院・菊池の七人に命じた。そのうえでさらに同三十日、四国・備後の海賊（海賊取り締まり者）を肥前小豆島（現在の的山大島《まとやまおおしま》）に向かわせ、壱岐・対馬の者が狼藉《ろうぜき》を働かないよう管領（細川持之）と山名時熙に命じた。村上備中入道一類も肥前の海（玄界灘）に向かった、と見られる。

渡唐船の帰国警固には、将軍義教はこのように山名時熙に意見を求め、それを採用している。水軍に対する時熙の影響力の程がうかがわれよう。この年の船は順調に帰国できたようであり、五月八日には周防赤間関《すおうあかまが》に入り、同二十一日には播磨室津に到着したことが確認できる。

山名時熙の貿易利潤

遣明船が帰国してから、問題が発覚した。船に乗り明に入って商売した瑞書記《ずい》という人物が、不正を働いたという。瑞書記という人物は禅僧なのであろうが、所属などは分からない。遣明船が出航する前の永享四年には、硫黄を調達するため九州にまで出かけて、惣領と庶子で紛争中の島津氏と交渉して硫黄を確保していた。その硫黄は公方分二十万斤《きん》であるはずであったが、五万斤分の収支が合わない。そこで子細を尋ねると、五万斤分は山名方に渡したという。将軍義教は山名方に硫黄が渡されたのか、それとも瑞書記が虚言を発しているのか、調べようとした。ところが山名入道（時熙）は脚気を患っていると称して、うやむやに終わった。瑞書記は追放されたが、山名への追及は見られないので、ことを大きくしないで終息したようである。

この硫黄五万斤もおそらくは山名方に渡ったのであろう。硫黄は島津氏が調達して、博多あたりで遣明船に積み入れたのであろうが、この時に公方船（一号船）に二十万斤全部は入れられず（十五万斤）、一部が三号船（山名船）に入れられたのであろう（五万斤）。五万斤分の利益は、詳しくは分からないが、相当なものであったろう。この直前、時熙は将軍新御所造営の惣奉行をしていた。永享三年・四年のことで、総額一万貫を大名が負担する方式であったが、未進の大名もいた。惣奉行の持ち出しもかなりの額に及んだであろう。明貿易の利潤は山名氏の財源に大きく貢献したと見られる。

第四章　時煕から持豊へ

1　持豊の幕政登場

　将軍義教のもとにおける大名家の跡目相続は政治問題に発展する場合もあり、予断を許さぬものがあった。山名家の時煕から持豊への家督相続はどのように進んだのであろうか。

持豊、弾正少弼に

　持豊は幼名を「小次郎」といい、応永二十年（一四一三）正月に将軍義持御前にて元服し、一字を拝領し、持豊と名付けた、という（『山名家譜』、『寛政重修諸家譜』）。また前述したが、持豊の父時煕が義持の将軍辞退・出家にともない出家（入道）したのが応永三十年四月であった。

　持豊が室町幕府政界で話題となるのは、応永二十九年（一四二二）が初見と見られる。持豊十八歳である。前年十二月に父時煕の守護国であった備後で国人が蜂起したのを退治するために下向していた。これを退治して二月二十八日に上洛したが、「風聞、山名上総介〈金吾禅門猶子〉・同弾正〈金吾禅門次男〉備後より上洛す、今日京著と云々、これ去年十二月国人退治のため発向せしむの処、いまだ合戦に及ばざるに敵退散す、国中無為に属すの故と云々」(『康富記』)と中流公家中原康富は記している。このうちの弾正が持豊であるが、金吾禅門(時熙)の次男と記されている(長男は持熙であるが、この人物については後述する)。もう一人の、備後に同道し、そして上洛した山名上総介《かずさのすけ》という人物は時熙の「猶子《ゆうし》」である。この時期の山名氏で「上総介」と確認できるのは熙高であり(『満済准后日記』永享三年十月十三日)、「因幡守護」としても見える(同年正月七日)。

持豊がいつ弾正の地位に就いたかは分からないが、元服の直後かと思われる。その時期は『山名家譜』の応永二十年(九歳)では少し早い気もするが、その後五年の期間かと思う。その元服の時に将軍から「持」を与えられ、やがて弾正少弼に就いたであろう。持豊の弾正少弼は永享十年頃まで続いた。『満済准后日記』では永享七年三月までは弾正少弼と見えるが、『建内記』では永享十二年二月十三日には「山名右衛門佐持豊」と見えるように右衛門佐に昇進していた。

持豊、時熙跡を継承する

永享五年八月九日、山門騒動が起こる直前、弾正少弼(持豊)は父金吾(時熙)跡目(「一跡」)を継承することを認められた。前年正月の椀飯を沙汰した持豊は山名時熙の後継者として認められつつあり、父子の間で事実上の相続は進んでいたが、この日に将軍の仰せが出て公認されたのである。将軍義教から政治顧問満済に其の旨が示され、満済から連絡を受けた山名方から祝着(ありがたい)の旨を将軍に申し入れ、また父子は御所に参じて折紙(銭)と太刀を献上した。将軍からは持豊に、二通の御判御教書が与えられた。一通は但馬・備後・安芸・伊賀の四ヶ国守護職に補任するもの、もう一通は本知行所・新恩地所々の安堵状である。将軍御所からの帰路、父子は満済住居（法身院）を訪問し、持豊は三千疋《びき》（三十貫文《かんもん》）を持参した。満済は父時熙が存生の間に四ヶ国守護職を持豊が無事に相続できて喜ばしいことこの上ない、と日記に書いている（『満済准后日記』）。室町幕府体制のもとでは、守護家や国衆家の相続は将軍に認められて公式のものとなる。将軍の判断も恣意的なものでなく、家臣などの意向を踏まえてなされるのが普通である。持豊は二十九歳であり、年齢は充分である。

持豊は、この日の経験により、大名家の存続がどのような政治的枠組みのなかで進められるものか、身をもって知ったはずである。父時熙とともに自身の喜びを感じるとともに、次世代への継承をどのように手立てしてゆくか、考えたはずである。将軍との関係では前年の山門出陣のことを強く意識したであろう。山名氏全体の武力を指揮した実力である。持豊が幕府内の政治的調整力より武勇を優先するようになる気質はこのようなところで醸成された。

将軍義教は「悪《あく》御所」と言われて気性が激しく、その勘気に触れて災難を受けた人物は数知れない。多くは公家衆であるが、武家の大名もいる。こうしたことに人々は震え上がっていた（斎木一馬「恐怖の世——嘉吉の変の背景」）。山名家の跡目の継承の後わずか三ヶ月、義教は永享五年十一月には病を受けた斯波義淳《よしあつ》の後継者を定める意向を示し、奉公中の左衛門佐（義豊）は正体ない（力がない）と退けて弟を還俗させて（義郷）斯波家を継がせた。将軍義教の側に仕えていると、それだけ気に入られることもあるが、逆に嫌われることもある。義教はそれが激しかったのである。

山名時熙から持豊への家政権力継承は、そうしたなかでは順調に進んだのであり、満済がこれを喜んだのもうなずけよう。八月十四日夜、満済は山名弾正少弼方へ引物として盆香呂を贈っている。

山名氏主催の連歌会
——持豊と正徹の交流

時熙は重病になったこともあり、神仏祈願に熱心であった。それに関連して歌・連歌にも熱心であった。また子息や一族もそうであった。この時期の京都で名高い連歌師正徹《しょうてつ》の『草根集』に見える、山名氏関係の連歌会への正徹参加を整理すると次のようになる。

表2　『草根集』に見える山名氏歌会・連歌会

永享元年	卯月一日	山名中務大輔照〔熙〕貴家にて読歌有し
	（五月）廿一日	山名右衛門督入道常照〔熙〕例ならぬことの祈禱とて北野の社にたてまつる百首
	（六月）二十五日	山名刑部少輔持照〔熙〕八幡法楽とてす、められしに
	（八月）十五夜	中務大輔（熙貴）の家にて月次有し
	（九月）十五日	刑部少輔（持熙）の家に月次はしめの三首
	（十二月）十四日	中務大輔（熙貴）の家にて月次有しに
永享二年	（正月）八日	山名刑部少輔持照〔熙〕の家にて松有佳色といふことを
	（二月）八日	中務大輔照〔熙〕貴家の月次三首に
	三月六日	刑部少輔持照〔熙〕の家の月次三首に
	（六月）八日	刑部少輔（持熙）の家の月次三首に

八月八日	刑部少輔（持熙）の家の月次三首に
（九月）十四日	中務大輔（熙貴）家の月次三首に
閏十一月八日	中務大輔（熙貴）家の月次三首に
永享三年（欠本）	
永享四年（正月）十八日	山名中務大輔照［熙］貴家にて歌有
（二月）十九日	中務大輔（熙貴）の家にて歌よみ
五月十六日	中務大輔（熙貴）日吉法楽とて
（十月）十九日	中務大輔家にて衆議判歌会
永享五年（八月）廿七日	中務大輔（熙貴）家にてはしめて月次有る（閏七月に転居した）
十月十日	宗砌法師草庵つくり出せる初とて弾正少弼持豊など参会し
永享六年（正月）二十二日	中務大輔照［熙］貴の家の月次
（三月）十四日	中務大輔家（熙貴）の月次
五月十八日	山名弾正少弼持豊家にて月次
宝徳元年　六月六日	山名弾正少弼教豊家の月次に
（七月）九日	山名兵部教之家に初て月次せられし
（七月）廿五日	弾正少弼（教豊）の家の月なみに
（八月）八日	山名左衛門佐勝豊初て参会せし
（八月八日）	弾正少弼（教豊）の家の月次に

（八月）十六日	兵部少輔（教之）の家の月次に
（九月）六日	弾正少弼（教豊）の家の月次に
（十月）六日	弾正少弼（教豊）の家の月なみに
十二月二日	兵部少輔（教之）の家の月次に
宝徳二年（二月）十六日	兵部少輔（教之）の家の月次に
（三月）十八日	兵部少輔（教之）の家の月次常楽寺にて沙汰あり
宝徳三年（正月）十八日	山名兵部少輔教之家の月次に
（二月）廿六日	兵部少輔（教之）の家にて読歌ありし
（六月）十六日	兵部少輔教之常楽寺と云寺にて月なみ沙汰ありし
享徳元年（五月）廿一日	山名兵部少輔教之の家にて読歌ありしに
享徳二年（八月）十六日	山名相模守教之家にて読歌ありしに
（十月）八日	三宝院准后山名右衛門督入道宗全家に御出の時亭主祝着義一首可詠よしありしにいなひかたくて あひにあひてけふそ声する竹の園山松風も千代を並べて

この表からうかがえることを、他の史料をも勘案しながら指摘してみよう。

永享元年（一四二九）から山名氏関係の歌会に正徹が参加した記事が見られるが、中務大輔熙貴邸では連歌会が恒常的に開催されていた。八月からは十五日が月次会となり、正徹は八月・九・月・十

二月に参加している。この中務大輔熙貴は『続群書類従』山名系図に見えるが、

時氏――氏冬――氏家――熙貴

という系譜の人物である。後述するように、山名修理大夫入道常捷《じょうしょう》（教清）養子となり、将軍義教に近仕しており、嘉吉の乱の時、赤松邸にて討たれた。その後に熙貴の娘が持豊の養女に入った。またこの永享元年は、山名家では、前年に時熙が大病して回復したこともあり、五月には衛門督入道常照［熙］（時熙）の病を祓う祈願を北野社にて行い、そこに正徹も奉納歌を寄せた。時熙の子である持熙は石清水社祭礼に歌を奉納し、また九月十五日には月次歌会を開催した。

翌年（永享二）も中務大輔熙貴邸と刑部少輔持熙での月次会が継続的に開かれ、正徹が招かれている。永享三年は欠本のため記事がないが、永享四年にも中務大輔熙貴邸での月次歌会が見える。

永享五年には、中務大輔熙貴は北小路猪熊に転居したが（閏七月）、八月二十七日には新居での最初の月次会を開いている。また十月十日には正徹知人の宗砌《そうさい》法師が京都に草庵を作ったのを機に会が開かれて、そこには弾正少弼持豊も参加している。歌会・連歌会などへの持豊の参加を示す早い例であるが、持豊も三十歳に達していた。翌年（永享六）になると、持豊邸で月次会が開催されるようになり、五月には正徹も参加している。持豊が京都での歌・連歌の会になじんでいこうとする姿がうかがえよう。

持豊が連歌に接する機会は、おそらく宗砌法師との縁であろう。宗砌が京都に庵を構えて連歌会を

開いた時に参加し、そこで正徹とも交わった。正徹とは、父時熈の病気回復祈願のこともあり、その北野神社奉納連歌でも接触していたであろう。また一族中務大輔熈貴邸での月次連歌会に持豊も参加していたかも知れない。ただ正徹が「（永享五年）十月十日宗砌法師草庵つくり出せる初とて弾正少弼持豊など参会し侍りて歌読みしに」と書いているのは、持豊との本格的な交わりがこの時に始まったことを語っている、と理解できよう。弾正少弼持豊は直前の八月九日に父の跡を継承していた。そしてまもなく持豊は自身の邸で月次会を開くようになる。持豊を連歌の世界へ誘った宗砌という人物については、「能連歌、但州人、新筑波に入る、享徳四年正月十六日死す、倭歌は清岩」（『梅庵古筆伝』）と伝えられる。但馬出身の人物であるから、持豊とは古くからの知人であったと見られる。

『草根集』では、この後、山名氏関係の記事は宝徳元年（一四四九）以降に見える。連歌会を開催している人物では弾正少弼教豊《のりとよ》が多くなる。教豊は持豊の長子であり、後継者と目されている。またその弟の左衛門佐勝豊も八月八日には初めて参加している。山名氏開催の連歌会は持豊の次世代に入ったと見てよかろう。また兵部少輔教之の邸でも月次会開催が見られるが、この教之は『尊卑分脈』・『続群書類従』の系図にはみえない。山名豊道氏所蔵山名氏系図には次のようにある。

時義┬時□
　　├氏之──教之〈山名相模守入道……〉
　　└時熙──持豊

時義は時熙の父であるから、持豊の祖父であるから、山名一族のなかでは、教之と持豊とは従兄弟の関係にある。この兵部少輔教之邸での連歌会は宝徳二年、宝徳三年、享徳元年（一四五二）、同二年と続く。享徳二年では「八月十六日山名相模守教之家にて読歌ありしに」と見えて、相模守に転任したことが分かる。

享徳二年（一四五三）、同三年には、持豊（宗全）のことが出てくる。これより十年程前、嘉吉の乱が起こり、持豊は赤松征伐の先頭に立ったが、その直後に出家していた。将軍義教を支える大名の一人ともなっていて（後述する）、三宝院准后（満済の後継者義賢《ぎけん》）との交流も見られた。享徳二年十月八日に満済が山名宗全邸を訪問することとなり、それを祝い迎える宗全は正徹に歌を依頼した。正徹は「あひにあひてけふぞ声する竹の園山松風も千代を並べて」という歌を寄せたという。正徹との交流は『草根集』からは見えなくなっているが、継続していたと考えられる。

また表には載せなかったが、『草根集』（巻十一）には「（享徳三年）八月のころより畠山家のことに世の中さわかしくなり出〔土〕一揆とかやおこりて都の中あさましかりし事いつくにも歌なとあるへきまあらす」「（十一月）二日夜天下静ならす山名右衛門督入道宗全身の上と聞侍る」の記事も見えて、京都の争乱が激しくなり、幕政に参加している宗全の進退が世上の噂となっている。享徳三年十一月、畠山家家督継承の問題で、宗全は義政と対立し、幕政から退けられた（後述）。正徹は交わりの深い山名一族のこととして、この時の教豊・是豊《これとよ》兄弟の歌とともに書きとどめている。

熙貴と熙高

山名熙貴と山名熙高は、どちらも「ひろたか」と読むのであろうし、永享年間に登場するので、同一人物かと迷うこともあるが、別人である。山名熙貴は、この時期の古記録に「中務大輔」として見える。『草根集』も同様である。永享二年正月一九日、将軍御所では松囃子《はやし》（猿楽）が催され、連歌ともなったが、連歌参会の人々は内々に仰せ定められていた。二十一人であるが、そのうち武家は十人の名前がみられる。山名氏では右衛門督入道常熙（時熙）と中務大輔熙貴が入っている。この参加者は連歌をよくするとの評価された人たちであろうが、熙貴・時熙ともに『草根集』にも見えた人物である。

二月七日にも将軍御所で連歌会が開かれ、そこにも山名入道（時熙）と山名中務大輔（熙貴）が見える。同様に、永享三年と同四年、正月十九日将軍義教の月次連歌会が開催され、そこにも山名（時熙）と中務大輔（熙貴）が加わっている。

永享四年閏七月、中務大輔（熙貴）は北小路猪熊に転居した。『草根集』に「閏七月二日中務大輔北小路猪熊なる所に家を引うつしすまれしに始て歌ありしに」と見えるので、転居そのものは六月末かもしれない。引っ越しての祝いに連歌会を催したと思われるが、また「（八月）廿七日中務大輔家にてはしめて月次有るしに」ともあって、八月二十七日には月次会を開いている。この転居先の北小路猪熊は、猪熊通が堀川通の一本西に当たり、また北小路（今出川通）は五辻の一本南になる。したがって熙貴転居先は後に述べる「芝町」（山名持豊邸が所在する）の少し南となる。永享四年では時熙が健在であるから、山名惣領邸は時熙が主人である。この近くに中務大輔（熙貴）は引っ越したのである。時熙と熙貴は居住でも近くなったのである。時熙の死去したのは永享七年であるが、それを契機としてか熙貴は修理大夫教清の養子となる。そのことは『建内記』嘉吉三年六月三日条に「熙貴は当時山名修理大夫入道常捷養子なり」と見える。修理大夫入道常捷（浄勝）教清の祖父（義理）は熙貴の曾祖父にあたる（『続群書類従』山名氏系図）。

永享四年（一四三二）九月、将軍義教は鎌倉公方持氏への軍事的圧迫を加えることも意図して富士遊覧に向かうという大事が起こった。九月十八日に藤枝に到ったが、義教は同二十九日には「風気」となり引き返している。『鎌倉物語』には、「同年（永享四年）の秋九月、駿州富士山御覧のために公方家駿河へ御下向あり、飛鳥井家三条家和歌所法印堯孝等を御相伴に召連られ、細川山名一色の人々御供に到参して、彼国の守護人今川上総介範政御迎に参向す、其れより清見関を御遊覧ありて還御成らせ給ひけり」とある。細川・山名・一色の人々が供をしたことがうかがわれる。このうちの山名氏は、山名中務大輔熙貴である。『草根集』に「九月盡昨日将軍家駿州より御上洛とて中務大輔のもとよりうつの山の葛かつらを送られしに」と見えるのが、それを示している。義教の富士遊覧は富士を遠景に見ながらの連歌会が目的の一つであるから、中務大輔熙貴も加えられたのであろう。

一方の山名熙高は「上総介」または「上総守」と記される。『尊卑分脈』は時熙の子を二人記すが、それが持豊と熙高である。熙高には「実は高義の子也」と注記しているが、山名豊道氏所蔵山名系図では高義の子として書かれ、「上総介」が注記される。持豊と一緒のことが多く、時熙の猶子かもしれない。『満済准后日記』では正長二年（一四二九）正月八日に初見し、正月祝いに満済を訪問している。永享三年正月七日にも満済の法身院を訪れているが、筵《むしろ》二十枚を持参して「佳例か」と喜ばれている。この時は「山名上総守〈因幡守護〉」と書かれていて、因幡国守護であった。この年は父時熙が惣奉行として推進した将軍御所造営事業があるが、その立柱上棟にも参加した。同六年になると、正月十二日に山名少弼（持豊）とともに満済壇所に向かい、また四月二十五日には満済病気回復見舞いに訪れている。

こうしてみると、時熙の大病と回復の時期、山名氏では、多くの人物が将軍に近仕し、また時熙とともに行動していた。持熙と熙高は持豊の兄弟であり、また歌にすぐれていた熙貴も一族で親密であった。この山名氏を強力にまとめ上げるのが持豊であるが、それにはまだ早かった。

2　持豊の山名家権力掌握

時熙の死去

永享七年（一四三五）七月四日、山名時熙が死去した。『看聞日記』（貞成親王の日記）、『師郷記』（大外記中原師郷の日記）、『蔭涼軒日録』（相国寺蔭涼軒主の日記）ともに、七月四日のこととして伝えている。『師郷記』では「今日山名金吾入道逝去す年六十九云々、水腫所労と云々」と記しており、身体に水がたまる病状であったらしい。六十九歳とのことで、応永三十五年の大病からは七年が経過していた。大病の時に遺跡継承者を誰にするか、将軍と時熙とでは意見が異なったが、今回の死去により周囲は心配した。『看聞日記』は「山名今暁逝去と云々。遺跡兄弟相論籍乱すべきかと云々」と記す。また兄弟で相論が起こりそうだ、といぶかっている。持豊と兄（持熙）との争いであるが、この年どう展開したかは史料が無く、分からないが、持豊の有利に進んだらしい。

時熙追善仏事は、『蔭涼軒日録』には七日七日ごとの忌日仏事の拈香僧《ねんこう》（拈香文を読む僧）も蔭涼軒主と持豊の調整で決められた。また翌年の年忌仏事も「来月（七月）四日故山名殿忌、拈香は南禅長老無為和尚を以て定めらる」（同、永享八年六月八日条）と見えて、南禅寺長老の無為和尚が拈香文を読むと決まった。また時熙が檀那であった南禅寺栖真院《せいしんいん》松西堂については「栖真院松西堂、遺跡の事、山名殿より申さるの旨、披露す」（同、七月二日条）とあるように、山名殿の言うところを将軍義教に伝えたのである。この山名殿は持豊を指すと見て間違いなかろう。持豊は父であり山名家物領であった時熙の仏事を主催することで遺跡を継承したのである。持豊はすでに将軍から山名家物領と公認されていたが、京都寺院世界にも仏事を通じて知らしめることとなった。

また持豊の官途は永享七年三月までが弾正少弼であり、右衛門佐の初見が同十二年二月と古記録で確認できるが（前述）、右衛門佐が父時熙の官途であったことを想起すれば、持豊が父の遺跡を継承した永享七年七月から間もない時期かと思われる。

持豊、刑部少輔（持熙）を討つ

永享九年七月四日、故時熙の大祥忌が行われた。将軍は当日病気で焼香できないとのことを蔭涼軒主が山名殿（持豊）に連絡すると、持豊はすぐに謝意を告げに参上した、という。持豊が将軍と緊密な関係を維持している様子がうかがえる。この時、兄の持熙は京都にはいなかった。

同十一日夜、将軍義教の弟で大覚寺門跡である義昭《ぎしょう》が逐電し大和に入った。山名刑部（持熙）が一緒だったという。同三十日には、備後国からの飛脚が京都に着いて「二十五・六日、山名刑部少輔（持熙）は軍勢を集め城郭を構え挙兵したので、守護被官人等が押し寄せて合戦となり、刑部（持熙）は討ち死にした」と伝えた。刑部少輔（持熙）は父時熙の守護国であった備後で兵を挙げ、敗れたのである。押し寄せた守護被官とは持豊被官である（守護は持豊）。京都で力を失った持熙は備後で立て直しを図ったが失敗したのである。この間の事情を伝える『師郷記』は「彼の刑部近年御勘気を被り没落のところ、大覚寺殿を具し申し此のごとく旗を揚げると云々」と書いている。父時熙の死去で京都では権勢を失っていたと見られる。こうして山名刑部少弼（持熙）は備後で蜂起して敗れ去ったのであるが、七月末にはその首が京都に届き、八月には幕府老宿たち（重臣）が将軍御所に参賀に訪れている。

一方、大和に入った大覚寺義昭に同道した「山名宮内少輔」なる人物が確認できる。ただ「大覚寺大和に隠居、小路取り申すと云々、山名宮内少輔御方に参ず、伊勢国師（司）等合力し錦旗を上げるべしと云々」（『看聞日記』同年七月二十三日条）と見えるように、山名宮内少輔は大和に隠居した義昭のもとに参じている。この宮内少輔は持熙を指すと考えている書物が多いが、持熙は備後で蜂起・敗北したのであり、大和とは場所が異なるので、別人と考えるのが妥当である。この時期の山名氏で「宮内少輔」と称する人物は古記録にはみることはできない。系図では、近世に作成された山名氏系図のうち山名豊道氏所蔵系図（幕臣山名氏）には、師氏《もろうじ》（師義《もろよし》）の子のなかに大膳大夫《だいぜんだいぶ》を記し、その系統を以下のように書いている。

師氏〈改師義〉――大膳大夫――大膳大夫――相模守――宮内少輔――相模守尚之

大膳大夫が連続しているのは誤記であろうが、その孫に宮内少輔がおり、その子に相模守尚之がいる。この部分が、同じ近世作成の村岡山名藩系統山名系図では次のように書かれる。

師氏――大膳大夫――上官――教幸〈相模守〉――豊幸〈宮内少輔〉――尚幸〈相模守〉

二つの系図は、この部分ではほぼ一致している。後者では宮内少輔の実名は豊幸ということになる。彼が大和に入った大覚寺義昭のもとに参じたのであろうか。

大和の義昭のもとに参じた山名宮内少輔については確定することは困難だが、ひとつの考え方を示してみた。もしこれが当たっていれば、山名氏では刑部少弼（持熙）以外にも大覚寺義昭に与同した人物がいたわけであり、山名氏も政治的には複雑であったことが分かる。

山名氏では、持熙を討伐したのは持豊であるから、父時熙の権力継承にとっての競争者はいなくなった。持豊は山名氏の筆頭に立つことになった。だが山名氏一族では、中務大輔熙貴が将軍に近仕して政治力も持っていた。持豊は熙貴とは、後に述べるように、持豊が熙貴娘二人を養女にし、また持豊男子の勝豊を煕貴の養子にするなど、山名一族の間でもとくに親しい関係にあった。また『草根集』に見たように兵部《ひょうぶ》少輔教之《のりゆき》（系図では教幸）も持豊とは独自の存在としてあり、また修理大夫教清（法名浄勝）もいた。持豊には彼らを束ねる力量が求められていた。

山名と赤松の確執

兄持煕を討って幕府の重臣となった持豊であったが、その年の十二月に赤松満祐との間に確執があった。将軍の成敗で宥められたが、その様子は「山名赤松有確執の事、赤松山名へ寄せんと欲す、一門合力して已に打ち立つの処、公方御成敗す、無為に属すと云々、若党の口論と云々」（『看聞日記』永享十二年十二月二十一日条）と見える。若党の口論が発端のようであるが、赤松一族のいきり立つのを公方（義教）が鎮めたというのが実情であろう。義教は赤松側に理があると思ったのであろう。この時は事なきを得たが、京都では大名被官の間で偶発的な争いが頻発していた。

赤松氏では満祐が義教との関係を良好なものとし、永享年間には幕府侍所所司（別当）に就任していた（渡邊大門『赤松氏五代』）。永享九年十二月もその期間であるが、侍所権力を発動する赤松若党は応永三十四年（一四二七）の山名軍のことを憎々しく思い、機会をねらっていたとも思える。

第五章　持豊の武的名声

1　将軍義教と諸大名

「万人恐怖」

永享の山門騒動（山門使節四人の首切りとそれに抗議した閉籠《へいろう》衆の放火事件）の結末は、都の人々を驚かせた。公家の人々だけでなく、官位のない庶民もそうであった。そのためもあってか、将軍義教は、この問題の是非をあれこれ口にするのを禁じた。ところが煎じ物商人が路頭で（洛中の路頭か）、あれこれと談じているのが分かり、召し捕らえられ、たちまちに首を刎ねられた、という（『看聞日記』永享七年二月八日条）。これを評して伏見宮貞成親王は「万人恐怖す、言うなかれ、言うなかれ」と書いた。将軍義教の恐ろしい仕打ちが、名もない庶民にまで及んだ。

義教は、すでに将軍を引退していた兄義持が、後継者を決めることなく死去した時に、諸大名がはかり、石清水社神前での籤引をして、決まった人物であった。青蓮院主であったが、還俗したのである（義宣、のち義教）。その時、三十五歳の壮年であり、幕府政治にも毅然とした姿勢を示した。大名衆議は尊重したが、同時に独自性も発揮した。気性も激しく、勘気にあって出仕停止処分を受けたり、所領を没収された人物が多く出た。永享六年（一四三四）六月十二日には中山定親はそのリストを作成しているが、公卿五十九名、神官三名、法親王以下僧侶十一名、女房七名（合計八十名）である（斎木一馬「恐怖の世――嘉吉の変の背景」）。公卿が多い。京都をおおっている不穏な空気はいっそう高まっていく。

山名勢の大和出陣

大和には興福寺・春日社以外にも寺社が多く、その衆徒は在地武士とも結んで、時には反幕府的動きを示す。永享十年には多武峯衆徒が蜂起した。七月に大和天川で蜂起した義昭の動きに連動するものであったが、八月になると幕府軍が大和多武峰《とうのみね》に向かって出陣した。多武峰衆徒を屈服させようと、管領細川持之や畠山持国《もちくに》を中心に、軍勢を集め出兵したのである。八月二十八日に合戦が行われ、幕府側が勝利し、敗れた多武峰衆徒は堂舎・仏閣に火を放った。その様子を『看聞日記』は、「多武峰昨日責め落とされる、讃州先陣・武衛・山名三頭発向す、自余の諸大名は合力せずと云々、…追って聞く、大名皆合力遅参と云々」（八月二十九日条）と書いている。軍の主力が讃州（細川持之）・武衛（畠山持国）・山名持豊であったことが分かる。

九月には出陣した軍勢が大和から京都に還ってきた。甲斐・小田（織田）・一色らとともに、伏見の郷民（三木善理《そうぎよしみち》・小川浄喜《じょうき》）も還ったが、大和に残っていた山名家人が吉野で討たれるという事件が起こった。「聞く、大覚寺坊官・垣屋備中両人、吉野において討たれる、その頭二上洛と云々」（九月十八日条）と見えるように、垣屋備中が打ち殺されたのである。垣屋は但馬守護代の家柄であるが、京都の山名邸でも活動していた。その垣屋備中が大覚寺坊官とともに吉野で討たれた。多武峰（談山《たんざん》神社）の南奥は山岳地帯であるが、それを南に出ると吉野辺になる。二人は多武峰を攻めるなかで、南側に戦闘を移していたものと思われる。

この大和出兵は、山名家権力を掌握した持豊がその力量を発揮し、山名家を代表する軍事指揮者として幕府関係者に認めさせることとなった。持豊は同年（永享十）の三月に初めて義教の御成を受けていたが、大和出陣後の翌年の六月二十一日にも御成を受けた。持豊と将軍義教の関係が、父時熙と将軍義持に近いものになっていった。

鎌倉公方持氏の自害

関東では、応永二十三年（一四一六）の上杉禅秀の乱を乗り切った公方足利持氏がいよいよ自尊心を強め、義教が将軍となった時には対抗心を露わにしていた。以後もその傾向が続き、永享十年（一四三八）六月に子息を元服させるに当たり、先例を無視して「義久《よしひさ》」と名乗らせ、加冠した。このことを咎めた関東管領上杉憲実と対立し、同年十月には武力衝突となった。将軍・幕府は上杉を支援したので、公方持氏は屈服した。翌年（一四三九）二月、上杉憲実は上意（幕府の指示）を受けて、持氏を永安寺（武蔵）にて切腹させた（『建内記』）。

この一件は、将軍が鎌倉公方を自害に追い込んだものである。京都と鎌倉を調整する役目にあった管領上杉憲実は、この後管領を退き、諸国行脚の旅に出た。また関東の豪族的な武士のなかにも上杉氏・幕府に反感を持つ勢力は依然として強く、持氏の子息を公方に押し立てる動きが起こった。永享十二年三月、下総の結城氏朝《ゆうきうじとも》らは春王丸《はるおうまる》・安王丸《やすおうまる》を迎えて結城城に籠もった。また常陸国の佐竹義憲などもこれに呼応した。

2　嘉吉の乱

畠山持国の失脚

嘉吉元年（一四四一）正月二十九日、将軍足利義教は畠山持国を突如退けて、弟持永《もちなが》を家督にすえた。背後に被官の遊佐《ゆさ》・斎藤の動きがあったようだが（『建内記』）、義教の個人的感情によるところが大きい。大名たちは義教の恐ろしさを改めて思い知らされたのである。さらに三月になると、義教は大和から薩摩に逃れていた大覚寺義昭を殺害させて、その首を京都に届けさせた。

いっぽうでは子息（義勝《よしかつ》）のためには、二月十七日に不動護摩法を伊勢貞国邸にて営んでいる。この趣旨の法会は永享十一年八月にも行っていて、次期将軍成長の願いが見える。四月には、関東では結城城に幕府方の上杉清方《きよかた》らの軍が攻め込んで、籠城していた結城氏朝は戦死した。持氏公方子息二人は捕られ、京都へ護送される途中の美濃垂井《たるい》宿で殺害された。義教にとっての不安が取り除かれているようであるが、足利氏の血統の一部を断つ事件が連続していたのである。

嘉吉元年六月二十四日

その将軍義教が殺害された。場所は京都の赤松邸であり、白昼である。周囲から恐れられ、また恨まれてもいたが、時の将軍である。将軍の殺害は、鎌倉時代から、室町時代、江戸時代を通じて、この義教以外にはない。驚愕すべき事件であるが、事態はどのように展開したのか、また山名氏の人々はどう関わったのか、事件を克明に復元した書物（今谷明『土民嗷々』）を参考にしながら、たどってみよう。

嘉吉元年（一四四一）六月二十四日、義教はわずかな供を連れて、赤松邸を訪れた。『建内記』では「諸敵御退治の嘉礼」のために赤松彦次郎教康《のりやす》が御成を申し出たという。関東の持氏、九州薩摩の義昭を討伐した祝宴ということであろう。鴨の子が池で遊ぶのをご覧くださいとの赤松側の招待であったと伝える軍記もある。赤松彦次郎教康は赤松満祐の子であり、満祐自身は近く（富田入道宿所）に隠棲していた。雨が降り風が冷たく感じられる日であったが、未斜剋（午後二〜三時）に、赤松邸（西洞院二条上ル）に入った。供には公家の三条左衛門督実雅《さねまさ》の他、大名は管領細川右京大夫持之、畠山左馬助（持永）、山名右衛門佐（持豊）、細川讃岐守（持常）、大内持世、京極加賀入道（高数《たかかず》）。また近習輩の細川下野守（持春《もちはる》）と山名中務熙貴、そして走衆の遠山と下野が同行していた。猿楽の三番、盃酌五献の時となって（夕暮れカ）にわかに将軍着座の後障子が開き、甲冑《かっちゅう》を着けた武者が数十人乱入し、将軍を殺害した。頸を取ったのは赤松家来の安積伊勢守時治という（『赤松盛衰記』）。同行していた大名の京極と大内、公家の三条は刀を取って防戦したが、大内は疵を被った。他の大名は慌てて、壁を越えて、逃げたという。近習の山名熙貴は奮戦したが落命し、細川持春は腕を切り落とされた。また走衆の遠山と下野は疵を被り、帰宅後に死去した。

山名氏では、大名山名持豊と近習の山名熙貴が供をしていた。熙貴は将軍に近仕していた関係から落命した。持豊は他の大名ともども退散した。二条西洞院の赤松邸から山名邸（芝町）へ、夕闇の中を逃げるようにして帰ったのである。

赤松満祐・教康らは、その夜、本宅も、伊予守義雅（満祐弟）宿所も、左馬助（満祐弟）宿所も、火を懸け、京を脱し播磨に向かった。ただ赤松氏でも、伊豆守（貞村《さだむら》）と播磨守（満政《みつまさ》）は、「別心」（叛逆に加わらない）であり、同行しなかった。

管領・諸大名の思惑

この大事件から、新将軍擁立と赤松問題解決という政治課題が幕府・政界に突きつけられたが、幕府の有力大名たちは互いに牽制しつつも、評議して、事態の打開を図ろうとした。この間の動きを表にしてみよう。

表3　義教殺害直後の幕府の動き

六月二十五日	新将軍は義教の血筋は避けるとの邪推もあったが、諸大名は評議して、若君（千也茶丸、義教子）を取り立てると決めた。また「西国発向事」（赤松討伐軍派遣）も話し合った。
六月二十六日	若君（義教嫡子）は伊勢守宿所から畠山播磨（祐順）邸にいったん方違し、室町殿（上御所）に渡御した。弟の若君は直接に室町殿に入ったが、これらは昨日の諸大名の定申したためである。
六月二十七日	赤松討手は細川讃州（持常）・山名・赤松伊豆（貞村）と決まる〔看〕。
七月六日	義教（普廣院殿）の葬儀が等持院で行われたが、若君（千也茶丸）の出御はなく、また大名の参加もなく、管領（細川持之）が毎事沙汰した。世上物騒（不穏）なので武家大名は各々の判断で参加しなかった。赤松討伐軍発向が遅れていることに付き諸大名が評定する。備前・美作の守護職は誅伐の功績を立てた人物に宛行うべきこと、また播磨守護職も軍功に随うこととなった。

七月十日	赤松伊豆入道（貞村）が赤松満祐・教康誅伐のため播州に進発する。
七月十一日	細川讃岐守持常、赤松有馬義祐、山名教之（伯耆守護）が赤松退治に進発する。
七月二十六日	赤松満祐に関する雑説・浮説が広がる。管領細川持之は赤松父子誅伐の綸旨を要請する。
七月二十八日	管領（細川持之）以下大名が評定して、持氏の子（永寿王）を助命して鎌倉を相続させると決める。永寿王は土岐宿所に入る。
七月三十日	赤松父子誅伐の綸旨を作成し、発給する（八月一日）。

表にしてみると、諸大名の動きが早く、機敏であると分かる。義教殺害の翌日（二十五日）には、義教子息の千也茶丸《ちゃちゃまる》を後継に立てると決めている。この千也茶丸はその翌日、義教弟とともに室町殿に入ったが、これも諸大名が決めたことによるという。将軍後継が幕府の安定を左右するが、千也茶丸は永享六年（一四三四）二月九日生まれで、この時七歳であった。八月十九日には名前を義勝《よしかつ》と改め、従五位下に叙され、室町殿後継者となった。さらに十月二十日には管領細川持之邸を訪れ、管領を配下に置く姿を世に示した。

赤松討伐軍の派遣については六月二十五日に諸大名が協議し、二十七日には派遣する軍の名前を決めた。細川讃州（持常）・山名某・赤松伊豆（貞村）・同廷尉（教弘《のりひろ》）となったというが（『看聞日記』）、その協議は管領細川持之が中心になったのであろう。実際には七月十日に赤松貞村が播州に進発し、翌十一日には細川持常、赤松有馬（義祐《よしすけ》）、山名伯耆守（教之）が出陣した。これが大手軍の主力部隊であるが、細川持常は細川家でも讃州家であり、管領の細川京兆《けいちょう》家とは距離がある。

畠山持国の政界復帰

この混乱のなかで、管領家の畠山家で大きな変動があった。将軍義教に排除されて河内に隠栖していた持国が、同年（嘉吉元）七月四日には幕府に許されて京に還ろうしていたが、八月三日についに入京した。それまでの畠山当主の持永は越中に逃れたが、持国は八月に討伐軍を派遣し、敗走させた。持永は僧となり播磨に逃走したが、現地人に討たれた。

このとき持国は四三歳である。管領細川持之は四一歳、山名持豊は三八歳であった。幼い新将軍を抱えた幕府にとって持国復帰は政治・軍事力の向上をもたらすものであった。持国の政治力は幕府の土一揆《どいっき》への対応に現れる。

山名持豊の播磨出陣

山名氏では、教之の軍勢が京都を発ち、播州に向かった。教之はこの頃、兵部少輔であり、因幡国守護の実力者であった。宝徳年間になると、自宅で月次連歌会を催し、正徹を招いている程の力をもっている。

物領の持豊は、六月二十七日に幕府大名評議で山名氏出陣が決まったのにもかかわらず、なかなか動かなかった。七月六日には播磨・備前・美作の守護職は軍功によって決めるとの大名評議がなされると、持豊軍勢も出陣の態勢作りに入った。七月十二日侍所山名方被官は、斯波氏内者の朝倉氏が赤松被官人であったことを理由に所帯を闕所《けっしょ》扱いにして奪おうとし、また管領細川持之内者が刈り取った草を安価で押買しようとした。また、「この間山名、侍所の謂を以て闕所と称し、無窮の沙汰を致し、結句陣立と称し洛中の土蔵に乱入し、質物等を押取る〈借用と称す〉」（『建内記』）と言われる。侍所の権力を笠に着て、闕所地扱いを強行し、また陣立と称して土倉の質物を借用している。山名被官人は土蔵に預けていた武具類を強引に「借用」して、陣立て（出陣）に備えたのである。この動きは七月六日以降のことと見られるが、間もなく持豊軍勢は京都を発った。その日付を確定することは出来ないが、七月下旬（二十日頃）であろう。八月一日に赤松誅伐綸旨が出された時、細川讃岐守（持常）と山名（持豊）はすでに幕府の旌旗《せいき》を奉じて出陣しており、細川讃岐・山名以上の人物の出陣は考えられないのに、綸旨は必要だろうかとの風評を万里小路時房も書きとどめている。八月一日から見て、山名持豊出陣は直前のこととの認識ではなく、一区切り前のことと意識している。

坂本城跡（兵庫県姫路市書写）

持豊は、播磨の赤松勢を攻めるのに、搦め手の但馬口を担当した。自らが守護国である但馬で軍勢を整える意図もあったであろう。父時熙がかつて赤松氏を攻めた経路を再び利用して、播磨国の赤松氏拠点に迫る計略であった。大手口の摂津からの軍勢（山名教之ら）との連携もかなったようで、赤松勢を追い詰め、屈服させた。九月五日になると、京都にも、山名持豊が播州坂本城を打ち取った結果、敵陣（赤松軍）は木山《きのやま》（城山とも書く）城に楯籠もることとなり、赤松方から多くの降参人がでた、との知らせがもたらされた（『建内記』）。九月十二日には、巳の初刻（午前九〜十時）に木山城の赤松父子（満祐・教康）を攻め落とし、自害した

木山（城山）城跡（兵庫県たつの市新宮町）
（たつの市教育委員会提供）

満祐の首は山名教之（伯耆守護）が火中より探し出したが、教康の首は見つからなかったという。教康はここでは逃げ延びたのである。この木山城の落城は持豊自身が攻め込んで成功した。「此の城を落とす事、山名惣領自身攻め入るの間、已に此の如し」（『建内記』）と多くが認めたのである。

嘉吉の乱を叙述した軍記のなかで比較的記録性の高いといわれる『赤松盛衰記』（東京大学史料編纂所謄写本）によれば、但馬口の山名軍は「山名金吾・垣屋・久世・羽淵など」である。このうち垣屋は但馬守護代であり、山名軍の主力をなしていた、と見られる。また合戦場は、大山口→栗賀《くりが》→田原《たはら》口と移り、赤松軍は坂本（書写山《しょしゃさん》）城に退いた。今谷明『土民嗷々』が但馬から播磨へ越える峠越えのコースとして復元した真弓峠→大山口（神崎郡神河町大山）→田原口（神崎郡福崎町西田原）が、このコースであろう。播磨府中（姫路市）の側から見ると、市川（上流は猪篠川）という川を北上すると、その川沿いに田原→栗賀→大山が分布している。但馬朝来郡からはほぼ直線上を南に向かったのであるが、国境の真弓峠を越えれば山岳地帯に入る。ここを川沿いに下って、さらに姫路方面に南下すれば書写山坂本城に近接する（坂本城は市川の西の丘陵を越えた位置にある）。

赤松勢は坂本城で敗れ、木山（城山）城に籠城した。その木山城は坂本城のさらに西約十キロの位置にあり、揖保《いぼ》川に沿っている。ここは美作方面との交通路が走るが、美作からの山名軍も侵入しており、赤松満祐は木山城にて自害した。また但馬口にて敗れた赤松義雅も最後は木山城で自害したが、遺児（九歳、後の性存《しょうぞん》）を幕府方の赤松満政に託したという。

この赤松満祐討伐に際して、山名持豊は軍勢に指示を出しただけでなく、自身が直接に戦場の最前線に臨み、その場で満祐を討ち取った。随っていた垣屋らの家臣とは戦場の高揚した空気のなかで、山名家惣領の指導性を顕示した。またその姿は京都に伝わった。

嘉吉元年の土一揆・徳政令

播磨で合戦が起こっている最中、八月末に近江で蜂起した土一揆は九月初頭には坂本・三井寺辺へ突入した。九月五～十二日（山名持豊が播磨木山城を攻めていた時）、土一揆勢は京都に乱入し、洛中・洛外の堂舎・仏閣に楯て籠もり、徳政を行わなければ焼き払うと脅迫した。また土蔵にも個別の徳政を強要し、借用書を奪った。幕府と依存関係にあった土蔵の団体（土蔵一衆）は千貫の賄賂を管領に提出して、武士の防戦を要請したが、九月十日の幕府評定では畠山持国らの大名は同意せず、千貫も返すこととなった。畠山持国はこの段階では、土蔵の要望に応じずに土一揆が進めている私徳政《しとくせい》（各土蔵での債務破棄）を容認したのであり、同様の諸大名もいたのである。

畠山持国をはじめとする諸大名が土一揆の債務破棄の動きを容認したのは、彼らが抱える被官たちに土一揆参加者がいた（少なからずいた）ことを考えさせる。七月上旬には、山名被官たちが陣立てと称して土蔵に押し入り物資借用を強要していたが、他の大名被官も同様だったと考えられる。窮乏した被官勢は土一揆に加わり、土蔵に借用廃棄を認めさせていたのである。

幕府は土一揆勢に押されて、徳政令を出した。当初幕府は土民だけに徳政を認める法令を考えていたが、土一揆勢は「土民らに特別な借財はない、むしろ公家・武家の人々が切迫している様子が痛ましい限りなので、このような行動をおこしている」と主張し、全階層に適用される徳政令を求めたという（『建内記』九月十二日条）。土一揆勢のなかには公家・武家の実情に詳しい人々（公家被官や武家被官）が入っており、その声が出ている。また土一揆勢のなかには幕府との間で交渉する力量のある人物がいたと分かる。畠山氏被官などが想定される。山名氏被官は播磨の戦陣に出ており、徳政令をめぐる政治交渉の場にはいなかったであろうが、多くの大名被官は京都にいたのである。

九月十四日には山城国守護京極持清《もちきよ》が「徳政」（債務破棄）を山城国全体で実施する旨の徳政令（九月十二日付）を幕府侍所壁に貼り出した。同時に上京立売辻《たちうり》、下京室町辻などには木札が立てられ、徳政が公認された。個々の土倉《どくら》などで行われている徳政は、土民の勢いが増したであろう。徳政の細かい規定は定められなかったので、個々の現場の力関係で動いていた。幕府は閏九月十日に施行細目を定めて交付したが、借書破棄、質入地・年紀売地・本銭返地の本主への返還という債務者有利の規定がある。祠堂《しどう》銭の債務や売寄進地はそのままとされ、徳政から外された。また永代売地は売却から二十年以内は徳政適用（本主が取り戻す）と規定されたが、これを見た延暦寺僧などは仰天した。延暦寺・日吉社などの僧・神職は高利貸しを営む者が多く、田・畠を年紀付や永代で買い取っていたのである。このうち年紀売が本主に取り戻されるだけでなく、永代売まで取り戻されたのでは被害が大きく、叡山の滅亡になると、幕府に訴えた。閏九月十八日令になると、永代売地の徳政は禁じられた。

巷説の氾濫

将軍殺害から赤松満祐討伐に至る過程は、事実・事件が明白に確認されている中で進行したのではない。義教殺害の具体的経緯も伝聞とともに知れ渡ったが、その後の赤松討伐軍派遣などについても、様々な憶測が飛び交った。また京の巷は雑説・浮説をいつも好むが、この時も充満していた。

殺害事件からひと月たった七月十七日と二十六日に、万里小路時房は伝聞・浮説を日記に書きとめている。十七日の伝聞は三点あるが、(1)赤松方は南朝方子孫小倉宮末子を盗み奉ろうとしている、(2)赤松は直冬子孫禅僧を取り立てようとしている、(3)若君の政事後見につき、伊勢貞国は非、管領を代官とする、というものである。(1)・(2)は赤松方の政治的背後には誰がいるのかという憶測であるが、南朝後胤やかつての足利直冬《ただふゆ》子孫が噂されている。また(3)は義教の後継者がその子千也茶丸と大名たちが決めたが、その取り巻きを政所の伊勢氏とするか、大名の代表の管領とするか、観測が打ち上げられ、京都世論の反応を観測して、管領がよかろうとするのが大方の見方だろう、との噂である。この種の噂に押されて、あるいは鎮めるように、政治過程は進んで行く。管領が問題となっているのは、現管領細川持之の力量が足りないとの世評を前提にしながら、それでも政所伊勢氏に権力を委ねてはならないとの雰囲気が広がっていることを示している。

時房のこの日の日記には、これとは別に、「浮説」として次のようなことを書いている。この度の赤松謀反（満祐による義教殺害）を、管領（細川持之）は赤松との旧好につき知っていたと人々（武士たち）は思い知って、管領邸に押し寄せようとした、そのため管領は摂津に下向したという。さらに「天下浮説」として大内（持世）は管領が同意していたと思っており、この戦いで死んだら、残党は管領邸に馳せ向かい切腹せよと言ったという。

赤松氏による義教殺害があまりにあっけなく成功してしまったので、その背後には何かあるに違いない、管領の細川持之が同意していたのであろう、そのことを大内持世は知っていた、という噂である。ことの真相は分からないが、細川氏にしろ、大内氏にしろ、また他の大名たちも、このような話が充満する京都のなかで、みずからの具体的行動を決めることを強制されている。管領細川は、殺害事件の真相は不明だが、その後の経緯を見ると、事件勃発後は赤松氏退治の側に立ち、派遣軍の大手軍に一族の持常を出した。この行動には細川に対する不信感を払拭する意図もうかがわれる。

さらに時房の日記の七月二十六日条には、「巷説」として三点を書いている。⑴赤松満祐は石清水にて旗竿を切り大事を占った。⑵石清水安居頭人の御託宣に、義教の近年の儀は人種ではない、義教殺害は大菩薩の所行であり赤松の沙汰ではない、播磨進発の諸将は神罰を蒙る。⑶義教の妻尹子は密々に巫女を招き口寄せをさせている。赤松満祐は京都から播磨に下るのに、石清水八幡に寄ったにちがいない、そこで今後のことを占い、また八幡側でも赤松の義教殺害は神に替わっての所行であるとの託宣が出た、との噂である。だから赤松討伐に向かう諸将は神罰をこうむる、ともいう。後年、時房が記すところでは、先年の播磨の乱の時山名を退治すべきという綸旨が柏心（真）和尚の工作により「大河内」（北畠一族カ）に出されたというが（文安四年）、これも赤松討伐に向かう山名宗全には治罰綸旨がでるという噂であろう。

山名持豊の出陣も、このような浮説・巷説のうずまくなか、その事態を切り開くように実施されたのである。

3　持豊の播磨軍政

持豊、播磨を占領する

赤松父子を敗北させた山名持豊は、この年末まで播磨に留まった。「赤松を滅ぼしたのは我が功績だ、播磨国守護職を望み申す」との言動が閏九月九日には京都・幕府に伝わった。これを伝え聞いた万里小路時房は「彼が守護に補任されたら播磨は滅亡してしまう」と日記に書きとめた。幕府は、この閏九月に、新守護として播磨に山名右金吾（持豊）、備前に同兵部少輔教之、美作に修理大夫入道浄勝（教清）を補任したが、三ヶ国ともに金吾持豊の求めたものであった（『斎藤基恒日記』）。山名一族、とくに持豊の軍事的功績が物を言っている。

「新守護」となった持豊は十月二十九日には播磨守護所に入り、守護代に垣屋・太田垣・犬橋の三人を定め、国中の郡に郡司を据えた（『建内記』）。郡ごとに守護代が領国支配を展開したが、ただ明石・美嚢《みなき》などの東三郡は幕府直轄領となり、赤松氏のなかで幕府方の満政に預けられたこととなった。この三郡を持豊は「軍功」を理由にして強く要求し、文安元年（一四四四）年正月に与えられた。赤松満政は三郡を守護として約二年半の間支配下に置いていたことになる。播磨惣国守護の持豊はこの三郡を獲得すると、強力な軍事的支配を実施する。その年の四月、持豊は使者を郡内に入部させて、各地の所領の状態を徹底的に調べさせた。使者たちは「散合《さんごう》」だから委しく調べ書き上げると言い、全員が統一した基準で調査した。その基準を伝え聞いた万里小路時房は、それが一枚の紙に箇条書きにされ、三月二十二日の日付で出されていることを日記に記録している（『建内記』）。時房は播磨美嚢郡に所領（吉川上庄）を持っているので、彼にとっても重大事であった。その「散合」の箇条書き（四月十四日条）の趣旨は以下のような意味である。

今度の「郡散合」についての箇条書

(1)寺社本所領について。田数・税目種々・公的負担額・夫役、そして本所直務であるか否かを調査する。特に赤松満祐（前々守護）時代には守護請地であったのが赤松満政（前守護）の時に本所直務となったか、満祐時代に本所直務だったものが守護請となったままであるのか、調査する。

(2)寺庵・神講の田について。正式な寄進状があるか否か調査する。

(3)赤松満政（前守護）の被官人が所持していた名主職等は、地下《じげ》の平民に混じって隠し持っていたら、闕所地に入れる（没収する）。

(4)武士の当知行地について。赤松満政（前守護）の時に初めて給付された地を、今の山名領国の奉公に入り、調査にはもともとの給地（「本給」）と答える者がいたら、地下からの事情を示す文書を提出させて、調べる。

(5)闕所地について。その所在地・田数・税額・夫役を調べ、それを証明する地下からの文書を誓約書とともに提出させる。

(6)闕所地の名田について。地頭の取得分、本所本役（年貢）としての取得分、名主得分を調査し、報告する。

(7)闕所地の雑税について。大小、色々な税を調査し、記録する。

(8)武士の当知行地の調査記録。小額の雑税でも報告する。

この三郡散合は守護（山名氏）が領国支配を進める典型策として、従来の研究では(1)が重視されて、荘園制を領国制に改変してゆく方向性が強調されている（田沼睦『中世後期社会と公田体制』）。そうした側面があることは認められるが、同時に文安元年三月という時期固有の問題にも注意が向けられなければならない（(1)については後に解説する）。戦乱直後に敵方領国で実施した軍事占領という問題である。

闕所地の扱い　緊要な問題となるのは闕所地である。闕所地とは反乱者やその与同者から没収する所領である。(3)は赤松満政被官が所持している名主職は闕所地に入れることを規定する。(5)・(6)・(7)は闕所地とした所領の内容（田数・基本税・雑税・その他）を細かく調べることを意図する。これらは闕所地となった荘園所領でも、その慣例となってきた各種得分はそのまま認めることとなる。

ただこの闕所地は守護山名氏の裁量下に置かれるので、それを山名被官に給付するか、山名家直轄領となるか、どちらかになる。しかも闕所地の所領の内容を実情に即して把握するために、地下から文書を提出させようとしている。闕所地旧領主の慣習的得分が否定されて、山名氏被官層に給付されることになる。この散合はそうした軍事的奉仕関係をつくりだそうとしている。

国人武士の当知行

この三郡にいる国人武士は自己の所領を「当知行」と主張することがある。(4)はそのことに関する規定である。その当知行地がいつ、誰によって与えられたのか。この規定は、武士の中には、赤松満祐から給付された所領を、いま守護山名家に参じて、もとからの所領だと主張する者がいるので、本当にそうか、地下(現地)の事情をよく知る者から書類を出させて尋ね究めるよう、命じている。ここには、赤松満祐から国人に給付された所領は、赤松家とその国人の関係に基づくものであり、当知行であっても、山名家としては容認できないとの姿勢がある。旧赤松家家臣の所領はよくよく吟味する、との方針である。

このように、この三郡散合は、赤松旧被官の所領を摘出することを徹底して実行するのに、地下(在地)の文書をも提出させるもので、温情的な扱いをきびしく拒否している。

継続する赤松戦争
——赤松満政を討つ

赤松満祐死去の後、赤松氏では満祐の従兄弟の満政《みつまさ》が幕府に出仕していた。ただ播磨国守護を山名持豊に奪われ、力量は衰えていた。直前まで満祐に奉公していた者が牢人となり、あるいは播磨に、あるいは京都に潜んでいた(早島大祐『足軽の誕生』)。山名持豊が名主職を摘発しようとしたのは、平民に紛れている赤松旧臣の摘発を意図する面もあろう。

文安元年（一四四四）十一月二十五日、京都にいた赤松氏が播磨に引き上げた。播磨入道（満政）・三郎（満政の子息、教政《のりまさ》）と同名彦五郎である。赤松勢が播磨に入ると、旧臣たちも集まり、争乱状態となった（『齋藤基恒日記』）。翌月二十八日には山名持豊一族が「赤松播磨以下を退治するため」進発したが、持豊一四二騎の他には山名因州（熙高）二六騎・同大夫（修理大夫教清）三十騎・刑部大輔（実名不詳）五十騎であった（「東寺執行日記」）。軍勢としては少ないが、「金吾はまず但馬下向なり」（『齋藤基恒日記』）といわれるように、本国但馬に入った。そこで軍勢を集める計画であろう。

幕府として赤松満政討伐の方針を採り、管領畠山持国から軍勢催促状が出された。石見国の益田孫次郎には、文安元年十一月二十二日の幕府御教書が出され、守護（山名教清）の手に属して発向（出陣）するよう命じられた。この益田孫次郎には、この直前に、守護代の高山清重からの十一月十六日付書状が出されたが、そこでは「播州御出陣、公私の取り合いあまりに取り乱すの間…」と書かれている。急な出陣であったことがわかる。

戦闘は十二月には真弓峠合戦が始まった。

去る廿日真弓当下に於いて合戦の時、被官人渡辺外記粉骨を致し魚住十郎左衛門尉頭を捕えるの条、神妙の由注進する所なり、いよいよ忠節を抽んぜらるべきの状件のごとし、

文安元年十二月廿七日　　（花押）（持豊）

毛利治部少輔殿　　（読み下し文）

毛利治部少輔（熙房《ひろふさ》）は安芸国人であるので、守護山名持豊の軍勢催促に応じて出陣したのであろうが、被官人渡辺外記が播磨・但馬国境の真弓当下（峠）で赤松方の魚住十郎左衛門尉と闘い頭（頸）を取ったという。持豊はそれを賞したのであるが、花押だけを据えた文書様式である。但馬に入国していた持豊は、石見の益田氏をも軍勢に随えて、播磨との国境真弓峠で合戦し、侵攻したのである。

翌年（文安二）になっても、但馬・播磨国境での戦闘は続いていた。『師郷記』には、正月二十六日付で赤松追討の綸旨が山名宗全に出されたと見える（二月十四日条）。中原師郷はこのことを正親町三条実雅亭で聞いており、また山名被官方からの注進状も届いているとのことであるから、三条実雅が綸旨発給に動いたとも思われる。綸旨を得て、山名方は攻勢をかけたようで、二月九日から翌十日に合戦が行われ、十五日には播州合戦で討たれた赤松方の首が京都に着いた、という。この時、山名持豊が陣を置いたのは「七宝寺と号する」ところであった（同前）。この「七宝寺」は現在の神崎郡神河町大山に同名の寺があり、近くには城郭が残る（『兵庫県の地名Ⅱ』）。真弓峠から少し南（姫路方面）に下ったところである。この後も戦闘は続いたようであるが、赤松満政父子が討たれた。「赤松播州父子若党百二十四人頭高辻河原懸之、打手ハ赤松有馬也」（「東寺執行日記」四月四日）と見える。討手には赤松有馬氏も加わっていた。綸旨が出され、幕府としての討伐行動であったので、赤松有馬氏（義祐であろう）も参加したものと思われる。ただ主力は持豊軍であるが、「山名殿自播州但馬国へ引かる也」（四月廿六日）とあり、討伐後は本国に引き揚げた。

この時の持豊は「赤松播州父子若党百二十四人」を討ち果たしたとのことであるが、赤松播州父子とは満政と子息を言う。その若党も数多く討たれたのである。『重編応仁記』が「其年（嘉吉三年）ノ秋、満則ガ長子左馬助満政トテ、内野ノ軍ニ討レケル、ソノ孫ニ三郎ト云者アリケルカ、赦免セラレ置レシヲ、播州ノ牢人等、先君ノ続ヲ慕テ取立大将トシ、兵ヲ起シテ有ケレドモ、勢遂ニ不叶シテ有馬郡ニテ腹ヲ切リヌ」と記述するのは、この文安二年のことであろうが、満則孫（満政子）の三郎が「播州の牢人」に担がれて挙兵し敗北・自害したことが分かる。この三郎は赤松系図（『続群書類従』）では教政とみえる。それにしても持豊の赤松討伐は徹底している。それだけに赤松氏の感情は消しがたいものとなる。

義則─満祐─教康
　├満則─満政─満直
　　　　　　　└教政〈三郎〉

4　猛く勇める赤入道

新井白石の言説

新井白石『読史余論』（下）の室町幕府将軍と大名の関係を論じている箇所では、将軍義政の政治の乱れが将軍義教に始まることを述べているが、そのなかで山名持豊のことを次のように言っている。

又義政の代に天下みだりし事、その根本はその驕奢より起れりといへども、事のはしは義教の御事に起れり。其故は、満祐が逆罪によりて義量《(ママ)》の御時に討手をむけられしに、山名入道が一族功ありしかばその賞も多かりしに、此入道はらあしくことにおごりぬる気ありて、畠山が家をみだり赤松が家の絶むことをはかりて……

赤松満祐が将軍義教を殺害したために向けられた追討軍（討手）のなかで、山名一族が功績をあげたが、山名入道（持豊）は「はらあしくことにおごりぬる気あり」と言う。腹が太く武勇を奢る気風である、と指摘している。そしてそのきっかけとなったものは赤松満祐討伐であった、という。この白石の評価は室町時代・戦国時代の世評を背景にしたものである。それだけに赤松満祐討伐後の山名一家、とくに持豊は武勇に積極的で、剛胆な気性だという世評が生まれ、それを背負ってゆくこととなった。

修羅場を行く持豊

赤松父子を滅亡に追いやった山名持豊は、自身でもそれを誇ったが、周辺もその気風を期待した。後年、将軍義政が伊勢貞親《さだちか》の意見を入れて斯波義廉を退けようとしたとき、持豊は義廉支援に駆けつけようとし、垣屋・太田垣など十三人の家臣に諫められたが、持豊は赤松討伐のことを持ち出して次のように叱咤したという。

…其時、入道、此諫言ヲ見テ大ニ哂曰ク、「旁ノ忠言ハ依道沙汰道、入道曾不足トハ不思也、水上濁則下流不澄、政道紘則民不安候ヘハ、入道馳下リ、囲此謀計奴原ニ矢一ツ射付テ、無念ヲ可散也、縦又入道雖致緩怠、苦シカルマシキ。其証拠ハ、赤松満祐入道若輩ノ身トシテ普光院殿ヲ奉討。其時、細川ノ一族讃岐守ヲ始トシテ六角・武田等ノ諸軍勢、雲霞ノ如ク播州ヘ発向スト云ヘトモ、蟹坂ノ合戦ニ切返サレ、人丸塚ヘ引退キ対陣取テ有シ時、此某、但馬口ヨリ攻入テ満祐カ楯籠処ノ城ノ山城ヲ切落シ、将軍ノ御親ノ敵ノ首ヲ取、御本意ヲ達セシ事ハ此入道ソカシ、……（『応仁記』）

細川・六角・小笠原も出陣したが赤松側に切り返されたという情勢のなかで、持豊こそ但馬口から攻め込み、将軍の仇の首を取った、と力説する。『応仁記』はそれに続けて、親の敵への恨みを忘れている将軍義政などの上意には違《たが》うことがあっても仕方ない、斯波義廉支援に向かうとの持豊の演説を述べるが、赤松満祐討伐のことが家臣との一体感情を作っている。このような武勇優先の、応仁の乱を引き起こす人物として描かれている。このような世評のなかを、持豊は歩んだのである。

一休宗純

（東京国立博物館蔵／Image：TNM Image Archives）

この後、この世評はさらに拡大し、『塵塚物語《ちりづかものがたり》』は宗全（山名持豊）を「たけくいさめる者なれば」と表現し、修羅場に挑む宗全は赤ら顔のイメージで受け止められた。『応仁別記』では「山名ノ赤入道」と言われ、一休和尚の漢詩にも次のように歌われた。

山名金吾鞍馬毘沙門化身　　山名金吾は鞍馬の毘沙門の化身
鞍馬多門赤面顔　　鞍馬の多門、赤面顔、
利生接物人間現　　利生接物《りしょうせつもつ》、人間《じんかん》に現ず。
開方便門眞実相　　方便の門を開く　真実の相、
業属修羅名属山　　業は修羅に属し、名は山に属す。

鞍馬寺の本尊、多聞天は、赤い顔をしておられ、一切衆生を利益せしめるために、人間に出現せられた。まさに真実の姿が人の仮の姿を借り、すなわち方便の門を開かれたのだ。その行いはあたかも阿修羅のごとく剛勇で、名を山名という。

（平野宗浄監修・訳注『一休和尚禅宗　第一巻　狂雲集（上）』）

一休は、鞍馬の多聞天が赤い顔をしている容貌のなかに山名宗全（持豊）を見ている（口絵一頁参照）。宗全は修羅場を歩んでいるが、それは多門天と同じで、真実の道である、と言う。多門天は毘沙門天であり、黄色の身体をし、忿怒《ふんぬ》の相を現し、七宝荘厳の甲冑を身につけ、左手に宝塔を捧持し、右手に宝叉《ほうしゃ》を持つ、いかめしい姿という。武力の神である。

赤ら顔で修羅場を行くという宗全像には、修羅場を逃げないで歩むという期待感も含まれているように思われる。嘉吉の乱はこのような人物像を持豊に押しつけた。

5　武勇と風聞

持豊の出家

山名持豊の出家時期についてはよく分からない。ただ『山名家譜』が「同年（宝徳二年）持豊職を辞退あり、将軍家より嫡子伊予守教豊に職を継せらる、剃髪して宗全と号す、然れともなを国政を与り聞かる」と書く。持豊は宝徳二年（一四五〇）には南禅寺に真乗院《しんじょういん》を建てて所領も寄進しているので、この時から宗全と号したのかもしれない。ただ持豊は宗全の前に宗峯を号している。出家は宗全と称する以前かと思う。

いっぽう『建内記』では持豊の出家をうかがわせる表現として、嘉吉三年五月九日に「山名右衛門佐入道」と初めて見える。また『康富記』ではその一年前、嘉吉二年六月五日に「山名金吾禅門」とある。嘉吉二年から三年の時期に、出家した（入道を称した）と考えていいのではなかろうか。

この時期であるとすると、その契機としては、播磨での赤松満祐一族討滅が影響しているのではなかろうか。激しく戦った坂本城・城山城、そこでの赤松の自害。当然、首実検もしたであろう。赤松家本流を滅ぼしたとの京都の世評が作用していると思える。

義勝の死去と京の怪異

殺害された将軍義教の跡は、有力大名たちの話し合いにより、その子の千也茶丸が継承するところとなり、名を義勝と改め、いったん管領細川持之邸に入り、嘉吉元年（一四四一）十月二十三日には室町殿に移った。室町殿の公方となったことを京都の人々に見せたのである（前述）。翌年には室町第にて法会を開催し、十一月には元服し、正五位下・左近衛中将、征夷大将軍となった。

嘉吉三年になると、義勝は正月に生母日野重子《しげこ》とともに畠山持国邸に御成して、順調のように見えたが、七月には赤痢を病み、程なく死去した（二十一日）。時に十歳であった。その後継は弟（義政）と決まってゆくが、権力中枢部は世間の評判を気にしていた。「舎弟がいるのだから相続が切れることはないが、世間の物言いはどうであろうか」という伏見宮貞成親王の言は、多くの人の内心であろう。

諸大名の動きはどうであろうか。二十三日、管領（畠山持国）・畠山大夫入道・細川九郎（勝元）・細川右馬助（持賢《もちかた》）・山名金吾（持豊）・山名大夫入道（教清）らが、義勝母日野重子を弔問している。翌二十四日には管領邸にて諸大名が評定し、「新君」を定め、奏聞することを決めた（『建内記』）。畠山・細川・山名らが衆議して、幕府の難局を乗り越えようとしているのが分かる。だが、幕府や諸大名の周辺で奇怪なことが次々と起こった。

将軍死去の翌日から、洛中では火災が連続し、二十四日は五条坊門室町で数町焼いた。強盗の付火との噂であった。二十九日は義勝が荼毘《だび》に付されたが、将軍の氏神《うじがみ》社とも言える石清水八幡では、宝殿の下から小蛇が出てきたのを鼬《いたち》が喰い殺したとのことで、管領は事情を内裏に注進した。石清水社では八月七日にも、蛇四疋が死に、風も吹かないのに大木が倒れたという。また武神の本家たる宇佐八幡宮でも何度も震動したと話が京都に伝わり、武家の危機を思わせた。

大名では、山名家では馬が飯を食らい言葉をしゃべったといい、京極家では蔬《そ》が畳を突き破ったという。さらに故義勝（慶雲院）の怨霊が一色に取り憑き殺すとの噂も流れた。石清水社・大名家の怪異は貞成親王が八月七日に一括して書いているが、その前の数日の事柄であろう。大名家の怪異はその後も続き、管領家でも厩《うまや》で馬が言葉を話し、鳥が入り込み食い合っているという。

持豊の伊勢参宮

こうした不穏な空気の漂うなか、山名持豊は九月十五日、伊勢神宮に参詣した。このことは『看聞日記』に次のように書かれている。

今暁、山名金吾（持豊）、「伯耆守護等《不参と云々》」一家を相伴し参宮する、騎馬三百騎、其の外千余人を引き具す、伊勢国司用意を儲けると云々、之につき物言有る、実議は不審、

（嘉吉三年九月十五日条、読み下し）

山名持豊が一家の者を引き連れて伊勢神宮に参詣したといい、騎馬三百騎だけでなく外にも千人を率いていたという。このような人数の参詣を現地で受け入れるのも大儀であるが、伊勢国司が賄ったという。伊勢国司は北畠教具《のりとも》であるが、南朝吉野方との繫がりが深く、鎌倉公方とも誼《よしみ》を通じている人物として、京都・幕府周辺では警戒されている人物である。その人物に迎えられるように、山名持豊が伊勢参詣したというのだから、京都では「物言《ものいい》」（憶測）が飛び交う。その憶測が具体的にどのようなものか、貞成親王は書いていないし、それが本当か否か不明だとしている。

日記には当初「伯耆守護等」もいっしょに参宮をしたと書かれていた。この伯耆守護は山名教之であるが、彼は実際には参宮していないことが後に分かったので、貞成親王も「不参云々」と書き込んだ。参宮した持豊はすぐに帰京したようで、貞成親王も無事に帰ったことを喜ぶ使者を二十三日に山名邸に送っている。この件は山名家の行動は風聞を呼びやすいことを示している。

この時期、伊勢神宮は病気平癒や疫病鎮下を願っての参詣が多かったという（山田雄司「足利義持の伊勢参宮」）。山名持豊は、この年三十九歳であり、壮年の盛りである。病気を窺わせるような史料もない。持豊の伊勢参宮が政治的意図をはらんだものか、不明とするしかない。山名持豊の伊勢参宮は京都大名としては早い例であるが、この後には細川勝元らに見られる。その場合もとくに強い政治的意図は見えない。

南朝勢、宮中を襲う

九月二十一日、内裏が南朝勢力に襲われた。「悪党三四十人」が清涼殿に乱入し、常御所にも入った。花園天皇は女房躰にて脱出したが、神爾と宝剣が奪われ、清涼殿などが焼かれた。「焼亡時分諸大名・侍所一人も馳せ参ぜず」といわれる状況で、乱暴はひどいものであったらしい。乱暴の首謀者として、日野有光《ありみつ》・金蔵主《こんぞうす》・源尊秀《たかひで》らがいたが、彼らはやがて比叡山に逃れて根本中堂に籠もった。そこで山門使節に対して幕府より誅伐の命令が下され、また追討綸旨が出された。同二十六日、日野有光と金蔵主は比叡山僧に殺害され、尊秀は逃亡した。二十八日には有光の子の資光《すけみつ》が六条河原にて首を切られ、また清水寺御堂のなかに捨て置かれていた宝剣を法師が見つけて届けた。ただ神爾は行方不明となったが、南朝の吉野に保管されることとなる。

後に、これを取り返して、断絶した赤松家を再興しようとする旧臣の動きを呼びおこすこととなる。

この宮中襲撃事件は廷臣層を驚愕させるものであったが、大名たちへの不審となった。山名は日頃から野心があるので前もって知っていたのであろう、また細川も山名縁者なので同心していたであろう、との評判がたっている（『看聞日記』）。たしかに山名・細川・畠山などの大名が積極的に動いた様子は見えないので、憶測が流れるのも仕方ない。

鞍馬寺（京都市左京区鞍馬本町）

山名教清、鞍馬参詣する

内裏が襲われた当日、山名教清（修理大夫）は鞍馬寺に参詣していた。鞍馬の本尊は毘沙門であり、武神であるが、福神としても信仰されて、京辺の人々が多く参詣していた。教清は山頂の本堂まで参詣したが、付き随ってきた被官人は鞍馬山塊入り口の市原《いちはら》野《の》に留まった。被官人はここで「坂迎《さかむかえ》」（境迎）をすることになっていたのである。この時期には長《は》谷《せ》寺《でら》や伊勢神宮に参詣した京都人が宇治で縁者に境迎されることが古記録に見える。

山名教清（修理大夫）の境迎については、『康富記』と『看聞日記』に記事があるが、詳しく記している『看聞日記』嘉吉三年九月二十二日条を見よう。現代文に直して紹介する。

山名大夫（教清）が鞍馬に参詣した。家人たちは市原野にて坂（境）迎の用意をして、主人（教清）の下向を待っていた。その時、市原野の郷民たちは鹿狩をしていた。傷を負った鹿が走り来たので、近くにいた教清の家人が射留めようとした。郷民は最初の一矢を射付けたのでその鹿を取ろうとした。そこで口論喧嘩が起こった。教清家人と市原野郷民とは弓矢を射合う争いとなり、教清家人にも死傷者が出た。若党村田親子が射られ、子は死去した。教清側は他に死者が五人、負傷者は数十人とのことであった。そのため、教清家人も多く馳せ向かい、また近くの土岐氏・赤松氏・六角氏の被官人らも集まり、市原野の在家（農家）を焼き払ってしまった。郷民との合戦は言語道断である。大夫（教清）は鞍馬の帰路が塞がってしまったことを知らなかったが、鞍馬の人々の協力で無事帰ることができた。大名も大勢馳せ集まり、希代の見物となったとのことである。天魔のなすところであろうか。不思議である。後に聞くところでは、死傷者は若干とのことであり、郷民方は傷つかず、山名教清方が多く傷ついたとのことである。

山名教清自身だけが鞍馬寺まで参詣に行き、家人は麓の市原野で待っていた。教清の家人は市原野郷民と紛争を起こし、矢戦となった。山名側には死傷者も出た。当初は死者五・六人、負傷者数十人とのことであったが、後には若干名と分かった。紛争の原因は、鹿の取得である。最初の一番矢を射た郷民が取得を主張したが、山名教清家人は最後に射止めたらしく取得を主張した。記事の趣旨は以上である。

山野の狩りでは一番矢を射た人物（郷民）に取得権があるが、山名家人も矢を射て鹿を取ろうとしている。慣習を知らないかも知らないが、おそらくは無視したのである。山名家人という奢りが見える。土岐氏被官人などが山名に合力して集まったというが、これも単純ではなかろう。市原野で山名家人に何かあったらしい、それ行け、として駆けつけたのである。行ってみたら山名が不利なので、山名に加勢して郷民の在家を焼き払ったということであろう。

市原の厳島神社（京都市左京区静市市原町）

市原野は、京都市中から鞍馬に向かう際に、鴨川を越えて、下賀茂社裏手を経て岩倉に出て、そこを北上して到る。下賀茂社からでも六キロはある。鞍馬寺門前までは市原野からさらに約四キロである。市原野は鞍馬に到る道筋では、大原からの道とも合流する位置にあり、平安期から交通が開けて、宿所も建てられていた。ここから鞍馬への道はまったくの山中であり、聖地鞍馬の入口にあたり、結界でもあった。「境迎」の場所にふさわしい。いっぽう市原野郷民は農業とともに狩猟も盛んであった。『今昔物語』では鬼同丸《きどうまる》が鞍馬参詣に向かう源頼光を待ち伏せする場所として登場するが、牛が野飼にされている。

山名教清家人は「境迎」のために鹿を用意しようとしたとも思われる。だが狩猟の慣習を無視した山名家人の行動は、武勇を誇る持豊同族のことゆえ、ことさらに噂も加わり、伏見の貞成親王にまで伝わったのである。

第六章　宗全の権勢

1　被官・内者

大名としての権勢

山名宗全は幕府政治に参画する大名であるが、幕府の役職に常時就任していたわけではない。侍所所司（頭人）の家柄ではあったが、持豊（宗全）がその地位にあったのは永享十二年（一四四〇）五月八日から嘉吉元年（一四四一）七月二十八日までの、約三年間である（『京都の歴史　第十巻』）。この後、応仁の乱以後も含めて、山名氏一族は侍所頭人に就いていない。幕府の中央役職には、持豊の世代以後は、ほとんど就任していないのである。それでも幕府政治に参画し、財政的にも支える大大名だったが、それは山名氏の私的・社会的力量によるものであった、と言える。宗全を中心とする山名氏一族の、京都と領国における権勢を背景にしていた。

山名氏全体の活動は主に京都であった。しかも京都での山名氏諸家は互いに補完しあっていた。一族の諸家を支える被官・内者を列記してみよう。

持豊の被官・内者

山名持豊の家臣では、俗に山名四天王と呼ばれる垣屋・太田垣・八木・田結庄が有力であるが（但馬に本拠を持つ）、京都での活動が見える者を挙げてみる。

○葦田《あしだ》氏

『建内記』文安元年正月三十日条に山名被官人と見えて、松尾某とともに景愡庵木戸番をしている。

○犬橋近江守満泰

犬橋氏の本拠地は近江かと思われ、持豊被官の有力者である。赤松満祐討伐後に持豊が播磨守護代に起用した三人のうちに犬橋（満泰）がいる（『建内記』）。その後、長福寺文書や『建内記』には播磨・備中・備後の代官として散見する。

また京都に邸を構えたが、文安四年十月には住宅を新造して、東寺二十一口方供僧から三百疋を礼として送られている。東寺は山名家との付き合いでは犬橋満泰を重視し、山名屋形とともに犬橋に贈り物をしている。『碧山日録』寛正三年二月十九日条には「山名之家臣江州守大（犬）橋某死、余之同派」と見えるので、この直前に死去したこと、また犬橋が東福寺霊隠軒主太極（佐々木鞍智氏）と同族の佐々木一族の出自であることが分かる。

犬橋には内者がいた。伊野（亥野）であるが、犬橋からの使者として東寺に出向いている。

○馬田《うまた》二郎左衛門尉

寛正三年八月二十九日播磨国守護代垣屋宗忠書下案（東寺百合文書ヰ）の宛所に田公新左衛門尉とと

もに馬曲〔田〕二郎左衛門尉の名が見える。この馬田二郎左衛門尉は山名惣領家の内者と見られる。ただ馬田一族には垣屋氏内者も見える。

○太田垣氏

応永十一年九月の安芸国人一揆に対して、幕府は新守護に山名満氏《みつうじ》（民部少輔）を任命したが、直後の同十三年六〜七月には右京亮（山名熙重《ひろしげ》）に交替させた。これを受け入れて忠節を致すよう安芸国人の毛利備中・平賀尾張守に求める書状が、山名常熙（時熙）と太田垣通泰から出された（『毛利家文書』）。太田垣通泰はこの書状のなかで、今度の守護交替にあたっては「屋形様」の将軍義満への働きかけは特別なものであったと述べるとともに、我々の努力もあると書いている。京都における時熙配下の最上位の一人であろう。永享三年七月十六日には山名氏を代表して満済のもとを訪れた人物が「山名使者カキ屋、大（太）田垣両人」と見える。

次世代には太田垣土佐守、太田垣能登入道がいる。文安元年十一月四日権律師覚増は宮壽なる僧を東寺観智院に推挙したが、この宮壽は「山名殿方大（太）田垣能登入道の子」であったが、父（太田垣能登入道）が在国する（本国但馬に下国する）にあたり乳母に預け養育させていたのを、覚増が引き取り僧にした、と言っている（東寺百合文書《とうじひゃくごうもんじょ》や函七七）。太田垣能登入道は長禄三年には播磨国守護代に起用されており、守護宗全から南禅寺領印南郡大塩庄段銭以下を免除するよう、指示を受けている（『南禅寺文書』）。

本国は但馬であるが、応仁二年三月の但馬夜久原《やくはら》合戦では、太田垣土佐守父子が在京中であったので、同名の新兵衛が同越中守・同平衛門尉とともに細川方の長・内藤を討ったと『応仁別記』に記述されている。

○垣屋氏

垣屋氏（土屋氏とも）は持豊父時熙の時期から内者であった。永享六年正月二十八日に将軍御所にて鞠・歌が催されたが、「山名内者垣屋」が参加している（『満済准后日記』）。この垣屋は熙続に比定できる。永享十二年九月二日には東寺散所法師への所役催促停止を、所司（山名持豊）代として伝えている（東寺百合文書）。また嘉吉二・三年には播磨国守護代として文書を発給している。『建内記』には、吉川上庄や高屋庄の代官職の問題で垣屋越中守熙続が登場する。

持豊の代でも惣領家を支える第一の人物であるが、同族の者として『建内記』文安元年五月十八日には吉川上庄への守護使者として垣屋越中守が見える。この人物は越中守熙続の弟であり実名は熙知とされる（宿南保『城跡と史料で語る但馬の中世史』）。

『蔭凉軒日録』文正元年閏二月十八日条によれば、垣屋越前入道は宗全の率爾（短慮）に意見することがあるが、天下無為を量るのを意図していると言う。この越前入道も宗全側近と言うべきである。『蜷川親元《にながわちかもと》日記』寛正六年二月一日条には山名殿での犬追物《いぬおうもの》で喚次役をしている「土屋四郎次郎墻《かき》屋」は越前入道に近い人物であろう。またこの記事は垣屋氏の本姓が土屋であることを示している。

垣屋一族には京都七口の関所の支配権をもつ人物がいた。『建内記』嘉吉元年八月三十日条には、七口率分《りつぶん》所の現実的支配者の名前が列記されているが、七条口と長坂口は「垣屋」である。

七条口は七道から京都に入る入口をいうのであり、具体的な関の場所は固定的でなかった、と考えられる。七条口は山陰道の丹波から洛中に入る山陰道の西七条入口に、また長坂口は若狭からの現周山街道が洛西北野に入る入口に、それぞれ比定できる（相田二郎「京都七口の関所」）。この二口は山名持豊の屋形から近い。

西七条口率分所は文安年間には代官が絶えていたが、山名中間の与四郎は地下人を代官にしていたという（『建内記』文安四年十二月二日条）。山名氏従者（中間）であるから、この与四郎は垣屋氏の下で実際の仕事を切り回し、地下人を代官（又代官）に起用していたのであろう。また文正元年七月日大徳寺領妙覚寺跡屋敷指図（大徳寺文書）には「御局垣屋方」の一区画が見える。大徳寺領妙覚寺跡は「北少路大宮妙覚寺」とも表現されるので（大永二年八月二十八日幕府奉行人奉書、大徳寺文書）、北少路大宮にあった。ここは長坂口に近い。垣屋一族には洛中と若狭方面（周山《しゅうざん》街道）を結ぶ流通業者がいたと思われる。

また垣屋氏一族に野間氏がいる。後年の記事であるが、『大乗院《だいじょういん》寺社雑事記《じしゃぞうじき》』延徳四年（一四九二）六月三十日条には「持是院（齋藤妙純）女房ハ山名垣屋之一族ニ野間入道之女子也」と見え、その女子は甘露寺按察大納言（親長）の養子になっていた人物という（末柄豊「『親長卿記』（甘露寺親長）」）。

垣屋氏は大勢力であり、内者も多くいた。齋藤丹後入道良英《りょうえい》は文安元年四月に播磨国高家庄の件で万里小路家とたびたび交渉しているが「垣屋内齋藤丹後入道」とみえるし、また同年五月二十七日の土御門河原勧進猿楽には桟敷に出向いている（『建内記』）。また内者に馬田山城守・同豊後守がいて、殿下渡領播磨国緋田庄に関する中原康富の申し入れを垣屋越中守に取り次いでいる（『康富記』享徳三年八月七日条）。

○齋藤某

東寺廿一口供僧方評定引付の永享十三年（一四四一）五月十一日条には「所司代（山名持豊）内者斉藤」と見える。この物領家内者齋藤には下に家人森田がいた。また『建内記』嘉吉三年六月十六日条に、播磨国加西郡在田庄代官職につき「山名内齋藤」と見える。山名惣領（持豊）の内者と見られる。垣屋内者の齋藤丹後入道はこの一族のものであろう。

○佐々木近江入道

文安元年七月に播磨で段銭《たんせん》催促にあたった三人のうちの一人である。応仁の戦乱のなか、文明三年正月に宗全が細川との和儀を一族に提案するのに、その使者の一人となった（『大乗院寺社雑事記』）。

○田結庄《たいのしょう》氏

田結庄氏の活動は本国但馬が主要であるが、山名氏惣領家の指揮のもとに、京都周辺にも出動した。文安元年七月には内裏要脚段銭の催促に播磨国に下っていた持豊家被官に長加賀入道・田結庄周防入道・佐々木近江入道の三人がいる（東寺百合文書）。また同族の田結庄対馬守豊房は長禄三年十一月八日に播磨国蔭山庄内下村本所役代官として見える。この代官職は主人の山名宗全が支援して獲得したものであろう。

○田公《たぎみ》新左衛門尉豊職

時熙の被官に田公弾正入道政恵《せいけい》がいた。応永八年十一月九日には三宝院雑掌の訴えにより但馬国朝倉庄地頭職を召し返されたが、永享三年五月十二日に山名使者として満済のもとを訪れた「田キミ」は同一人であろう。この人物は持豊（宗全）の被官にもなったらしく、宗全が文安元年二月十七日から二十三日まで太秦薬師に参籠したが、田公入道の病気平癒を祈願するためであった。とくに田公入道が廉直なので惜しむ余りのことという（『康富記』）。

この子息と見られる人物に田公新左衛門尉がいる。寛正三年八月二十九日には播磨国矢野庄例名勘料銭催促を止める旨の守護代垣屋宗忠の書下（東寺百合文書）の宛所に田公新左衛門尉と馬曲（田）二郎左衛門尉が書かれている。二人は山名家使者として勘料銭催促に矢野庄に出向いていたと見られる。また同四年八月には矢野庄例名勘料銭催促にも関わっている（同）。この田公新左衛門尉の実名は豊職《もととよ》である。文明二年六月九日に但馬国日光院に対して名主職を安堵した文書は、差出者の署判が「豊職（花押）」であるが、これを文明四年八月六日垣屋宗忠書下では「田公新左衛門尉寄進状」と呼んでいる（日光院文書、『兵庫県史史料編中世二』）。文明三年正月に細川との和儀を一族に提案する際に宗全使者となった「田君」もこの人物であろう。

○多々良木《たたらぎ》氏

『康富記』応永二十六年四月二十日条に山名金吾入道内者として多々良木が見える。時熙の内者であるが、持豊に継承されたとも考えられる。但馬多々良岐庄を本拠とするか。

○忍頂寺《にんちょうじ》氏

『康富記』応永二十七年十一月二十八日条に「忍頂寺〈山名殿内仁〉」と見える。

○春木氏

『碧山日録』寛正元年七月四日条に、宗全家臣の春木某の父（玉洲）が前年のこの日に死去したこと、その諱日《いみび》が主人の大明院（時熙）と同日であることが記されている。畿内出身であろうが、詳しくは分からない。

○松尾氏

『建内記』文安元年正月三十日条に、葦田とともに山名被官人として見え、景物庵の木戸番をしていて、強盗の乱入に遭い、疵を負った。

○八木但馬守

寛正二年十二月、八木但馬守は垣屋次郎左衛門尉とともに播磨国矢野庄で外宮役夫工米催促にあたっていたが、山名家から中止を命じられている（東寺百合文書）。また長禄四年の御所造営では作事奉行として宗全を助けている。また長禄四年（一四六〇）八月には宗全の幕府厩造成により家臣の太田垣美作次郎左衛門と八木但馬守にも太刀が将軍より下賜された。また同年の教豊・政豊《まさとよ》の官位昇進には八木但馬守が幕府へ注進する役を果たした（『長禄四年記』）。

○山口遠江守国衡《くにひら》

『満済准后日記』に、「山名内者」として時熙と満済との間を媒介する人物として頻出する。本国は三河であったが、替わりの地として和泉の由緒の地を将軍義教に申し入れて、給付された（永享三年六月九日）。同年十月十七日の厳島《いつくしま》殿宛の書状では「遠江守国衡」と封紙に書いているが、厳島側では「山名殿之内奉行」と注記している（厳島野坂文書）。同五年には伊賀国守護職が山名時熙に与えられたが、その守護代となっている（『満済准后日記』五月三日条）。同六年の渡唐船については義教に申し入れをしており、渡唐使僧となった永頊は弟であった。山口遠江守の活動が見えるのは永享六年までであり、山名氏では時熙存命中である。ただ同五年八月には持豊への家督譲渡が認められており（前述）、山口遠江守は持豊の内者ともなっていたかと思う。

○村上氏

先に、正長元年十月二十日の書下で、山名時熙が村上備中入道に備後国多嶋地頭職を給分として与えたこと（因島村上文書）を紹介したが、その村上備中入道は実名が不詳ながら、因島村上氏とみてよい。地頭職の対象となった多嶋（田島）は因島ともども、守護所尾道に近い。この関係は時熙以後も継続されたと考えられるが、寛正遣明船に同航する予定であった備後国料船の所在地に、因島と田島も入っていた。つまり山名持豊守護所尾道の近くに因島・多島があり、そこを村上備中入道（あるいはその後継者）が根拠地としている。

村上を名乗る存在が、京都にて山名宗全の被官として活動していることが認められる。『建内記』文安元年（一四四四）正月二十日によれば、万里小路家の氏寺建聖院《けんしょういん》と隣接する景愛寺《けいあいじ》との間に紛争が起こった。景愛寺は尼五山であるが、その時の住持は山名休耕院（宗興《そうこう》）であったが、彼女は宗全の妹であった。その当住休耕院はことの次第を舎兄山名に知らせるとのことであったので、万里小路家では書状で次第を提示したが、当住が留守なので、「村上と号する者」に預け置いてきた。ここに、宗全妹の休耕院（宗興）に仕える存在として村上某がいて、宗全との間を取り持っている。景愛寺は尼寺なのであり、村上某は景愛寺に常住しているわけでなく、宗全のもとから派遣された人物であろう。

また寛正七年二月二十九日に長福寺清涼院侍真《じしん》禅師に備後国地毗庄河北村年貢本所分を質物として銭二十五貫文を借用した村上入道正賢《しょうけん》という人物がいる（長福寺文書）。地毗庄河北村年貢本所分の代官請得分を質入したのであるが、やがて河北村は半済されて「村上殿領」となる（『山内首藤家文書』）。この村上殿は山名氏被官人であるから、村上入道正賢はその前身となる人物である。村上入道正賢は京都にて宗全の被官人となっていると見られるし、その活動には金融をともなったことが分かる。

因島・多島を根拠地とする村上氏（備中入道など）と京都で山名宗全被官として活動する村上入道正賢は、同族と見てよいだろうか。因島〜京都を往復するようなことをしていれば、同族とみなすことも可能である。この時期、因島村上とは異なる伊予（能嶋）村上治部進が東寺地蔵堂宛に出した康正二年卯月二十五日書状（東寺百合文書）によれば、彼は上洛を繰り返している様子が見える。因島・多島は国料船の根拠地であり（後述）、兵庫・堺への舟運が盛んな港であるから、そこを本拠とする村上氏が兵庫・堺から京都に進出することは充分にある。因島村上氏と山名宗全被官村上氏は同族と見られよう。宗全被官の村上氏のなかには、宗全死去後には政豊被官となり、文明十九年正月二十日には垣屋越中守とともに山名殿雑掌として細川方と交渉した村上左京亮のような人物もいる（『蔭涼軒日録』）。

修理大夫教清の被官・内者

○入沢《いりさわ》氏

応永十一年九月に安芸国人一揆が結成されると、幕府は石見国から軍勢を差し向けたが、現地で指揮に当たったのが「石見国守護代山名入沢四郎」であった。山名一族の出自と見られる。その後、石見国守護（義理・教清）のもとで守護代として活動するのが入沢土佐入道（慶明《けいめい》）であるが、先の入沢四郎と同一人かとも思われる（『益田家文書』）。石見守護代家であるが、主人（教清）の代には京都に出て山名家に奉仕した。『建内記』文安元年五月十八日には「又守護代〈美嚢郡〉入沢山名一族云々」と見える。この時は播磨国守護の持豊（惣領家）の指揮下に入っていた。

○大町《おおまち》氏

『益田家文書』の応仁十四年頃の石見国守護代宛の山名家奉行人発給文書は大町色貞《いろさだ》の署判である。また応永二十四年には山名氏「石州奉行人」として大町美作殿（清量《きよかず》）と高山石見殿が見える。山名教清系の奉行人である。『建内記』嘉吉元年七月十四日条には大町六郎左衛門尉清守《きよもり》が美作国北美和《みわ》庄代官として見えて、「大町の主は山名大夫入道（教清）」とも見える。一族と思われる人物に、やはり教清の被官として大町式部丞がいる（『建内記』嘉吉元年十二月二十七日）。

○後藤氏

東寺廿一口方評定引付文明三年十二月二十一日条に、細川氏内者今岡と花薗田を相論する「山名大夫殿内者」後藤がみえる。実名など不詳。

○小松原氏

文安五年七月十六日、山名方の手勢は京都市中の赤松牢人の徘徊を警戒していたが、山名大夫（教清）被官人の小松原は赤松方喜多野兵庫入道を討ち取った（『康富記』）。

○高山右京亮清重

『建内記』嘉吉元年十二月二十七日には「（美作）守護代子高山右京亮」と見えるが、同三年には守護代となっていた。守護は山名教清である。同十月十五日に山名大夫入道（常勝、教清）とともに美作国衙《こくが》に関わる返報をもたらした高山入道が父にあたるであろう。

高山氏は小林氏とともに、本国が上野国であり、山名時氏が南北朝期に山陰・京都に入った時から随っており、時氏・氏清の有力守護代であったのが、この時期は石見・美作守護の教清家に従っていた。

○谷口越前守

『建内記』嘉吉元年閏九月六日条の載せる美作守護山名修理大夫入道（教清）宛管領御教書に、同国北美和庄に「（教清）被管人谷口越前守が代官と号して乱入」したと見える。

教之（兵部少輔・相模守）の被官・内者

○小鴨《こがも》安芸守

『建内記』嘉吉三年六月十三日条、文安四年三月八日条には備前守護代として小鴨某が見える。また『康富記』享徳二年八月二日条では、小鴨安芸守之基《これもと》の京宅を訪れた中原康富に対して、小鴨は「屋形山名兵部（教之）」から備前守護代を申し付けられたので、罷り下ると言っている。小鴨はもともと伯耆国を本拠としているが、守護が山名氏之（教之の祖父）であるため、その守護代家として京都に進出したのであろう。安芸守之基も山名教之の奉行人とみていいのであり、守護代にも起用された。

長禄二年五月十三日山名教之書下状（大聖寺《たいしょうじ》文書）は小鴨安芸守に宛てて備前国軽部《かるべ》庄下村《しもむら》内の大聖寺知行分を奉書に任せて寺家代官に渡し付けるよう命じている。小鴨安芸守の備前守護代在任を示している。

○齋藤某…出雲佐々木氏

『建内記』文安四年三月八日に、「山名兵部少輔伯耆幷備前守護也若党号齋藤号出雲佐々木云々」と見える。この兵部少輔（教之）若党の齋藤某は出雲佐々木氏一族から分立したということであるが、同じ教之被官の小鴨氏・南条氏と争うことがあった。『建内記』の記事によれば次のようである。

在国していた教之若党の齋藤某は押して上洛し、傍輩の小鴨（備前守護代）・南条（伯耆守護代）を襲撃しようとした。先年にも両氏との不和があったが、山名惣領宗峰（持豊）の意見（裁許）により齋藤は下国となった。その後帰国していた齋藤は在洛を懇望してきたが、主人の兵部少輔（教之）は「小鴨・南条の所存（鬱憤）はまだ収まっていない、我慢して在国するように」と諭した。ところが齋藤某は押して上洛し、「主君にふくむことはない、傍輩両人には恨みがあるので、直接に向かって生涯に及びたい（殺したい）」と称して、数百人で上洛し小鴨・南条の宿所に押し寄せようとした。惣領の持豊は両側を宥めたが、聞き入れないので、勝負を決することとなった。兵部少輔（教之）は持豊宿所に招き入れて警固させた。また小鴨は南条宿所に入り、共に戦うこととなった。そのため下《しも》京《ぎょう》（南条宿所があったカ）は近辺の民屋を壊して火事にそなえた、という。

この齋藤某は齋藤を名字とするが、山名氏被官の齋藤氏（丹後入道ら）とどのような関係か不明である。ただ出雲佐々木一族とのことであり、関係史料も他にはみえないので、他の齋藤氏との関係はないと思われる。

○中澤掃部助

政所賦銘引付（『室町幕府引付史料集成』）文明九年十二月廿七日には、納所新左衛門尉吉久が文明元年十二月二十一日に山名相州被官中澤掃部助から錦小路烏丸与四條間西南頬《つら》〈四半町〉と樋口烏丸与室町之間南頬〈四半町〉を買得したことが見える。したがって、山名相州（山名教之）被官中澤掃部助は文明元年以前には洛中に二ヶ所土地を持っていたことがわかる。

また山名教之の中間（従者）のなかには、文明元年十二月二十三日、宇津木福千代に四條西洞院与錦小路間西頬家倉などを売却した弥六なる人物もいる。洛中に家倉（民屋と倉）を所持していた地下《じげ》人《にん》であろうが、このような人物を山名一族の教之は抱えていたのである。

○南条氏

小鴨氏の朋輩で伯耆守護代と見える（前述）。

○引田主計

『蔭凉軒日録』長禄四年五月二十七日条に「万寿寺領備前国山名相模守被管人引田主計渡し残すの事、仰せ付らるべきのことを伺う」と見える。山名相模守（教之）の被官人であり、備前国の万寿寺領の代官をしていた。備前は教之が守護であるから、その関係であろう。

兵部少輔政清の被官・内者

○飯尾《いのお》弥次郎

政所内談記録（『室町幕府引付史料集成』）寛正四年四月廿六日には、「山名兵部被官飯尾弥次郎申鴨社領因州土師庄代官職相論事」と見える。飯尾弥次郎は山名兵部少輔（政清《まさきよ》）の被官人であり、因幡国土師庄代官職を請け負っていた。この飯尾弥次郎が幕府奉行人の飯尾一族とどのような関係にあるのか、また山名政清との被官関係が何を契機に成立したかも不明である。

2　山名一族と家中成敗

養子関係

嘉吉三年六月三日、山名家の十六歳になる女性が大内家に嫁ぐこととなった。彼女は、その二年前の六月二十四日に将軍義教とともに殺害された山名中務大輔熙貴の娘であった。熙貴は山名修理大夫入道常捷（教清）の養子となっていたので、教清の「孫女」となる。その教清孫女を実父熙貴が死去したこともあり、惣領持豊が猶子とした。その上で、持豊のもとから大内家に嫁がせることとしたのである。この日、大内家から三千貫（大金である）が教清のもとに「出立料」

細川勝元（龍安寺蔵）

として届けられ、今夜は門出となり、大内家京都雑掌《ざっしょう》安富《やすとみ》氏の宿所に向かった。その途中の路地は、持豊の兵士五十騎が固めたという（『建内記』）。

大内家では嘉吉の乱直後に持世が死去した後、教弘が跡を継いでいたが、幕府の命を受けて九州少弐《しょうに》氏を攻めていた。長門・周防から北九州に勢力圏を広げていたこともあり、九州に拠点を置いていた。その九州の大内氏のもとに、山名持豊養女は嫁いでゆく。この嫁を乗せた船は、瀬戸内海にて海賊に遭い、衣裳・財宝を奪われた。警備のために乗っていた郎党二人は切腹したという（『建内記』六月二十三日条）。このことを書いた万里小路時房は、日頃は寺社本所領荘園の年貢を奪っている山名一党が不慮の賊にあったと皮肉っているが、瀬戸内海上の危うさを示している。

この持豊養女は大内家に入り、子を儲けた（後の政弘）。大内政弘が、応仁の乱でも、上洛して山名側に属し、細川軍と戦うことになるが、その要因の一つはここにある。

文安四年二月には山名持豊（宗全）は、管領職にある細川勝元との間に婚儀を進めた。年来の希望であったが、ここでも山名中務大輔熙貴の娘を猶子（養女）としたうえで、婚儀は二十五日に終えたという（『建内記』）。この勝元と宗全養女との間に生まれた子が細川政元《まさもと》である。

後に記述することであるが、宗全一族の山名摂津守（持幸ヵ）の娘は斯波義廉の母となった。彼女は文正元年七〜九月の政変で活躍することになるが、義廉の母であるから、渋川義鏡《しぶかわよしかね》の妻ということになる。渋川氏も九州探題の家柄であり、幕府でも足利一族として重んじられていた。この山名摂津守娘と渋川義鏡との婚姻も山名氏惣領の意向が働いていたものと思われる。また斯波義廉の妻には宗全娘が入る。文正元年八月には将軍義政がこの婚姻を破棄するよう命じたが、結局は結ばれた。

持豊子の勝豊も熙貴の養子となっていた（山名豊道氏蔵山名系図）。山名惣領持豊は山名熙貴家と養子関係を密に形成していたが、こうしたことは他にも想定できるように思う。

家中成敗

先に持豊・教清・教之の被官と内者を列記したが、この三者は同じ山名氏ながら二世代前が兄弟である（同じ時氏の子）。師義系の教之（幸）、義理系の教清、時義系の持豊であり、それぞれの系統の実力者となっていた。これに氏冬系の熙貴を加えた四家が有力となったのである（時氏子に氏清がいたが、この系統は満氏の後は力を失ったと見える）。山名四系統はみな京都に屋敷を構えて、いわば京都山名家を構成したが、その被官・内者はそれぞれの家に属しながら、惣領持豊の指揮下に置かれたようである。

山名教之被官の齋藤某（出雲佐々木氏）の振る舞いを、教之の上位者として成敗したのは惣領持豊であったし、齋藤某と小鴨・南条の家内喧嘩に対する処置を決めているのも持豊であった。持豊は同じ山名の教之家の上に立つ存在として家中を成敗しているのである。

また被官・内者のうちには、入沢氏のように教清家と惣領家の両方との関係をもつ者、齋藤氏のように教之家と惣領家とに従属関係が認められる者などが見受けられる。このことは他の内者にも見受けられる傾向であり、山名氏被官はそれぞれの主人に属しながらも、その最終的上位者である惣領持豊の成敗が及んだものと考えられよう。

同じ時期の細川氏が京兆家（勝元・政元）の主導性による同族連合として勢力を形成していたとの研究があり（末柄豊「細川氏の同族連合体制の解体と畿内領国化」）、山名氏にも同様の傾向を認める著作もある（川岡勉『山名宗全』）。私も、宗全の家中形成・成敗のあり方から、ほぼ同じ考えであるが、兵力動員において本国但馬に依拠する割合が高く、そこに独自性を見ている。また後述するように、持豊（宗全）は京都寺院との結びつきが強く、そこにも社会勢力としての基盤があることも見逃すべきでない。

3　領国と荘園・所領

山名氏の守護職

山名氏は、鎌倉末期までの本領は上野国山名郷であり、南北朝内乱以降に山陰に入った。時氏（持豊の曾祖父）の時に室町幕府に参加して京都に進出し、山陰などの守護職を獲得した。時氏の子の氏清は六分一殿と言われて、一時は十一ヶ国の守護職を兼ねたが、明徳の乱で没落し、山名氏勢力は削減された。それでも将軍義満に接近した時熙らの活動もあり、守護職を維持した。その国は、時熙（氏清甥、時義子）の但馬、氏家（氏冬子、氏清甥）の因幡、氏之（氏幸）（氏清甥、師義子）の伯耆であった。その後、時熙は義持・義教の幕府に参加して、新しく備後（応永八年）、安芸（山名満氏以来を永享元年）、伊賀（永享五年）を獲得した。時熙の子である持豊は伊賀以外の但馬・備後・安芸の三国守護職を継承した。

持豊が時熙跡目を継承した永享四年には、熙高（持豊兄）が因幡、教之（氏幸孫）が伯耆、教清（義理孫）が石見、というように守護職を持っていた。そして嘉吉の乱で赤松満祐が没落すると、播磨は山名持豊に、備前は山名教之（教幸）に、美作は山名教清が、それぞれ守護職を獲得した。

この守護職こそが山名氏権勢の基盤であるが、守護職には固定された所領がない。そこで守護職という権限をもとにした荘園所領の獲得こそが真の所領となった。

但馬国における宗全居所と所領　○小田井社と城崎庄

但馬は時熙―持豊父子にとって本国であった。播磨の戦乱にあたっては、京都居住の時熙・持豊はいったん但馬に入り、兵力を整えた。また隠居の期間は但馬に籠もった。但馬は政治的・軍事的・経済的に、時熙・持豊父子の最大の権力基盤であった。その但馬における根拠地は守護所（九日市）と城崎《きのさき》である。宗全は享徳三年に但馬に蟄居し、三年余りを過ごしたが、その時の居住地は「城崎郡」と書かれている（後述）。室町時代の城崎郡は城崎庄のことである。

城崎（木崎）庄は古代の城崎郡から生み出された中世所領の一つであるが、「小田井社《おだい》」という所領もそのひとつである。小田井社は、弘安八年の但馬国大田文にも見える神社であるが、田畠と一体であった。荘園と同じように領家（山門無動寺）があり、また地頭が置かれていた。その地頭職はそ

小田井（縣）神社（豊岡市小田井町）

の後も存続して、建武四年七月、南部彦次郎入道行猷《ぎょうゆう》は木崎庄地頭職とともに小田井社地頭職を本領と称している。やがてこの地の南部氏は没落し、小田井社地頭職を入手した山名時熙は明徳三年正月十五日に小田井社に寄進した。同社にはこの文書の写本が残っているという（『日本歴史地名大系　兵庫県Ⅰ』）。小田井社地頭職は実際には山名惣領家の所領として支配されて、地頭得分が小田井社に納められたと見ていい。宗全からも、年末の祈禱巻数を受け取った旨を神主に知らせる文書が出されている（年未詳十二月二十七日書状、大石氏所蔵小田井大社文書、『兵庫県史史料編中世三』）。社僧がいたわけであるが、『豊岡誌』は「中古社僧アリ、妙楽寺・正法寺・金剛寺是ナリ、天正以来ハ神事ニアツカラス」と記す。小田井社のなかに正法寺などの僧坊があったと考えられる。

○宗全居所

宗全は但馬に隠居していた享徳三年（一四五四）十二月から長禄二年（一四五八）七月の期間、どこにいたのであろうか。守護所のあった九日市近辺が一つの候補であるが、城崎も候補に挙がる。康正元年十月十七日に亡母の十七回忌を行ったが、その時のことを記述した『蟬庵稿』（史料編纂所影写本）の「安清開基無染大姉十七年忌山名金吾母奥州女」には、「大日本但州路城崎郡居住大功徳主奉菩薩戒弟子孝男右金吾督宗全、康正丙子十月十有七日伏迎先妣安清開基無染宗潔太姉一十七遠忌、就西光精舎厳飾道場云々」とある。宗全は「但州路城崎郡居住」である。十七年忌は「西光精舎」（西光寺）にて道場を荘厳に飾り行っている。この城崎郡は居住であるから、必ずしも城郭ではない。むしろ城郭でない可能性が高い。

近世の豊岡城と城下について、平成三年（一九九一）に発掘調査を踏まえて行われた豊岡市立郷土館主催の講演会記録『但馬豊岡城——豊岡城とその城下』は、豊富な図面を掲示した貴重なものである。円山川の流路変遷や豊岡城周辺の城郭（正法寺城など）の位置と構造について現地調査を重ねた成果であり、豊岡城の現場を考えるに不可欠の文献である。城崎城と豊岡城との関係については、別との考えと同じとの考えを紹介しながら、豊岡城主郭南側斜面に三本の竪堀《たてぼり》（畝《うね》状竪堀）が確認されたことにより、中世城郭が改変されて豊岡城となったことを明らかにした。

ただこの豊岡城（近世豊岡城）は山城であり、付近の平地に居住地があっても不思議ではない。平地の方も城崎と呼ばれていたことも十分に考えられる。この考え方をうながす史料に、長享二年九月に播磨合戦から但馬に退却した山名政豊が正法寺に陣を置いたが、そこは「木崎をへだてるに十八町」と見える（『蔭凉軒日録』）。この話は丹波から入京した僧の話を知人から聞いた蔭凉軒主が日記に書いていることである。十八町は現地を知らない者の言ではない。近世豊岡城は正法寺にほぼ接していて、十八町の距離はない。十八町を重視すると、小田井神社周辺となる。小田井神社辺は「小田井」と言われ、天正八年には「小田井中」宛に禁制も出されている。また小田井に近接する慈茂町

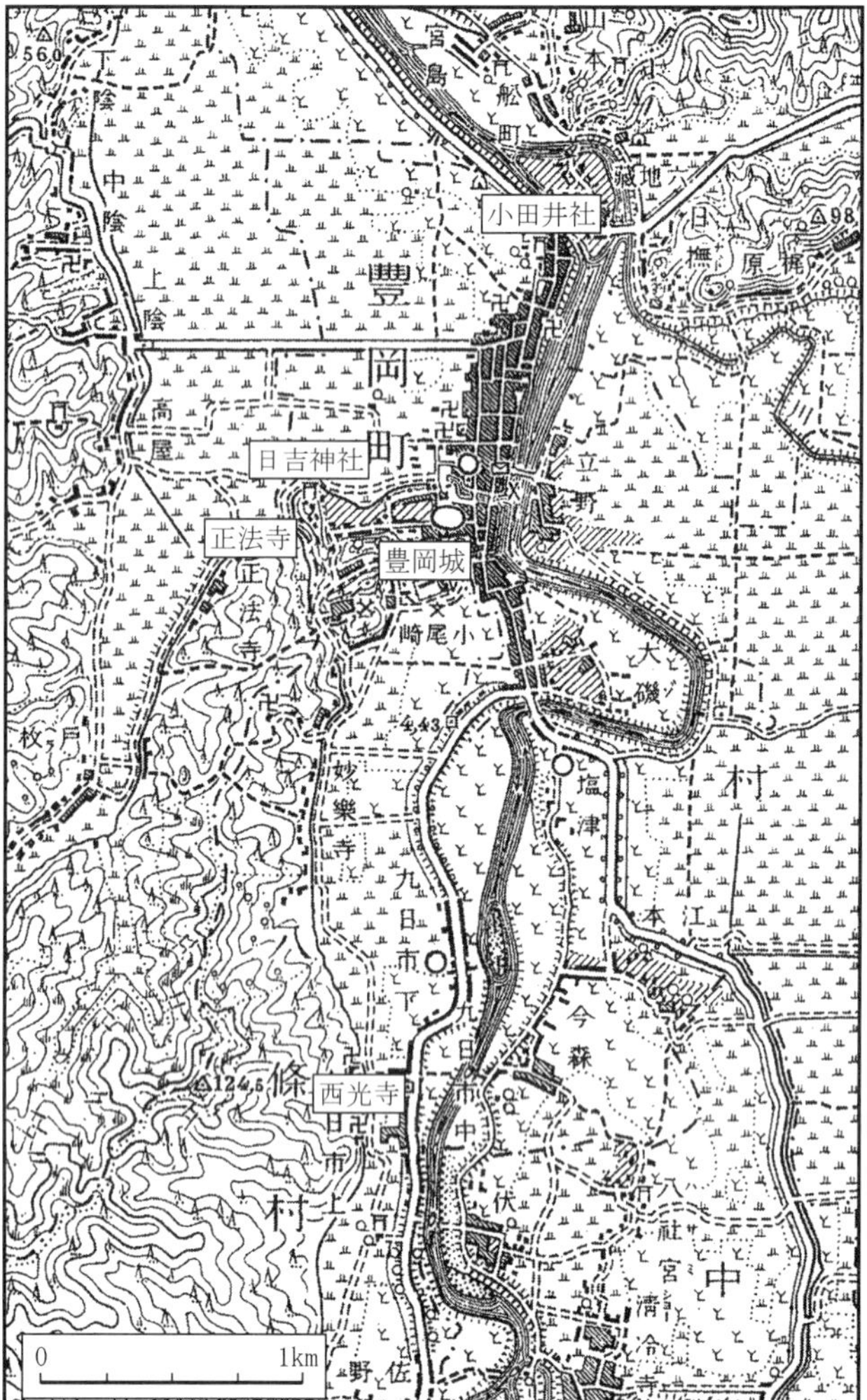

図４　豊岡（大日本帝国陸地測量部５万分の１地形図「豊岡」〔明治31年測量〕）（作成　山本・武田）

（天正十年に始まる）の光妙寺（現在は光行寺）の元亀三年親鸞絵像には「木崎村光妙寺」と見える。小田井神社近辺は戦国には城崎と言われていたのである。

こうしてみると、山名宗全居住のある城崎とは小田井神社近くに想定することも可能であろう（図4参照）。ただ亡母十七年忌の西光精舎は九日市の西光寺であろう（片岡嬾樹「守護山名氏とその在所」）。九日市には守護所が置かれ、父時熙の代から山名氏の但馬支配の中心地であった。西光寺は山名家菩提寺の一つであったかもしれない。

この小田井は円山川に沿った場所にあり、戦国には町屋が形成されたが。また「小田井イト」と呼ばれる船着き場があって円山川水運の要所でもあった（『日本歴史地名大系　兵庫県Ⅰ』）。円山川水運と山名氏との強い結びつきを考えるとき、小田井は山名家の所領であった可能性が高い。

○桃島

円山川が日本海に出る河口部の左岸に桃島《ももしま》が存在する（巻頭図1参照）。ここは石清水社領であったが、室町中期には守護に押領されていた。守護は山名氏であるが、山名持豊は嘉吉元年十一月十六日、円通寺宗源院塔主禅師に寄進した（円通寺文書、写本、『山名家譜』にも同一文書掲載）。

但馬国桃嶋並びに因幡国津井郷土貢内米百石、同国衙半分の事、応永八年八月二十四日亡父寄附の旨に任せ、領掌せしむる者也、仍って寺務を全うし造営を専らにせしむべきの状くだんの如し、

嘉吉元年十一月十六日

右衛門佐御判

（読み下し文）

宗源院塔主禅師

但馬国の桃嶋を、因幡国の津井《つのい》郷土貢内米百石・同国衙半分とともに、右衛門佐（宗全）が円通寺宗源院に寄進したものである。書止文言が「…状如件」とあるように、命令的口調の書下《かきくだし》様式であり、右衛門佐持豊の強い意志が見える。隣国因幡津井郷の税は京都に運ばれるのに、日本海海運で円山川河口部に運ばれ、円山川を遡り、山陰道に交差して、陸路を辿ったと見られる。桃嶋はその税運送の中継点にあたる。こうして桃嶋は小田井とともに山名惣領家に掌握された。

この隣国因幡津井郷・同国衙分（半分）を獲得した円通寺は美含郡竹野郷にあるが、海運には適していないので、円山川河口の桃嶋から竹野郷に運ぶ必要があったのであろう。ただその実際の支配は山名氏勢力が行っていたのであり、山名氏と海運の繋がりがここでもうかがわれる。

○新井庄

弘安八年但馬国大田文には養父郡の荘園として見える。領家の記載はないが、公文が御家人役を勤める地であるという。室町時代には仁和寺が本所となっていた。長禄三年（一四五九）十月一日、太田垣忠泰《ただやす》は「御室領但馬国新井庄公用職」の請文を仁和寺に提出している（『仁和寺文書一』）。それによれば、公用（年貢）として、九月中に十貫文、十一月中に十貫文、合計二十貫文を納入すると約束している。二十貫文と決まり切った額を、現地の天候・作柄に関係なく、納入するという。二十貫文以上の、どれほどの収入があろうと、公用年貢は二十貫文である。実は、この荘園は永享十年、同十一年と年貢の未進が続いていたが、その納入を約束した代官右衛門尉熙□は（永享十二年十一月三日請文）、約束を果たさなかった。長禄三年に請けおった太田垣忠泰は「以前の未進御免候の上は」ということを確認している。以前からの未進を無きものとして公用年貢二十貫文を請け負ったのである。

年貢未進を続けた右衛門尉熙□も山名持豊の被官人と思われるが、長禄三年に請け負った太田垣忠泰も山名宗全被官である。この新井庄公用年貢代官職を太田垣忠泰が請け負ったのも、宗全の力を背景にしている。そのため太田垣は、もし公用年貢を無沙汰した場合には「屋形」（宗全）に訴えてもいい、と述べている。

山名宗全は仁和寺領新井庄の代官職を被官太田垣忠泰に請け負わせるに、年貢を「公用」と言い換えている。公用年貢の意味であるが、これは守護山名氏が認めた年貢という意味であり、それが二十貫文となる。現地支配の実際は垣屋が、さらにその下の在地人が行っていた。実際の税徴収は二十貫文を大きく上回るであろう。

○竹野《たけの》郷

美含郡の公領であるが、地頭が置かれていた（弘安八年但馬国大田文）。室町時代には領家は京都の寺院であったらしいが、その代官職を山名宗全が掌握していた。早稲田大学図書館所蔵荻野三七彦旧蔵資料の年未詳八月十七日宗全書状（写本）は、竹野郷代官職を垣屋が余りに望むので、当年はひとまず申し付けるが、「御寺用」（寺への上納）は厳密に執り沙汰するよう申し付けた、と述べている。

宛所は松本殿となっているが、どのような人物か不明である。おそらくは、竹野郷年貢本役は寺院に納入するのに、その代官職を山名宗全が、とりあえず一年は垣屋に任せたのである。垣屋は宗全被官であるから、竹野郷現地は山名氏の支配下にある。一定額の年貢本役を納めるだけが義務であり、実際には現地でどれほど徴収しようと構わないわけである。垣屋氏の実力次第である。

播磨の領国化

○三郡散合と荘園政策

嘉吉の乱の後播磨国守護となった持豊は嘉吉元年十月二十九日には播磨守護所に入り、守護代に垣屋・太田垣・犬橋の三人を定め、国中の郡に郡司を据えた（『建内記』）。明石・美嚢などの東部三郡は幕府直轄領となったが、持豊は「軍功」を理由にして強く要求し、文安元年（一四四四）年正月に与えられた。持豊はこの三郡を獲得すると、強力な軍事的支配を実施した（前述）。その年の四月、持豊は使者を三郡内に入部させて、「散合」と称して、各地の所領の状態を徹底的に調べさせた（前述）。その内容も大略はすでに解説したが、荘園の扱いについてはここで検討する。「郡散合」についての箇条書の第一項目、第二項目が該当するが、その趣旨は次の通りである。

(1)寺社本所領について。田数・税目種々・「公役」額・夫役、そして本所直務であるか否かを調査する。特に赤松満祐（前々守護）時代には守護請地であったのが赤松満政（前守護）の時に本所直務となったか、満祐時代に本所直務だったものが守護請となったままであるのか、調査する。

(2)寺庵・神講の田について。正式な寄進状があるか否か調査する。

まず⑴は三郡における寺社本所領を保護するが、その保護の仕方を規定している。寺社本所領とは室町幕府の荘園政策で確定された範疇であり、武士の所領を含まない、寺社が一円的に領有する荘園である。その支配は領主である寺・社の権限であるが、この散合ではその田数と種々の付加税、それと「公役」額と夫役（その具体的内容）を書類に基づいて調べるという。またそれだけでなく、その寺社本所領が本所の直務（直接支配）なのか、守護の請負なのかを調査するという。そしてこの間守護は、赤松満祐→赤松満政→山名持豊と替わったので、本所直務なのか、守護請負地なのか、守護三代の期間との関係を調査する、という方針である。

⑴は寺社本所領荘園をその租税とともに保護することを前提にして、それが本所直務地なのか否かを調査の要点としている。直務地であっても、一貫してそうなのか、一時的に守護請になったことはないのか、あるのか。あったら、赤松満祐時代なのか、次の赤松満政時代なのか、この点を焦点にしている。この策は、寺社本所領のうち、守護請の時期があったら、その時期を明確にすることを意図する。こうした荘園政策は、守護が一国ごとに作成した土地台帳（大田文）にも共通することであるが、この「散合」第一条は三郡のなかの所領を統一した基準で把握することであり、三郡大田文作成の方向を目指している。

山名持豊による播磨東部三郡散合は本所領荘園を否定することを目的にしたわけではない。本所領荘園を直務の場合はその寺社が知行を続けて、守護請負地の場合は山名氏被官人が現地支配を請け負うということになる。そのための調査である。

○散合とは

山名持豊が播磨東部三郡で実施した政策は荘園所領の実態調査であるが、それを「散合」といったのは理由がある。散合とは珍しい語であるが、以前は「算合」とも書かれたように、数え合わせることを意味していた。年貢の算合とは年貢を合計することであった。だが室町時代の中期になると、幕府中枢部を構成する有力守護大名の領国で「散合」が実施されていることが分かる。有力大名たち周辺の特別用語として「散合」が使われるようになった。山名氏の他には、摂津国垂水庄で永享九年四月に代官榎木氏と守護代長坂が連携しながら進める「地下田地散合」（東寺廿一口方評定引付）や、山城国拝志《はいし》庄で享徳二年に守護畠山持国方が進めようとした「日吉田《ひえだ》散合」などがある。摂津守護は細川持之であるから、散合とは山名・細川・畠山のような、幕府に連なる有力大名が畿内・近国の守護国において進めようとした荘園政策であることが分かる。

そのうち畠山持国が山城拝志庄で行った散合は、守護代遊佐河内守の指揮のもとに紀伊郡代馬伏《うまぶせ》五郎左衛門が庄内の日吉社田を摘発したものであった。結局は拝志庄領主（東寺）が幕府に働きかけて、この散合は中止となったが、守護が拝志庄内の日吉田という仏神田を一般庄田に編入しようとした動きである。守護畠山は拝志庄田数を把握し直して、守護が懸ける税（守護役）の基準数値を作り変えようとしている。播磨東部三郡の散合でも(2)がこの動きである。しかも散合の実施は守護代が直接に行うのでなく、郡代（郡奉行）を動員していることが、畠山・山名に共通してみえる。守護権が包摂した国務（国衙権限）を利用しているのである。

こうして散合とは、幕府有力大名が畿内近国の管国内において荘園を把握し直して、守護役賦課の基準にする動きである。荘園（本所荘園）を否定するのではなく、それを維持しながら、守護大名の利用しやすいように変える政策である。荘園制と守護領国は敵対的ではなく相互に依存する関係にあるが（伊藤俊一『室町期荘園制の研究』）、それは畿内近国に典型的に現れたのであり、山名氏の播磨三郡散合はその一つである。

○吉川《よしかわ》上庄

吉川上庄は万里小路家を本所とし、播磨国美嚢郡に所在する荘園である。赤松満祐没落後には、幕府は嘉吉元年、万里小路家の当知行を確認し、地頭藤田一族らの汎吹《らんすい》（乱妨）を停止し、地頭職を返付するようにとの御教書も出した。だが守護権を幕府から預かっていた赤松満政は遵行しないでいた。そのままの状態で、文安元年には播磨東部三郡の新守護は山名持豊に与えられ、持豊は三郡の「散合」を行うところとなった（前述）。

吉川上庄は東部三郡のうちの美嚢郡にあるので、散合の対象となった。守護使節が現地に入部して、地下文書などを調達して庄務の様子を調査した。万里小路時房も守護方との応答のために使者を現地に派遣したが、使者の到着が遅れた。現地では地頭（藤田能登・藤田壱岐）が先に対応して、「地下註文」も提出していた。地頭は半分は地頭給分である（半済《はんぜい》）と主張していた。時房は山名氏奉行人のなかでも親交のある齋藤丹後入道良英に対して、地頭の出した地下註文は雅意（勝手な）註文であり、庄務の証拠には不足するものであるから、こちらにも尋ね聞かれよ、と要請した。齋藤丹後は、やがて播磨守護所に三郡の面々が集められ、そこで委しく審査されるだろうから、そこに地頭註文は証拠にならない、吉川上庄は本所一円地であると伝える、と約束した。しかもその連絡には飯尾肥前入道か犬橋かを派遣して、現地にいる守護代垣屋越前に知らせる、とのことである（『建内記』五月二十五日）。

ところが、直後に齋藤丹後からの招待により、万里小路時房は使者を遣わしたところ、吉川上庄は地頭半済となったこととその理由を聞かされた。「地頭が半済と称している事に対する山名家の判断は文書の理非に依るものではない、ただ当知行の有無に依るものである。これは山名方の法式である」とのことであった。地頭が提出した註文は証拠としては不十分であるが、山名家の判断は文書の正しさだけで決まるものではない。当知行が優先されるのが山名法式である、と言う。

こうして吉川上庄では地頭藤田一族の半分知行が、郡散合のなかで決まった。地頭が知行する半分（地頭給分）は本所万里小路家の知行から離れたのである。その地頭分年貢は藤田氏の収入となるが、この給分に対する守護役が懸かることになる。本所知行分にも守護役が懸けられることがあるが、給分が負担する守護役は額が大きい。これが山名惣領家の財政を支える。

○当知行と由緒

山名家は当知行を優先させたが、文書の理を否定しているわけではない。また万里小路家でも当知行を否定してはいない。吉川上庄についても一円知行の御教書を幕府から得ている。証拠書類では万里小路家の一円知行だが、現地では地頭の実際的な所務が動かしがたいものとなっていた。山名氏は難しい判断を迫られたが、地頭の半分所務を認めたのである。守護職権によるものであるが、この判断は一段上の幕府（将軍・管領）判断で覆ることもある。書類（理非）を重視すればそうなる。これが由緒である。いっぽう当知行は当面のものであり、一時的である。

その当知行を万里小路家などの公家も、幕府から公認されて、本所荘園を支配している。三条実雅《さねまさ》も当知行分の年貢一万六七千貫の荘園をもち、四条隆夏も備前豊原六郷を当知行地として確保するために幕府との接触に努めている（『建内記』嘉吉元年七月、八月）。公卿も当知行を無視できないし、当知行の恩恵を受けていた。

○蔭山《かげやま》庄下村

蔭山庄は播磨神崎郡に属する九条家領荘園である。散合が行われた東部三郡には入っていないので、山名氏勢力の領有関係は弱いものであった。この荘園は本所支配権が複数に分割されていたが、下村の本所権は十輪院朗厳《ろうごん》に渡っていた（田沼睦『中世後期社会と公田体制』）。朗厳は九条家に本役十貫を納入する契約であったが、代官には田結庄対馬守を起用した。田結庄対馬守は山名惣領家被官であるが、寛正二年十二月三日、本役十貫を九条家に上納することで請け負っている（『九条家文書二』）。

この蔭山庄下村は本所知行の荘園として存続しており、山名被官田結庄は単なる代官であり、その給分もない。ただ播磨全体に守護役が懸けられた時には、その徴収を積極的に進めたであろう。

○守護段銭

段銭とは田一段（反）を単位として賦課する税である。荘園の田地には荘園領主が年貢・公事という税を懸けていたが、室町時代になると、その他に臨時に段銭を懸けた。それが毎年のようになる傾向になった。それとともに、朝廷や幕府も、臨時に国ごとに段銭を懸け、さらには守護も課した。

南北朝末期以降、守護は管国の荘園一率に、どの荘園にも、段銭を賦課するようになった。山名氏の守護段銭は播磨国ではよく見られる。長禄二(一四五八)年、同三年には矢野庄・大塩庄など播磨全体で段銭・守護役を徴収しようとしている(『南禅寺文書上巻』)。この時は特別な名目なしに懸けているが、矢野・大塩両庄では幕府の命令で徴収停止となった。

備後国の領国

○守護領矢野庄

持豊の父時熙は応永八年から備後国守護であったが、永享四年八月十一日には将軍から「備後国矢野庄」を給付された(『満済准后日記』)。矢野庄は将軍直轄領であり、本所支配権を給付されたものと思われる。

父から矢野庄を継承した持豊は、これを備後国人山内氏に請けおわせた。山内氏の請負地となったわけであるが、文明二年六月十五日には守護代宮田教言《のりとき》(守護は山名是豊)は「矢野庄内梶田・本郷・西村」を知行するよう、具体的には公用年貢五十貫を沙汰するよう、山内幸松《ゆきまつ》に命じている。矢野庄は山内氏代官請の知行地として山名氏から与えられたのである。その山名氏と山内氏との関係はその後も継続して、文明十五年に山内豊通が同直通に渡した請地目録に「一所しゆこ領、公用九拾貫文　矢野かちた、本郷、西村」と見える。すなわち矢野庄(梶田・本郷・西村)は守護領として存続しており、その現地支配を山内豊通が公用年貢九十貫上納することを条件に請け負っていたのである(岸田裕之『大名領国の構成的展開』)。公用年貢九十貫は、同十七年には七十貫に変わったが、これが山名家に入る。

○地毗《じび》庄

山内氏は山名氏との被官関係が強く、そのことにより山内馬子《うまこ》（熙通）は地毗庄を山名時熙から安堵されていた（応永八年八月三日）。ただ山内族内の争いもあり、守護代官の入部を受け入れて検地を行ったため、山名氏への経済的負担も生じた。山内時通が永享四年十二月に作成した山内次郎四郎知行分は、本領分が百六十九貫余、給分が四十貫余であった。本領分とは山内氏のもともとからの知行地、給分とは山名氏からの給付地であるが、本領分からは二十分一を、給分からは十分一を、山名氏に進上することになっている。

山名持豊は被官知行地から所領高に応じて一種の税を取っていたのである。さらに地毗庄の内部の村ごとに、請地を設定し、村上氏や垣屋氏の被官に請け負わせていた（山内首藤家文書一八三）。

○国衙領

備後の国衙領は嘉吉元年段階で、守護（山名持豊）の一括請負になっていたようである。領家万里小路家には同年三月には守護代犬橋近江守満泰から国衙分税未進千疋（十貫文）が納入され、文安四年七月にも国衙分税の一部が割符で沙汰されている（『建内記』）。この国衙分とは泉田三ヶ村であったらしく、延徳二年（一四九〇）には南禅寺栖真院を本所とした備後守護山名俊豊の請負地として見える（『山内首藤家文書』）。この国衙領も実際の知行は山名宗全勢力のもとに展開されていたとみていい。

山名領国の特徴

こうしてみると、山名宗全の所領は、守護職権を背景にして、荘園所領を把握し直しながら、守護請負地にして、代官には被官層を起用するというものであった。

本所などの取得する年貢額も守護が認めた公用年貢の額であり、また荘園内には一部を代官給分として認めさせた所もある。荘園制を、守護大名―被官層の勢力が利用しやすいように作り変えたのである。

4　山名氏と瀬戸内海上勢力

明との貿易は、船を出したスポンサーに莫大な利潤をもたらした。永享の遣明船に山名時熙が積極的に関わったことは前に述べた。その後の宝徳三年・享徳二年の遣明船に山名氏（持豊）がどのような姿勢をとったか、定かでない。

遣明船と山名氏

寛正元年に計画されながら種々の事情により延期されていた遣明船は、文正元年閏二月には門司の船を雇傭して出発した（小葉田淳『中世日支通交貿易史の研究』）。この遣明船については『戊子入明記』（応仁二年、正使天与清啓、『続史籍集覧第一巻』所収）に準備状況がうかがえるので、山名氏の関与の様子を見よう。

明皇帝への献上物に馬十疋が用意されたが、山名殿（持豊）・山名兵部少輔（政清）が一色氏・土岐氏・細川氏・京極氏・六角氏・畠山氏とともに負担している。硫黄は大友氏・島津氏が、銅は備中守護（細川勝久）が負担した。銅を負担するはずであった山名持豊と同兵部少輔（山名政清）は今回は無沙汰であったという。また瀬戸内から北九州方面の守護や武士には、対馬まで積荷を運ぶ船を警固するよう、幕府から命令が出されたが、芸州守護方（山名持豊）・備後国守護方（同）播磨国守護方（同）にも出されていた。

兵庫を出た遣明船は尾道にて休息し、物資を積み込んだが、ここでは守護方（山名持豊）から引き船が出された。遣明船が二本木《にほんぎ》に着くと、そこから曳航したのである。

こうして山名氏とくに持豊は、遣明船のスポンサーにはなっていないが、様々な場面で関与していた。遣明船の長い航行期間中に必要な物資は相当なものであろうが、それを各所で調達した。その一つが尾道と見てまちがいなかろう。

交通の要衝、尾道

尾道は備後国衙の所在地である。守護山名持豊の守護所もここに置かれた。それだけに尾道は山名氏の山陽・瀬戸内支配の拠点となっていたと考えられるが、応永八年に山名時熙が高野山領太田庄を代官請して以来、太田庄の倉敷が尾道に置かれた。尾道は内陸部との交通の要衝でもあったのである。

尾道の西国寺《さいごくじ》は山名持豊によって再興された。その時の寄付者を整理した帳面が残っており、『広島県史中世』が解説している。この造営には山名氏関係者が多く参加している。

持豊（花押）　閻魔堂再興御願主　百貫文例年寄附

源日壽丸（花押）　釈迦堂御再興也　灯明領貳百貫例年

〈山名次郎殿〉教時（花押）　護摩所再興　例稔五十貫御寄附

目壽丸殿御母儀　客殿雑舎等御再興也
〈修理大夫殿〉沙弥（花押）　熊野三所権現為御寄附文毎年
〈□門〉煕高（花押）　鐘楼御再興鐘打領三十貫文例年之寄附十二時之役者三人也
越前守頼清（花押）　当年五十貫文御寄附也
〈兵部少輔殿〉教之（花押）　経蔵御建立
〈当国沼隈郡新庄長者〉實秀（花押）　五重塔婆建立寄附銭二十貫文
源信□（花押）　例年五十貫文御寄附也

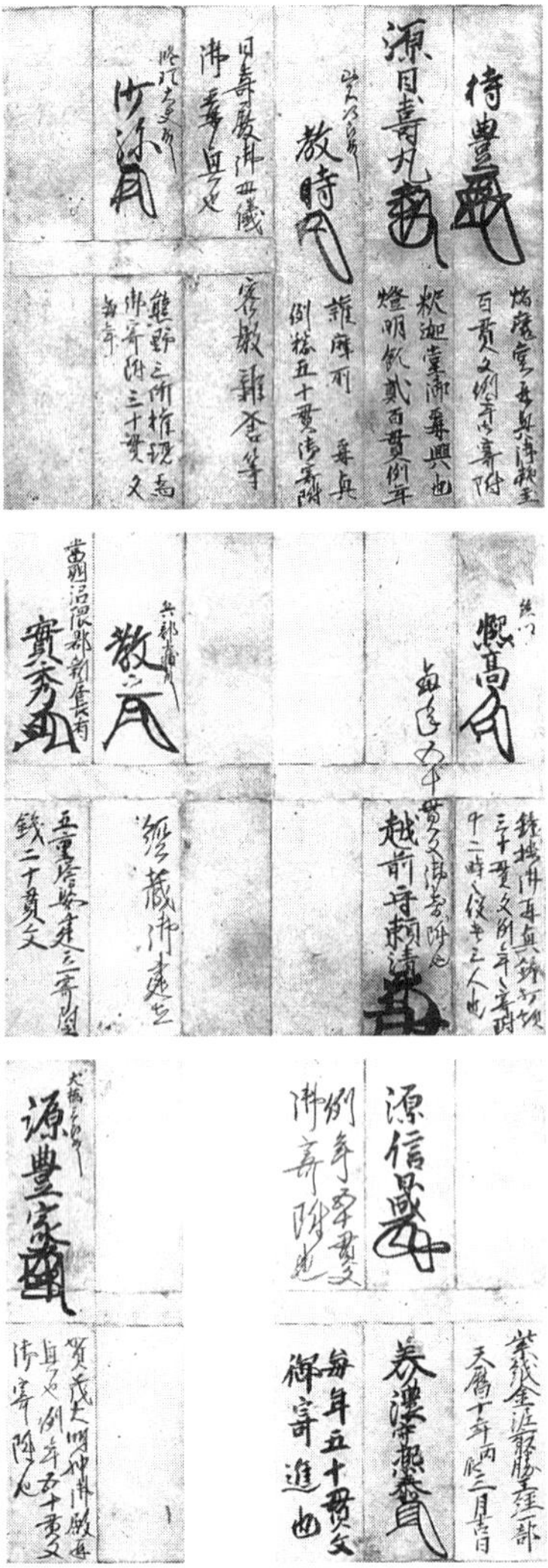

「建立寄付目録」（西国寺蔵）部分

美濃守熙泰（花押） 毎年五十貫文御寄附也
〈犬橋殿〉近江守満泰（花押） 弘法影堂御再興燈明領五十貫御寄附也
〈犬橋三郎殿〉源豊家（花押） 賀茂大明神御殿再興也、例年五十貫文御寄附也
…（以下略）…

ここには多くの山名氏一族、また被官人が見える。持豊、教時（持豊子息カ）、修理大夫教清、熙高（持豊弟）、教之（兵部少輔）が一族である。犬橋近江守満泰は持豊有力被官であり（前述）、美濃守熙泰は大田垣氏または垣屋氏であろう。

こうした山名氏勢力に交って、備後国沼隈《ぬのくま》郡新庄長者の實秀《じっしゅう》が名を連ねている。沼隈郡新庄とは近世の本郷村（福山市）とその周辺に該当するが、古くから銅山があり、江戸初期には生産量を誇るほどであったと言う（『広島県史中世』）。その本郷にはまた長者伝説も伝わっていて、この長者實秀のような存在が前提にあったようである。室町時代の長者實秀は尾道周辺で銅を調達し、明への船に引き渡す交易をしていたと考えられる。そして山名持豊は備後国守護として尾道を守護所とし、そこでの商業を實秀のような尾道商人を媒介にして、富を得ていたと見られる。

備後国料船で利益

『戊子入明記』には「渡唐船となるべき分」として、十一隻の船を書き上げている。中国まで遣明船に同航する船であろうが、門司の船が三隻（うち二隻は大船で難儀）、周防船四隻、それと備後国々料船四隻である。この備後国の国料船四隻は、尾道の住吉

丸（七百斛《こく》）、鞆《とも》の宮丸（千斛）、院島《いんのしま》（因島）の熊野丸（六百斛）、田島（多島）の宮丸（七百斛）であった。大船と言われたのが二千斛前後であるので、六百～千斛の船は中規模・小規模の船と見られる。尾道と周辺の湊（鞆・因島・多島）を拠点として、瀬戸内海運に活躍する船であろう。

尾道などに籍をおく船は、国料船と言われたように、本来は国衙所に属して、国衙領の税を運輸したのであろうが、室町時代には様々な運送で利益を上げていた。備後国料船の住吉丸は畿内への荷を載せて摂津兵庫港に入港していた。兵庫は遣明船の出発港でもあるが、九州・西国からの船荷が畿内に届くには、通過すべき港であった。文安四年（一四四七）六月、兵庫関務を管理する興福寺は、ここでの関税を免除されようとする東大寺と山名持豊の動きに当面した。東大寺は幕府奉行人を動かして工作してきたので、関税免除となった。一方の山名持豊は「備後国料船住吉丸」が兵庫関を勘過《かんか》（税を払うことなく通過する）できるよう要求したが、興福寺側からの今年は寺院の造り替えの時期なので、免除できない旨の強い主張に折れて、関役（税）を負担することで決着した。

備後国料船の負担する兵庫関役が、具体的にどれほどか不明であるが、少なくないであろう。この年は関役を負担することとなったが、免除の時もあったかと思う。免除・課税をめぐり、兵庫関の現地では紛争が生じやすい。寛正四年には兵庫関に持豊被官人の犬橋某が駐在しているが（同年二月七日太田庄年貢勘録状、金剛峯寺文書）、これも兵庫関への山名持豊の関与を示している。

高野山年貢の運輸

尾道の国料船は、高野山領太田庄の年貢輸送をも担当していたので、高野山に近い港である和泉国堺にも入った。堺からは陸路、橋本を経て高野山上まで運ばれた。高野山に送られた備後国太田庄の年貢に関する記録によると、堺まで年貢を輸送してきた船の嘉吉元年・二年分は次のようになる（嘉吉三年・四年分の記載もあるが、略す）。

嘉吉元年

尾道土堂ともの太郎衛門方船　尾道堂崎国料又五郎の舟
尾道土堂三重又三郎舟　尾道御所崎まきつくり次郎四郎舟
尾道土堂祐宗舟　尾道御所左衛門五郎方の舟
尾道御所崎次郎左衛門方船　尾道御所崎千福の船

嘉吉二年

尾道御所崎ひらと衛門四郎方舟　うしまといしわら道幸の舟
尾道土堂太郎衛門舟　尾道土堂ともの太郎衛門方舟
尾道堂崎さむき弥三郎の舟　尾道御所崎彦衛門の船
尾道御所崎千福の船　尾道御所崎次郎左衛門方船
尾道御所崎くした丸左衛門五郎船　尾道御所崎真木造丸
尾道土堂四郎左衛門船　尾道土堂祐宗舟
尾道土堂なかへ六郎次郎船　尾道堂崎国料又五郎の舟

（同じ年に複数回出る船もある）

牛窓《うしまど》の一例を除き、すべて尾道の船である。元年と二年と、両年ともに見える船は（六例）、両年ともに尾道と堺を往復したのであろう。また二年の船は増えるが、その船は元年には違う航路で稼いでいたのであろうか。

「尾道堂崎国料又五郎の舟」は、さきに見た「国料船」であろう。国衙・守護所の支配下にあって海運業で稼いでいる。また嘉吉二年八月に米・大豆三十二石《こく》九斗《と》は六艘の船に指荷をしたが、その荷は住吉丸が積みきれなかった分であったとの注記がみえる（後に抹消）。住吉丸（国料船）も太田庄年貢を堺まで運んでいたのである。

こうしてみると、尾道の廻船業は、国料船住吉丸を中心にしながら、国料船以外の船も増えて、瀬戸内海の東端までを活動範囲にして、展開していた。国料船に近い権利が一般の尾道船に与えられたか不明であるが、山名氏関係の船として各地で扱われたであろう。

第七章　幕府政治と権力闘争

1　宗全退治綸旨の風聞

政争は巷説のなかで進行する。赤松満祐・満政の二人を宗全は綸旨を得て討伐したのであるが、次には宗全討伐の綸旨が出されそうになった。文安四年（一四四七）七月十六日のことであるが、前管領の畠山持国に出された、との噂が流れたのである。

宗全退治の綸旨

宗全は七月四日に父時熙（法名常熙）の十三回忌を南禅寺栖真院にて済ませていた。千貫を施入しての法事であるが、前日には一切経転読があった。そのわずか三日後に宗全討伐綸旨の噂が京都中をかけめぐったのである。噂の出所は不明であるが、山名宗全は急ぎ兵を集め、また畠山側も防戦の構えを敷き、諸大名の軍勢も京都に充満した。結局は綸旨は出ていないことが判明して大事には至らなかったが、京都政界を震えあがらせた。なぜ皆が浮き足立ったか、綸旨が出されたかもしれないと思ったのか。ことの経緯は『建内記』（万里小路時房）に詳しいが、それによれば、以下のようになる。

幕府では加賀守護職をめぐる富樫家内の対立に中分《ちゅうぶん》の決定をしたが、畠山持家に支援された富樫教家《のりいえ》（その子本折）と管領細川勝元の後援のある弟康高《やすたか》との間では争いが継続し、京都にも影響が出ていた。また他のことでも「洛中物騒」と謳歌されて、諸国から牢人が多く集まり乱世のようになっていた。さらに徳政と称して蜂起した土一揆が京都に入りこもうとしていたので、諸大名は四方を固めて、不穏な雰囲気であった。

このような空気のなかで、七月十六日、「山名右衛門督宗峯を治罰すべしという綸旨」が畠山三郎（持国）に成し下された、という噂が広がり、京都はいっそう騒然となる。この噂を『建内記』も「虚説」というが、この日以前からあったらしい。時房も「今日浮説の事あり」といったん書いたのを「近日」に直している。今日、いや前からあった、と思い直している。山名宗全は、一昨日（十四日）にある人からこの噂を告げられ、昨日には飛脚を分国に飛ばして軍勢を召したので、十六日夕方、芝（芝薬師堂付近）の宗全宿所には兵士が数多く集まった。畠山持国と細川勝元も門を閉じて兵士を置いたが、禁中も番

山名宗全邸址（京都市上京区堀川通上立売下ル）

衆が門を警備するまでになった。

時房は噂の本源である綸旨が本当なのか、手を尽くして確かめる努力をした。時房は参内して、同じく参内してきた面々と話し合い、山名追討の綸旨が出されたことはないとの確信を得た。その上で、時房は勅使を管領（細川勝元）のもとに立てて、山名治罰綸旨が虚説であると連絡するよう提案した。幕府の主《あるじ》たる室町殿が少年であるから、管領に連絡させたのである。虚説であるとの知らせを受けた管領（細川勝元）は使者二人を山名宗全と室町殿（足利義成）に送り、落ち着いた。

虚説渦巻く京都

この綸旨は浮説、虚説であることが判明したが、判明するには万里小路時房らの奔走があった。もしそれがなければ、虚説に動かされて、山名討伐の戦が実際に展開していたであろう。十六日夜には洛中で兵乱があり山名が没落したとの浮説が、依然として河東（鴨川東）では続いていた。驚いた人物が時房のもとに馳せ来て、無為に静謐したとのことを知り安堵している。京都政界は虚実の混じった情報に動かされやすい。

時房が記すところでは、先年の播磨の乱の時（嘉吉元年のことカ）山名を退治すべきという綸旨が「大河内」に出されたという浮説があったが、これは柏真（心）和尚の詐偽であったという。また京都の義教と関東の持氏が対立したとき、後小松上皇は存知しないと時房・満済に仰せられたが、それを義教はたいそう喜んだ。また小倉宮（聖承《せいしょう》）が伊勢国司（北畠満雅）のもとから出した下知状を院宣と誤認していたが直ぐに落居したという。

政治的収拾

この虚説・風聞を押さえ込んだのは万里小路時房たちであった。『康富記』七月十六日条では、禁中の沙汰にて綸旨は存知しないことを確認し、虚説であることを中山定《さだ》親《ちか》（伝奏）と松木宗継《むねつぐ》（大納言）が管領（細川勝元）に仰せ遣わしている。十七日条では、畠山持国（徳峯）が綸旨を受けて諸大名を率いて山名宗全館に押し寄せるとの風聞により、山名方が騒動になったという。そのことを知った万里小路時房と三条実雅は談合し、奏聞したところ、跡形（証拠）のないものであることが分かり、伝奏中山定親や松木宗継・三条公綱《きんつな》が勅使として管領邸・山名邸に赴きその旨を伝えた。これで事態は静謐となった。

風聞の沈静化への動きは万里小路時房と三条実雅との談合から始まった。時房は山名宗全との間で、家領荘園や借財の問題で、頻繁に使者のやり取りをしていたので、山名家側から情報を得ていたのかもしれない。また『康富記』十六日条には、混乱が収まったところで、山名宗全は三人の勅使を訪問し謝礼し、さらに執柄《しっぺい》（一条兼良《かねよし》）邸に参り畏まり入る旨の奏上を依頼したという。朝廷を動かした人々の力量のおかげで、危機を脱したのである。室町殿が幼いとしても、管領細川がいるが、その政治力だけでは事態を改善できなかったのである。山名にとって怖いのは畠山軍そのものよりは、風聞に動かされる大名たち、そこに集まる浮遊的な牢人層である。また風聞がつくりだす京中の世上感情であろう。この風聞・浮説を鎮めた公卿たちの力を宗全は実感したに違いない。

徳政一揆、洛外から洛中へ

山名討伐綸旨の混乱とほぼ同時に、京都周辺には徳政を求める土一揆が迫っていた。この土一揆のもとは五月に大和で起こっていた。春日社造替一国段銭を三分一納入で済そうとする動きが広がり幕府も苦慮していたのであるが、その動きが六月下旬には摂津・河内に伝わり、洛西の嵯峨でも土民が徳政を求めた。六月三十日、幕府は嵯峨大覚寺の坊官井関《いぜき》氏に宛てて嵯峨中での土一揆を防ぐよう、また張本人を罪科に処するよう命じている（今谷・高橋編『室町幕府文書集成上』三二二、今谷明『室町幕府解体過程の研究』）。七月初旬には東寺近辺にも及んだようであるが、同八日には洛中土蔵に攻め入る情勢となった。

この土一揆・徳政一揆が洛外で活況を現し、洛中に進入しようとした時期が、山名討伐綸旨浮説が現れた時期に符合する。幕府・公卿たちは権力争いをしていては土一揆に対応できない。中断する必要が高まったのである。

七月十九日には、西岡の土民は一揆を起こし東寺に籠もり、七条油小路（七条土倉）に発向しているが、幕府は近江六角氏をも上京させて鎮圧に乗り出した。二十四日には管領軍は鳥羽にて土一揆を退治して一応は沈静した。ただ重大な事態も判明した。土一揆の根拠地となったのは西岡であるが、その輩には「畠山被官人」が多くいた。そのため西岡を攻撃する管領軍も畠山軍との衝突となることを避けるため、西岡の地まで入っての鎮圧は取りやめたという（今谷前掲書）。畠山持国の被官が西岡に多く入り込んでいたのである。畠山被官のなかには西岡の田を買得した者もいたであろう。また畠山の旧被官にはここに潜んでいた者もあろう。これらが徳政を求める土一揆に加わっていたのである。

こうした畠山被官層のなかには、なんらかの理由で京都の世上が不安となり、乱世になるのを期待する向きもあったかもしれない。宗全退治綸旨の出所は不明だが、浮説であっても、それに乗じようとする人々は多くいた。浮説を待ち望んでいた、とも言えよう。

2 山名宗全の但馬隠居と復活

将軍義政の元服・右大将拝賀

宝徳元年（一四四九）四月十六日、足利義成（義政）は十三歳で元服し将軍職に就いた。加冠役は管領武蔵守細川勝元、理髪役は細川民部大輔、その他の役もみな細川氏が務めた。この日から三日のあいだ椀飯が催されたが、一日目は管領細川勝元が、二日目は畠山家の次男（義夏〈義就〉）が、三日目は斯波民部少輔が沙汰した。いずれも三管領の家柄である。椀飯が終わると、大名・近習さらに公家衆が参賀に室町殿を訪問した。こうして将軍義成の元服は管領層の政治的力量に依存して進められたが、畠山家では惣領持国に替わって次男（義夏）が務めたが、その次男はこの時に、元服したばかりの義成から一字を拝領し、義夏と名乗ることとなった（『康富記』）。後の義就である。

こののち十月には、管領は細川勝元から畠山持国に替わったが、享徳二年（一四五三）十一月には再び細川勝元となった。勝元はこの後管領を、応仁の乱の直前の、寛正五年（一四六四）まで約十一年間続ける。この時期、幕府の政治は、在京の有力大名たちの軍事的・財政的力量を背景にした管領勝元の主導するところであった。

だが将軍義政もやがて管領主導政治に自己の見識を主張するようになる。享徳二年五月、管領勝元は上意（将軍義政）を伺うことなく伊予国守護職につき成敗するなど、我が成敗を幕府命令として下すことが連続していると、将軍が咎めた。それに対して勝元は不満の意を管領職辞退という形で表現したという（『康富記』）。この記事は「義政の意志が幕政上に顕在化する萌芽」と見られる（百瀬今朝雄「応仁・文明の乱」）。この時、将軍は十七歳になっており、少年からは脱する年齢である。一方の細川勝元もそれなら管領職を離れる（私が管領をやめたらどうなるか分かっているのか）と威している。結局は、管領職を続けているので、両者の妥協がなったのであろうが、以後の幕府政治は将軍と管領の主導権争いともなってゆく。

足利義政
（国宝。東京国立博物館蔵／Image：TNM Image Archives）

義政はやがて康正二年（一四五六）右大将に任じられ、七月には再建なった内裏にて拝賀儀式が行われた。義政は嘉吉三年に焼かれた内裏を幕府負担の費用で造営したのであるが、その費用調達には段銭・国役という方式を採用した。その方式は政所奉行頭人の伊勢貞親が主導したという。ここに将軍権力に直属する政所頭人が幕政を支えるところとなり、幕政が将軍の意向に左右される傾向を強める。管領主導から将軍専制へと幕府政治の移行が明確となった（早島大祐『首都の経済と室町幕府』）ともいわれるが、両者が拮抗するようになった。

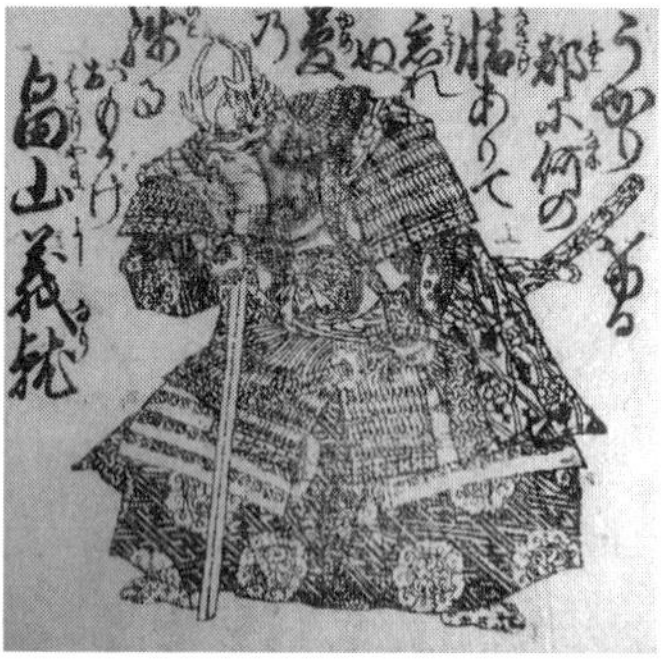

畠山義就
（『続英雄百人一首』国文学研究資料館蔵，より）

畠山家の後継問題と細川・山名

管領家として幕府に畠山家の政治的位置を確立した畠山持国は、惣領職を次世代に譲る計画を進めていた。持国は義夏（義就）に譲ることとし、将軍にも承認された。義就は文安五年に元服し、翌宝徳元年の将軍義成元服では椀飯を沙汰したことはすでに述べたところである。ただ畠山氏家臣には義就とは別の人物を惣領に据えようとする動きが、この後も起こる。

享徳三年（一四五四）四月三日、畠山家で義就を倒す陰謀が発覚した。神保《じんぼ》越中守は一族とともに京都に宿所を持ち、家臣のなかでも力をもっていた。その神保氏が陰謀を企てたとのことでまず神保次良左衛門《じろうざえもん》が畠山屋形で切腹させられ、遊佐氏らに攻められた神保越中守宿所は放火され、父子三人が討ち死にとなった。遊佐氏らは、畠山氏でも尾張守（持富）の子である弥三郎（政長《まさなが》の兄）を惣領に立てることを企てていた。

畠山家では、弥三郎もその夜京都から没落した（『師郷記』）。惣領の義就は同五日に将軍御所に参じてその地位を確保したが、義就父持国は「没落」したと言われている。激しい交戦のなかで持国も一時は京都を離れたものと思われる。

このことが八月に新たな展開を迎える。京都では、混乱した畠山家の家人が本家を離れて細川氏や山名氏に隠れこんでいた。また京都を脱した弥三郎は細川勝元に扶持されていた。こうしたことで、畠山持国と細川・山名両氏との間に不穏な空気が漂ったのである。

八月二十一日には世上物騒により、幕府御所は防禦の態勢が取られた。御所東面は山名相模守（教之）が固め、西面は武田勢が固めたが、細川勝元・山名宗全は不参であった。畠山家での対立が激化し合戦になろうとしていたのである。混乱の中で、徳本（畠山持国）は一族の匠作《しょうさく》（畠山修理大夫）の亭に入って難を凌いだが、現惣領の伊予守（義就）は山名相模守教之亭に落ち着こうとしたが拒まれて遊佐河内亭に入った。二十二日徳本は建仁寺に入り、跡目（惣領）は弥三郎が相続することとし、将軍にお目見えもさせた。徳本は現惣領義就をしりぞけて弥三郎に惣領を託す計略であったと思われる。しかも屋形に帰った徳本は同二十九日に弥三郎を迎えている。後に宗全が勝元とともに弥三郎を扶持したと言っているので、この間二人は弥三郎を立てる裏工作をしていたものと思われる。

それから三ヶ月の後十一月二十七日に、徳本が弥三郎と義就（右衛門佐）の二人をともない、公方（将軍）御前に出仕した（『康富記』）。弥三郎と義就の跡目争いを休止し、徳本は両者とともに義政の前に参じたのである。この間義就は、伊賀に逃れていたのを義政が上洛させたとも言われる（『師郷記』）。この妥協を仕組んだのは管領細川勝元であろうか。ただこの妥協も一時的なものであり、翌年には弥三郎は京都から没落した。

畠山家の激しい家中騒動のなか、山名宗全は将軍義政に敵視され、退治命令が諸大名に出された。同十一月二日である。後々の経緯から見ると、宗全は畠山家跡目相続に関して、弥三郎（尾張守持富《もちとみ》の子）を押していたようである。この直後に宗全は十二月に但馬下国となるが、畠山弥三郎も京都から離れていて、長禄三年六月頃に死去する（その後の畠山家の争いは、弥三郎の弟の政長と義就との間で展開する）。この期間の宗全と弥三郎の交信はなかったようである（この「弥三郎」を政長に比定するのが一九七〇年代までの通説であったが、今谷明「河内錯乱」はそれを否定して、その兄にあたる人物であることを最近の研究で解明した）。

宗全退治の御教書

十一月二日、将軍義政は突如、山名宗全退治を決めた。その日、人々は洛中を東西に走る騒動となり、室町殿には軍勢が馳せ参じた。義政は内裏（天皇）を室町殿に、さらに鹿谷《ししだに》に移す計画をたて、自らも東山（若王子《にゃくおうじ》）に動くつもりであった。山名退治の綸旨も要請しようとした。大変な騒動になろうとしたが、討手に命じられた大名たちが辞退し、管領細川勝元は法勝寺方面に姿をくらました。

翌朝管領勝元は屋形に帰り、室町殿に参じて、山名のことを宥免するよう、将軍に要請した。室町御所には軍勢が集まり物騒な空気が充満していたが、将軍と管領は「山名入道を隠居させる」ということで妥協した（『師郷記』）。

この時、義政は山名退治の綸旨を要請したが、みずからも退治を命じる御教書を出している。最近発行された肥後細川家伝来の史料集（『細川家文書二』）に見える。

山名右衛門督入道宗峯退治の事、不日彼所に馳せむかい、戦功を抽きんずれば、恩賞あるべき也、

十一月三日　　　　　　　　　　　　（花押）（義政）

細川弥九郎殿

（読み下し文）

細川弥九郎（常有《つねあり》）は細川一族のなかでは和泉守護の家柄にあり、祖父持有《もちあり》・父教春《のりはる》の跡を継承して、この時の和泉国守護であった。他に典厩家持賢や讃岐家久之（成之）がいたが、彼らには宗全退治の御教書は出されていないようである。

宗全の但馬下国

翌四日、山名宗全は叛逆の意志はないとの誓約書を出したが、赤松彦五郎（則《のり》尚《なお》）が播磨を拝領し下国したとの噂が流れた。これに怒った宗全が室町殿に押しかけたとの荒説が飛び、大きな戦乱に展開しそうになった。だが管領細川や諸大名の努力により、なんとか落ち着いた（『康富記』）。十一月二十日には将軍から管領に仰せが出て、世間物騒が無為（安穏）になった、という（同）。その結果、十二月三日は山名家では宗全に替わって、弾正少弼父子（教豊・政豊）が幕府に出仕し、六日には宗全が百騎をともない但馬に下国した（『師郷記』）。この時宗全は五十歳であり、壮年の盛りであった。

宗全は事の展開によっては、討伐対象となり、滅亡することにもなりかねなかった。かつての赤松満祐の例があるが、その可能性も大きかった。将軍義政が赤松彦五郎に播磨を与えたとの噂に激怒して、将軍御所に一目散に押しかけようとしたというのも、彼の激情からしてありそうなことである。赤松彦五郎の播磨下向は実際にあったらしく、十一月二十日頃には播磨で赤松と山名の間で合戦が起こり、山名方が多く討たれたという（『師郷記』）。宗全激怒の原因は実在したのであるが、京都でその行動を起こせば、将軍との武力衝突となり、滅亡する危機に陥る。

これを押さえたのが、管領細川勝元であり、諸大名たちであった。諸大名の具体的な名前は不明だが、斯波・一色・武田などの有力大名であろう。管領細川は、将軍が禁裏を巻きこんだ行動に出ようとしたところ、姿をくらまして、その日の計画をあきらめさせた。さらに宗全には誓約書（告文）を書かせ、引退させ、替わりに子息是豊を出仕させることとして、「但馬下国」というところで将軍との妥協を図った。勝元は宗全の聟であるが、それ以上に考えたのは、将軍と宗全との武力衝突になれば幕府体制が根本から動揺することであろう。勝元の政治工作が功を奏したのであるが、三年後の宗全京都復帰も勝元の計らいがあった。

但馬での仏事

前述したように、康正元年（一四五五）十月十七日に亡母（山名氏清の娘で時熙の妻）の十七回忌を「西光精舎」（西光寺）で営んだ（片岡孏樹「守護山名氏とその但馬の在所」）。西光寺は九日市（豊岡市）にあり、但馬国守護所に近い（図4参照）。父時熙以来の山名氏根拠地に建てられている西光寺は菩提所の性格を持っていたであろう。ここで亡母十七年忌を催したのである。その時のことを記述した『蟬庵稿』には、「無染大姉は姉女形相を稟けるも丈夫の肝腸《きもはらわた》有り」と書かれる。亡母は女でも肝のすわった、物事に動じない気風であったと言う。宗全はこの母の血筋を改めて意識したにちがいない。

赤松則尚の動き

宗全の但馬下国となった事情には赤松氏が絡んでいる。嘉吉の赤松満祐討伐以来、宗全にとって赤松問題は気の抜けない問題であった。赤松氏側も何とか幕府復帰を果たし、赤松家再興を図ろうとしていた。文安五年（一四四八）九月、赤松彦五郎は細川讃州持常に接近して、播磨など三ヶ国を与えられることとなったが、山名宗全は従わなかった。そのため十二月には宗全と持常の間で確執が起こったが、周囲の調停で事なきを得た。だがこの赤松彦五郎は将軍に近づき、復活を求めて動く。

赤松氏では満祐系の直系のほとんどが失われたが、この彦五郎は満祐弟の祐尚《すけなお》系（常陸系）系であった。赤松系図（『続群書類従』）には、満祐の弟に祐尚を記し、「常陸介」と注記する。そしてその子として則尚を記し「彦五郎」と注記する。軍記『赤松記』は「満祐の弟常陸守祐之の子息彦五郎則尚」と書くが、その「祐之」は祐久（祐尚）の誤記であろう。

┌満祐――教康（彦二郎）
└祐尚（常陸介）――則尚（彦五郎）

宗全の下国が決まった直後の十一月四日（享徳三年）に播磨に下向した赤松彦五郎（則尚）という人物がいるが（『康富記』）、この人物が祐尚の子息とみてよい。同じ事件を『齋藤基恒日記』は十一月三日のこととするが、「三日、赤松常陸彦五郎、元家之舎弟、有馬小次郎以下播州に没落し了んぬ、金吾

（山名宗全）御退治事成らざるによる也」と記述している。赤松常陸彦五郎と有馬小次郎が宗全退治未遂に終わり播磨に下向したのである。齋藤基恒も室町幕府の職員であるから、信頼性の高い史料と受け止められる。

齋藤基恒は赤松兄弟の宗全攻撃未遂を「御退治」と記して、将軍義政からの支持を受けた行動であった旨を記す。赤松兄弟は将軍に接近して山名氏追い落としを狙っていたのである。このうち有馬氏一族の動きが直前に見られた。

『康富記』同年（享徳三）十月五日には「今夜赤松民部少輔有間（馬）と号す、室町殿より退出の時、小川辺において狼藉者に逢い疵を被る、召し具す者少々疵を被る、希有にも存命と云々、今夜は私宅に住まず他所にあり、用心の故か」と記している。赤松有馬民部少輔は将軍御所から私宅への帰り道で狼藉に逢い、供の者とともに疵を受けた。場所は小川であるが、此処は室町殿の西に少し離れた所である。赤松有馬民部少輔は、先の有馬小次郎とは別人かと思われるが、有馬を名字としており、同族であろう。彼らは京都に宿所を構え、赤松家再興をめざし、将軍に接触していたのである。この赤松有馬民部少輔を襲った狼藉者は、おそらくは、赤松氏を目の敵にしている山名氏の従者であろう。将軍義政が十一月二日に突然に宗全退治を諸大名に命じた直接のきっかけは、この十月五日の事件であろう。

この十月五日から十一月二日の間には、畠山家督継嗣をめぐる管領細川勝元の調整なども続いており、様々な力が働いたように思われる。『赤松再興記』は、「慈照院殿御時、享徳三年甲戌山名右金吾入道宗全上意ニ違事アリ、此時節ヲ幸トシ彦五郎則尚〈赤松常陸介秋之子〉頻ニ細川讃州ヲ憑テ赦免之事ヲ歎訴ス、言上相叶テ先非御赦免アリ、不日ニ出仕ス、赤松譜代ノ牢人等相共ニ播州へ下向ス」と記述する。宗全退治にことよせての赤松家名誉挽回（赦免）は細川讃州を仲介に進められたのである。細川讃岐守とは讃岐守護持常の猶子で讃岐守護を継承していた成之であろう（『康富記』）。細川本家とは別筋であるが、細川讃州家を頼りに将軍に接近したのである。細川讃州家は嘉吉の満祐討伐の時も、持常が摂津口から攻めたが、赤松氏に対して融和的な方針をとっていた。

山名教豊の但馬下向

山名氏では、播磨に下向した赤松彦五郎を警戒し、討ち果たそうとする。播磨では旧赤松家の牢人が気勢を上げつつあった。「赤松譜代ノ牢人等相共ニ播州へ下向ス」と言われたように（『赤松再興記』）、京都に隠れていた赤松譜代の家臣（牢人）たちも下向したのであり、播磨で集合していた。十一月二十四日には揖西《いっさい》郡平位《ひらい》要害《ようがい》で山名方の田総《たぶさ》信濃守時里《ときさと》は赤松方と合戦し、被官人とともに疵を被った。この時には山名教豊が感状を出した（田総文書）。教豊はこの時も一時的に播磨に出張したものと思われる。こうした事態に、但馬に下っていた宗全は容易ならないものと感じ取り、赤松退治に向かう。ただ今度は嘉吉と違う。嘉吉では赤松は幕府の敵であり、朝敵であったが、今度の赤松彦五郎はそうでない。だが宗全の但馬下国となるきっかけを作った人物であり、もはや我慢がならないというものであろう。だが下手をすれば将軍の怒りを買うのであり、そうさせない工作が必要であった。京都にいる子息たちと連絡をとったに違いない。

年が明けて（享徳四）しばらくして、四月末に、まず教豊（弾正少弼）が但馬に下国した。『康富記』

によれば、四月二十六日に山名弾正少弼教豊が但馬に下国する予定であったが、公方（義政）に止められたという。それでもついに「御暇を申し」（将軍に暇をもらうことを申し出て）二十八日に下国のため京都を発った。将軍も許したのであるが、『康富記』は、教豊勢の出発を細川京兆（勝元）が見送りに出た、と記す。細川勝元は山名教豊の出立に賛成したのである。将軍も細川勝元も、山名と赤松に合戦が始まると予想している。一方に将軍が教豊の下国に反対したのは、教豊を迎える宗全が強力となり、赤松家を滅ぼす勢いになると思ったのであろう。他方の勝元は、教豊の但馬下向は避けられないとの認識のもと、下国する教豊に宗全の暴走を止めることを期待したものと思われる。赤松家滅亡とならないよう、屈服させる形で終息させるよう含めたのであろう。

四月二十八日に京都を発った山名教豊は、八月二十七日には帰京した。『斎藤基恒日記』は「四月廿八日、…山名霜臺（弾正少弼）教豊は赤松常陸以下退治のため進発す、同年八月廿七日帰洛す」と書いており、山名教豊が四ヶ月後の八月末には京都に凱旋したことを記している。この間の経緯については良質の史料がなく不明とするしかないが、少し複雑なようである。合戦の様子は『赤松再興記』に次のように叙述される。

翌年（享徳四年）亥五月山名方播州へ出張、赤松方壇徳山ノ城ニコモル、亦山名弾正忠ガ室山ノ城ニ籠シヲ赤松方攻之、此時宗全後巻スルヲ聞テ室山ノ寄手等退散ス、壇徳山ニ籠シ勢モ引退ニ依テ、彦五郎勢力尽テ備前へ落行終自害ス、赤松側は「壇徳山《だんとくさん》ノ城」に籠もっており、「室山ノ城」にいた山名弾正忠を攻めていた。そこへ宗全が五月に但馬から出兵して、室山城を攻める赤松勢を背後から攻撃した（後巻《ごまき》にした）のである。赤松勢は山名宗全と山名弾正忠に挟み撃ちされる形となり、敗れてしまい、壇徳山城に籠もっていた軍勢も引き上げてしまった。

ここに出てくる壇徳山城は姫路市と太子《たいし》町との境界にあり、朝日山と連なる山城である。また室山城はたつの市御津《みつ》山《やま》の海沿いの城である。ここで敗れた彦五郎は力尽きてしまい、備前に落ち、自害したという（『嘉吉記』では自害の地を備前カクイ嶋とする）。赤松氏の有力系統がここで亡んだのである。

赤松彦五郎（則尚）を自害させたのは山名宗全の攻撃である。宗全の出陣はここでも彦五郎討滅を導いている。宗全は彦五郎との政治的妥協で終わらせなかった。この合戦での宗全の徹底した姿勢を「山名金吾攻ルトテナラズト云コトナク、戦トシテ勝タズト云事ナシ」と述べる軍記もあるように（『嘉吉記』）、宗全の赤松攻めは緩みがなかった。

宗全とともに赤松軍と戦った山名弾正忠は『嘉吉記』では「子息弾正忠政豊」とされるが、この後の河内合戦で活躍する弾正忠是豊に比定すべきであろう。是豊は宗全の子であるが、教豊の弟にあたる。その是豊が播磨の室山城に入っていたのであり、そこで壇徳山城に拠っていた赤松彦五郎則尚と対峙していた。

但馬に下向したはずの山名教豊（弾正少弼）はどうしていたのであろうか。享徳四年六月には播磨国では大部庄を含む広い範囲では守護代垣屋熙続の代官が兵粮米を徴収している（『大日本古文書東大寺文書十八』)。この時の播磨国守護は山名教豊であるから、この兵粮米調達は教豊の守護権の発動であろう。この時の兵粮米調達は各郡に代官を入れて行っており、五月に始まった合戦のための物資を確保している。実際に赤松軍と戦っているのは宗全と是豊であるが、教豊も播磨守護の立場から支援しているのである。ただ現地で兵粮確保の指揮をしているのは垣屋熙続であり、守護代としての権限である。この垣屋熙続は宗全父時熙以来の山名家被官であり、宗全側近であった(前述)。教豊自身は但馬に下った後、但馬と播磨を往復していたであろう。また京都の管領細川と連絡をとっていたであろう。

宗全の帰京

赤松彦五郎滅亡から三年後、山名宗全が京都に戻った。この三年間は「ソノ身政務ニカカワラズ」(『嘉吉記』)という状況であった。幕府政治に参与していなかったということであるが、但馬に蟄居したままであった。将軍や管領が彼の上洛を望まなかったからであるが、とくに管領細川勝元は赤松彦五郎則尚自害という結果に不満であったに違いない。そのため宗全上洛許可を求める動きが起こらなかった。播磨への出兵が宗全の帰京を遅らせたのである。それが長禄二年(一四五八)六月、勝元は宗全のもとに使者三人を派遣して、将軍の御免が出ると伝えた。

長禄二年は政治情勢が大きく動いていた。一月には将軍義政の弟の足利政知《まさとも》が関東に下った。関東公方の足利成氏《しげうじ》は享徳三年に関東管領上杉憲忠《のりただ》を誘殺して京都将軍との対立姿勢を明確にしていたが、幕府方の上杉顕定《あきさだ》は康正二年(一四五六)に越後から鎌倉に入り、関東管領に就いた。関東では公方(成氏)方と管領(顕定)方の対立構図が復活したのであるが、この状況のなかで幕府管領細川勝元は康正二年末に将軍弟（政知）の関東派遣の方針を固め、翌年（康正三年）早々に将軍義政がこれを決めた。足利政知の京都出発は二月二十四日であった。将軍と管領細川が仕組んだ策に乗せられ関東に向けて出発したのであるが、政知は伊豆の堀越《ほりこし》（静岡県伊豆の国市）に落ち着いた。到着した月日は明確でないが、五月から八月の間と考証されている（百瀬今朝雄「鎌倉府の没落」）。

また将軍義政は七月二十五日に内大臣に任じられた。前月の二十六日には任大臣の宣旨を得ていたが、この日には大いに喜び、久しく絶えていた大饗を行った。廷臣たちは幕府に参賀して、新しい政治の出発を祝った。内大臣に任じられる話は六月初旬には始まっていたであろう。

こうした六月からの情勢のなかで、山名宗全の上洛が許されたのである。管領細川勝元が動いていた。このことを記す『経覚私要抄《きょうかくしようしょう》』（六月十九日条）の記事の概要は次のようになる。六月十四日に管領（細川勝元）の使者が山名宗全の許に派遣され、将軍から御免の仰せが出されたので急ぎ上洛してほしいとと伝えると、宗全は畏まりながら承知し、今月中に上洛すると言った。宗全が、この使者を心待ちにしていたことがうかがわれる。使者はもう一つのことを伝達した。畠山弥三郎のことであある。弥三郎には河内か紀伊かは分からないが、一国の守護職が将軍から与えられるだろう、だから弥三郎と一緒に上洛してほしい、との管領の要請である。これに対して宗全は、「弥三郎のことは以前皆さんと申し合わせて扶持を加えたが、今は彼がどこにいるか知りません、ただ弥三郎被官が播磨に身を隠していると聞いていますので、もし尋ね出すことができたら召し出して行きます」と返事をした。

宗全は将軍の上洛許可を聞きながら、畠山弥三郎とは最近連絡を取っていないことを述べている。

そして「弥三郎の事、以前は面面と申し合わせるの間、一段と扶持を加えると雖も、当時の事は在所等存知せず…」と言っている。このうち「以前」というのは、宗全但馬下国直前の畠山家の跡目争いでのことであろう。宗全は「面々」とともに弥三郎を扶持（支援）していた、と言っている。細川勝元使者に言っているのだから、勝元とともに弥三郎を支援してきた、という意味であろう。でも今はどこにいるかも知らないという。ただ弥三郎被官人が播磨に隠れているらしいことは聞いている。宗全に使者を送った細川勝元には、没落している畠山弥三郎も復帰させる意図があった。

八月九日、上洛していた山名宗全は幕府に出仕した。この日、幕府では内大臣となった義政の御判始めが行われた。公家・武家の多くが参拝し、そこに宗全も出仕したのである（「在盛記」）。宗全は、六月中の上洛を約束していたが、将軍への参賀は八月になったのである。ただし畠山弥三郎が同時に上洛したかは不明である。

将軍御所造営を沙汰する

五十四歳にして幕政に復帰した山名宗全が最初に果たした役は、将軍御所造営事業であった。すでにこの年の閏正月十一日には将軍新邸の造作が開始され、広隆寺杉を切ったところ、将軍が俄《にわか》に病となり、中断していた。

これが十一月に再開されたのである。十一月二十七日、内大臣・将軍の義政は「花所御造作事」を管領（細川勝元）に命じた。管領が再開を打診していたのであろう。そしてこの上御所造作の惣奉行を山名金吾入道（宗全）と畠山匠作（義忠《よしただ》）が担当することとなった。この両人となったのは「永享三年の例に任せて」と言われる（「在盛記」十一月廿七日）。永享三年には山名時熙と畠山満国が担当したのを前例としているが、この例を用いることを進言したのも管領細川であろう。

この上御所造営の進行を表にしてみよう。

表4　長禄二〜三年幕府上御所造営事業

長禄二年十一月二十七日	上御所造営の惣奉行に山名宗全と畠山義忠を命じる（在盛記）
長禄三年二月二十二日	上御所立柱、上棟（『蔭凉軒日録』）
四月十八日	相国寺観音殿を室町新邸に移す（『蔭凉軒日録』）
十月二十六日	新第移徙の費用を五山僧徒に借りることを決める（『蔭凉軒日録』）
十一月四日	新邸にて鎮宅法を室町行う（「修法部類記」）
十一月十二日	上御所御移徙後の相伴衆は二十二日に参賀すべしと命じられる（『蔭凉軒日録』）
十一月十五日	義政、方忌を細川持賢邸に避ける（『蔭凉軒目録』）
十一月十六日	室町新邸に移る（『蔭凉軒目録』）
十一月十七日	御移徙につき大名に三日間出仕を命じる（『蔭凉軒目録』）
十一月二十二日	新邸にて沙汰始め（『蔭凉軒目録』）

この上御所造営事業は、長禄二年十一月二十七日に山名宗全・畠山義忠を惣奉行に任命して再開されてから、完成までに一年間余の日時をかけている。問題となるのは造営費用であるが、惣奉行はそ

れをどのように調達しようとしたか、不明である。ただ永享三年は有力大名に負担させるやり方だったので、それを踏襲しようとしたであろう。それがうまく運んでいるか不明であるが、事業が遅れ気味なことが不調をうかがわせる。

また完成が日程にのぼってきた十月二十六日には御移徙《わたまし》（引っ越し）費用を五山寺院から借りることを決めている。幕府はそれを二千貫と見込んで、「五山知事中」に借用することを決めたが、実際の借用は伊勢兵庫守・松田丹後守（秀興カ）・飯尾加賀守（之清《これきよ》）・飯尾左衛門大夫（之種《これたね》）に命じられた（『蔭凉軒日録』）。この四人が五山禅宗寺院に出向き、そこの実務担当者（知事）から借用するのである。この四人の人物はこの頃、将軍義政を支える幕府奉行人として見えるので、費用調達は将軍権力直属の人々によって推進されたと言えよう。十二月二十八日には新御所に持仏堂を造作する費用を集めるのに、相国寺も二百文負担することとなったが、これも伊勢兵庫守が将軍から命じられて実行している（『蔭凉軒日録』）。将軍上御所造作と移徙は実行過程に入り、管領・有力大名が推進するのでなく、将軍直属の奉行人が主導するところとなった。

3　河内嶽山合戦と山名是豊

畠山義就の失脚

畠山持国が康正元年（一四五五）三月二十六日に死去した。すでに子息義就（初め義夏、伊予守）が幕府に出仕していたが、畠山家督をめぐる争いが再燃した。前述したように、畠山家臣のなかには義就反対派がいて、弥三郎（持国弟持富の子息）を担ぐ動きが続いていた。また将軍義政も近仕させていた義就を長禄三年（一四五九）七月には疎んじるようになり、反義就派が活気づいた。翌年（長禄四、寛正元、一四六〇）、義就は守護国の一つである紀伊で根来《ねごろ》寺僧兵と衝突する事件が起こり、六月に紀伊守護の畠山義就は大軍を派遣した。

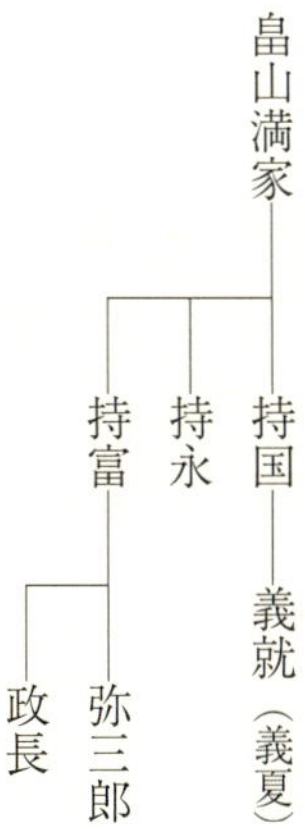

この直後の九月十六日、将軍義政は畠山義就に隠居を命じた。この後の経緯は幕府奉行人摂津之親の『長禄四年記』に記されているが、この日記を丁寧に翻刻解説した設楽薫「室町幕府評定衆摂津之親の日記「長禄四年記」の研究」を頼りに述べてみよう。義就を隠居させるとの上意は、伊勢貞親の宿所に義就家臣の誉田《ほんだ》三川入道・遊佐弾正を呼び出して申しつけられた。誉田・遊佐は撤回を嘆願したが、聞き入れられず、京都の屋形や内者（被官人）も「次郎」に渡すよう命じられた。畠山家跡目を継承することとなった「次郎」という人物は「尾張次郎」（政長）とは別人である、と考えられる。ただ『大乗院寺社雑事記』九月十七日条では、義就が開いた屋形はすぐに「二郎政長」に給付されたた

と記述されていて、二郎（次郎）と尾張次郎との区別はない。奉行人として幕府内情に詳しい摂津之親の記述を優先して解釈すべきであろう。

隠居する義就は分国に下向することとなったが、遅々としていた。京都には大名の軍勢が集まり、不穏な空気に包まれたが、同二十日巳刻、ついに下国となった。所々に火を懸け、主人内者の他に雑兵千余人が随って河内に向かった。ところが跡目を継承するはずの「次郎」も、義就とともに強引に下国してしまった。将軍義政は怒り、跡職を「尾張次郎」＝「次郎政長」に与えた。この人物が畠山政長であり、九月二十六日には家臣を連れて幕府に出仕し、将軍と対面し、御盃をいただいた。

こうして京都政界では、将軍義政の主導性のもとに、畠山家当主が義就から政長に替わった。大名合議を背景にした管領の政治主導に対して、将軍の意向を優越させる動きが明白となった。直後の九月二十八日に管領（細川）邸に山名宗全と一色義直《よしなお》を招き会合が持たれたが、この間の経緯（とくに将軍の動き）を確認したものと見られる。

義就、嶽山城に拠る

畠山義就の下国に際し、幕府では大名が所々を固めて、防御態勢を敷いた。管領（細川勝元）・山名入道（宗全）は具足を帯し幕府殿中・西向上中門に祗候した。また一色左京大夫・細川讃岐守（成之）・吉良・石橋なども集結した、という。別の史料では、禁裏守護には細川讃岐が命じられ、義就討伐（打手）の仰せを受けたのは山名・一色・京極が有力大名であった。また閏九月三日には河内を囲むように、摂津口には細川勝元軍など、和泉口には和泉両守護家軍、大和口には播磨守護軍など、紀伊口には紀伊国人軍など、八幡口には六角・京極軍など、宇智《うち》郡口には伊勢守護軍などを派遣することとなった（『大乗院寺社雑事記』）。このすべてが実際に出陣したかは不明であるが、大軍が出動したと見られる。

河内に入った義就は河内衆の迎えを受け若江城（大阪府東大阪市）に入った。大和に入った政長軍との間で、義就軍は十月十日には大和の龍田で合戦した。政長軍が勝利し、大和の筒井氏などが高名の戦いをした。さらに大和勢の筒井・十市らは河内に追撃した。追われた義就軍は寛弘寺に入り、十月二十五日には「武山」（嶽山《だけやま》）と「寛弘寺」に陣を敷いた（『大乗院寺社雑事記』）。

嶽山城跡（富田林市教育委員会提供）

嶽山城（富田林市）は河内でも紀伊に近いところにある。守護所の若江城からは南に入るが、ここも大和へは水越峠を越えて通じている。地勢としては金剛山地形のなかにあり、堪えるには適した位置にある。この嶽山城の周辺には、「金胎寺・寛弘寺・観真寺・観正寺・国見山」という外城《とじょう》を構えたという（『応仁別記』）。畠山義就はこの城に拠りながら、この後、寛正四年（一四六三）四月まで持ちこたえた。

宗全、義就討伐軍には参加せず

幕府では義就を討伐する将軍の命令が出され、軍勢を派遣することとなった。山名家では惣領の宗全はそれに加わる予定であったが、取りやめとなった。『長禄四年記』の閏九月二十日条には「山名右衛門督入道殿が右衛門佐殿（畠山義就）討伐に発向することは来たる廿八日と決まっていたが、今日管領（細川勝元）より宜しくないとの提言が、細川家臣の秋庭修理亮から将軍側近伊勢守（貞親）を経て、将軍に申し上げられた。但し将軍の返事は分からない」（取意文）と見える。この文章では将軍が同意したか不明だが、その後の経緯を勘案すると、山名宗全軍の河内派遣は見送られた、と見るべきである。管領細川勝元の献策により宗全軍派遣は見送られたのである。いったんは決定された宗全出陣はなぜ見送られたのでろうか。

義就の河内入国・嶽山籠城は八月末〜九月上旬と見られる。「年代記残編」という史料には「九月十六日、畠山右衛門佐義就は都を落ち内（河内）州に発向し嶽山城に籠もる、同名弥二郎はそく河内に発向し嶽山を責める、山名弾正・細川治部少輔合力して度々合戦する、死人は数知れず」と記されている。ここにある九月十六日というのは義就の都落ちの日である。その後に、同名（畠山）弥二郎（政長）が義就追討に向かい、山名弾正・細川治部少輔が合力した、という意味の記事と理解するのがいいと思う。この山名弾正とは弾正忠是豊、細川治部少輔は氏久《うじひさ》（備中守護）と考えられる。つまりこの記事は、義就討伐軍としてはまず畠山政長が、次いで山名是豊と細川氏久が出陣した、と言っている。他の史料からも、出陣した人物名は間違いない。ただ出陣は少し遅れた。

九月下旬になると、幕府は興福寺・長谷寺など大和の寺院に対して、配下の武士を義就討伐軍に参加させるよう命じている。将軍義政は九月二十三日、興福寺別当に対して畠山政長に随い義就方輩を討ち取るべき旨を衆徒・国民に下知するよう要請している（春日神社文書）。政長を討伐軍の中心に据えることが読み取れる。閏九月になると、二日に義就勢が摂津天王寺を大略焼いたとの報告があり、五日には「畠山次郎政長河内国下向のため御暇を申さる、御対面云々」と見え、同八日には河内に向かって実際に下向したが、まずは大和に入り国人をともない河内に入る計略であった（『長禄四年記』）。閏九月五日、退治軍として最初に出発したのは畠山政長であるが、大和に入り、成身院光宣ら筒井氏の参加を得て、軍勢を整えたのである（永島福太郎『応仁の乱』）。

『大乗院寺社雑事記』（閏九月五日条）・『経覚私要抄』（同六日条）には、畠山右衛門（義就）退治を仰せ付けられた人数として、管領勢（和泉両守護）・播磨勢（播磨守護細川氏久）・淡路勢（伊勢国司北畠ら）・伊賀守護・大和衆・河内国人・被官・摂津紀伊河内寺社・両佐々木（京極・六角）・土岐などが列記されている。この軍勢動員がその通りに実行されたか、京都では大変な飢饉状況が発生していただけに、おぼつかない。管領細川の軍勢は実際に十四日夜に播州に下向したが、小勢であった（『長禄四年記』）。

山名宗全の出陣（閏九月二十八日に出陣する）が決まったのは、こうした情勢のなかである。畠山政長軍後援を意図したものと考えられる。それが同二十日には管領細川勝元の進言により中止となった。『碧山日録』（東福寺霊隠軒主僧の日記）閏九月二十八日条には河内義就攻撃を将軍から命じられた山名宗全が兵を分けて派遣したという知人の言説を載せている。宗全軍の一部が出陣したと伝わったのであるが、この後の経緯を勘案すると、出陣したのは宗全子息の是豊と見られる。

義就退治軍の構成はこうしたものとなったが、宗全は十月一日には細川邸での犬追物《いぬおもの》に参加した。

自身の出陣は見送り、子息是豊の出陣としたことで、管領細川勝元と同意したと見られる。宗全が自身の出陣を強引に押し通さず、是豊出陣で妥協したのは、勝元との協調を優先させたからであろう。五十六歳になっていた宗全は勝元との政治的協調を優先させたが、それには但馬蟄居の苦い思い出があった。次の政治的後退があれば回復は困難となる年齢であった。

一方の勝元は宗全の出陣により、現地の戦局が幕府方有利になることを望むはずであるが、なぜ中止を進言したのだろうか。細川軍が出陣した直後の同十七日にも、管領（勝元）と山名殿（宗全）は一色殿（義直）邸で会合をもっている（『長禄四年記』）。おそらくは、そこで話し合いがあり、同二十日には宗全軍出陣取りやめを細川は進言するところとなった、と見られる。どのような思惑が交錯したか、想像するしかない。宗全が合戦の現地に出れば、かつての嘉吉元年の赤松満祐軍殲滅のようになるのを、勝元は恐れたのであろう。今回も嘉吉のような軍事的成功となれば、幕府に復帰したばかりで政治的影響力の少ない宗全が、また急速に勢いを増すことになってしまう。また勝元は畠山義就退治も政治的に屈服させ、その後は政治的に利用するということを考えていたであろう。宗全が赤松討伐の時のように義就本人などを殺害・殲滅させてしまうことを避けようとした、とも想像される。

宗全―教豊父子の不仲

畠山義就が都落ちする前（九月十六日以前）、宗全は他の大名と交流し、また将軍に奉仕して緊密な関係を築いていた。八月五日には山名邸にて犬追物があり、管領（細川勝元）・一色（義直）・土岐（成頼《しげより》）が犬を連れて参会した。また勘気を受ける前の畠山義就邸の馬場（八月二十二日）や紫野の馬場（九月二日）では笠懸が行われていた。

八月二十七日には将軍御所に三間厩《うまや》が立てられた。公家・大名・外様・御供衆などが太刀を献上し、大名は折紙（銭）を進めた。この三間厩の作事は、山名殿（宗全）が申請して沙汰することとなった。費用負担の仕方など宗全が仕切ったのである。この日には三管領からは月毛馬《つきげ》が進上された。将軍からは山名宗全に太刀・腰物（刀剣カ）を下され、また宗全被官の八木但馬守・太田垣次郎左衛門尉にも作事奉行を務めたとのことで太刀が下された。

閏九月の五日には、管領細川邸で犬追物が催された。「山名入道殿ト少弼殿中直《なかなおり》シ参会云々」と見えるように、山名宗全と弾正少弼（教豊）が仲直りして参会した。弾正少弼教豊は、どの山名氏系図でも持豊（宗全）の長子として記されている。その父子が仲違いをしていたのであるが、細川勝元の取りなしで一時の和解をしている。

教豊は享徳三年（一四五四）には弾正少弼として見えるが、たびたび但馬に下向している。その理由はよく分からないが、長禄三年（一四五九）九月二日に上洛した時は、細川（勝元）の沙汰（計らい）であるという。また同四年閏九月二十日、宗全の畠山義就討伐出陣が取りやめとなった日、山名弾正少弼（教豊）は伊予守に、同次郎政豊はその跡の弾正少弼に任じられたが、これも管領（細川勝元）が将軍に申請してのことであった。ただこれは宗全も望むところであり、被官の八木但馬守が口宣のための注進をした。

その後も十月五日の管領（細川）馬場での犬追物には一色義直と宗全が参会し、細川・山名・一色の友好関係は続いていたが、同二十六日には宗全と伊予守（教豊）とはまた仲違いし、教豊は播磨に下向してしまった。

教豊はこの後も宗全とは不仲のようで、寛正元年十月二十六日には追放されて、播磨に籠もる。その後は消息がはっきりしないが、応仁元年九月九日には死去している。宗全は父時熙のもとで兄持熙との確執がありながらも上手に跡目を継承したが、子息の扱いは苦慮していたのである。誰に跡目を継がせるかも悩みであったろう。

寛正二年河内合戦での山名是豊

河内嶽山城に入り勢力圏を形成している畠山義就に対して、寛正二年（一四六二）になると、幕府は実効性のある軍勢を派遣するようになる。正月二十六日に将軍義政は山名宗全邸に御成したが、そこで畠山義就退治が話し合われた。「その砌《みぎり》畠山衛門佐義就退治の事仰せ談ぜられ了んぬ、大略山名仰を蒙る歟」（『大乗院寺社雑事記』二月三日条）と見えるように、義就退治につき山名宗全が大略の仰せを蒙った（受けた）、という。山名氏の軍勢が派遣されることとなった、と理解してよかろう。ただ今回も宗全自身は出陣しなかった。

直後の二月二十一日、宗全は一条兼良亭を訪問し、連歌会に加わった。『大乗院寺社雑事記』には、同月の二十三日条と二十八日条に、この宗全の訪問が記されている。「去る廿一日山名入道は家門（一条兼良）に参り連歌あり」・「去る廿一日家門において連歌会」とあり、家門で連歌会が催されて、そこに山名入道（宗全）が参加したのである。この「家門」は『大乗院寺社雑事記』記述者の尋尊《じんそん》の本家当主を指すから、一条兼良である。二十八日条には柳の酒樽（二十二荷《か》）・金銀折（十五合《ごう》）のほか三献御肴を山名入道が持参したこと、さらに連歌が終わってからも双詞《そうか》（早歌）などで遅くまで楽しんだことが記されている。宗全は多額の土産を持参して一条兼良邸の連歌会に参加しているのである。

復帰後の幕府政界で、勝元に引け目を感じる宗全は、公家世界の最高位にあり、幕府にも影響力を持つ一条兼良家に出入りするようになっていた。連歌会に要する多額な費用を負担し、存分に楽しめる土産を持参したのである。ここには財力をもって公卿に接近する宗全の姿をみることができる。

寛正二年、河内の現地では四月から合戦が始まる。出雲益田氏や安芸毛利氏、周防吉川《きっかわ》氏にも軍勢動員がかけられて、益田兼堯《かねたか》・毛利少輔太郎・吉川経基《つねもと》らが出陣し功績をあげた。その関係の文書が残されているが、それらをもとに合戦の様子や山名是豊の活動を述べてみよう。

四月二十八日に河州《かしゅう》清水山に到着した益田兼堯は、翌五月十八日には河内長野に着陣した。河内長野は嶽山城に近いので、そこに幕府軍は陣を敷いていたと見られる。山名弾正（是豊）は益田兼堯の長野着陣を幕府に注進したが、五月二十四日には畠山政長が山名弾正に宛てて書状を出し、益田の着陣を祝している。

去る十八日、益田左馬助参陣の由候、祝着存知し候、仍って書状を以て、其の子細申し遣わし候、他事重ねて申すべく候、恐々謹言、

五月廿四日　　政長（花押）

山名弾正忠殿之を進らせ候

（『益田家文書一』、読み下し文）

六月の一日には毛利少輔太郎も河州に着陣したが、山名弾正忠（是豊）が幕府に注進した。毛利は二日・三日には寛広（弘）寺西山に陣替えした。十二日には近くの切山《きりやま》（富田林市、嶽山と上赤坂の間にある）で合戦があった。ここで毛利少輔太郎は忠節を尽くし、益田兼堯は陣替して合戦に参加したが、親類・被官人に討死・手負が出た。毛利・益田の功績は山名弾正忠（是豊）が注進し、それを受けて幕府奉行人が感状を与えている。

切山合戦での益田左馬助（兼堯）の功績に対しては、京都にいる幕府奉行人と管領細川勝元が感状を与えている。また現地で指揮を取っている細川道賢《どうけん》（持賢）も感状を出している。これらの感状は益田家文書として残っているが（東京大学史料編纂所所蔵）、山名政清（教清子息）発給のものもある。

今度切山合戦の時に於いて、御同名被官達、別して粉骨いたされ、頸一つ執り進上候、仍って太刀討人数着到披見せしめ候、御忠節の時宜、定めて取り分け御感の通り、仰せ出さるべく候、祝着推察し候、当陣の趣き、連々委細承り候、本望に候、恐々謹言、

六月十四日　　　政清（花押）

益田左馬助殿

（『益田家文書一』、読み下し文）

山名政清は益田左馬助（兼堯）に、益田氏の同名・被官人が敵の頸を取ったことなどの功績を認めるとともに、将軍からの御感の仰せが出されることを知らせている。政清は益田の功績を幕府に報告

したのである。当時、政清の父教清は石見国守護であるので、政清は父の代わりに、石見国武士の益田兼堯にこのような文書を出したものと考えられる。またこの文書によって、山名政清が河内国嶽山・切山の合戦にて、石見勢力を指揮していたことも分かる。山名氏では是豊の他に政清も出陣したのである。なおこの山名政清も細川持賢も、前年閏九月五日の軍勢派遣リストには見えない。

七月になると十日の管庄（不詳）の陣に参加し、十六日の河州淀子（淀志）の合戦では毛利被官が疵を被ったと山名是豊が注進した。この淀子には吉川次郎三郎（経元）や益田兼堯も参加し、被官人数人が疵を被ったが、それを注進したのも山名是豊であった。七月二十八日には嶽山搦手《からめて》口と三本松で合戦が行われたが、三本松では八月二十八日にも繰り返された。

七月十六日の河州淀子の吉川経基の働きに対しては将軍から感状が出されたが、その写本が残されている（吉川家伝書鈔）。

去月十六日於河州淀子合戦の時、被官人数輩疵を被るの旨、是豊注進到来す、尤も神妙、いよいよ忠功を抽ずべき也、

寛正二年

八月十二日

吉川次郎三郎とのへ

（読み下し文）

吉川家伝書鈔には、同時に出された幕府奉行人飯尾之種の書状も写されているが、そこには「去る十六日の合戦に就き御内書成し下され候」との文言があり、右の文書が将軍義政の御内書だとわかる(花押は省略されているが)。その将軍御内書が「是豊注進」に基づいて出されているのである。是豊(山名弾正忠)は将軍からの命を受けての出陣であることを示している。

畠山義就退治の軍事行動は九月以後も続いたが、そこでも山名弾正は現地指揮官の地位を与えられた。

畠山右衛門佐義就退治の事、早く山名弾正忠と相い談じ、時日を移さず進発せしめ、忠節を致さるべき由、仰せ下さる也、仍って執達件の如し、

寛正弐年九月十六日　　散位(花押)

沙弥(花押)

益田左馬助殿

(『益田家文書三』、読み下し文)

これは義就退治に、休むことなく進発するようにとの将軍命令を益田兼堯に伝える幕府奉行人奉書である。九月十六日になっても、山名弾正忠(是豊)の指揮のもと義就追討を続けるよう命じている。山名是豊は益田などを率いて、義就軍の掃討戦を継続したのである。

このように寛正二年の河内・嶽山合戦を通観してみると、幕府の将軍・管領・奉行人を本部として、

現場の畠山政長・山名是豊・細川持賢・山名政清が指揮して、畿内の兵士に安芸・周防・石見からの動員した武士も加わった形で展開したことが分かる。

寛正三年の河内合戦

河内での畠山義就討伐戦は翌寛正三年（一四六二）にはどうなったか。『大乗院寺社雑事記』四月十二日条には、一昨日（十日）のこととして「河内国金胎寺で合戦があったが、どちらか一方が優勢ということはなかった」との知らせを載せている。また同十七日条には、河内国凶徒（畠山義就）追罰祈禱を命じる幕府奉書が興福寺別当のもとに届いたこととその本文を記している。河内では四月十日に畠山義就を攻める幕府軍と反撃する義就軍の攻防が一進一退で展開していたのであり、幕府は興福寺などの追罰祈禱を行わせていた。祈禱は東寺や八坂社でも行われており、幕府の力の入れようがうかがわれる。

軍記物にも合戦の記述が見える。四月十日には幕府方の畠山政長や細川讃岐守らが金胎寺・嶽山両城を攻めたので、義就軍は両城を持ちこたえきれずに十五日には嶽山城一所になった（『長禄寛正記』、『長禄記』）。嶽山城は難攻不落の城であり、幕府軍は入れ替わりながら攻めたが、落とすことは出来なかった。山名是豊は備後勢を率いて七度攻めたと言われるが（『応仁別記』）、寛正三年にも河内に残り続けていたものと思われる。

この年九月、京都では土一揆が蜂起したが、河内での合戦の具体的推移が見えない時期なので、戦闘は小康状態に落ち着いていたかもしれない。

寛正四年の河内合戦

寛正四年になると幕府は軍勢を河内に集めた。三月二十日には益田兼堯・毛利豊元《とよもと》が赤坂中山に陣寄したが、四月六日の赤坂合戦では益田兼堯の同名が討死し、被官人は疵を被った。また毛利豊元被官人も忠節を尽くす働きをした。このことが山名弾正忠から幕府に注進されて、毛利少輔太郎（豊元）には管領細川勝元の御教書が出された。

一方の益田兼堯には、六日合戦の軍功を褒める文書が、畠山政長書状・幕府奉行人奉書・幕府御教書・管領細川勝元書状・山名政清書状・奉行人飯尾之種書状と六通も出されている（益田家文書）。今回も幕府全体での軍事行動であったことが分かるが、山名政清書状は次の通りである。

去る六日、赤坂合戦の時に於いて、手負・討死注文到来す、披見候、御粉骨の条、神妙の至なり、上意として定めて御感あるべく候、猶々御忠節の註進を待入候、恐々謹言、

卯月十日　　政清（花押）

益田左馬助殿

（『益田家文書一』、読み下し文）

こうした戦闘の結果、畠山義就の籠もる嶽山城はついに陥落した。幕府は嶽山城没落との知らせを受けた上での感状を四月十六日に出している（『益田家文書』）。また大乗院別当は十六日に畠山義就が嶽山城を開き上洛するとの知らせを受けて、幕府方の要請により十九日には京都室町邸に参賀して「嶽山事無為珍重の由」を祝している。嶽山城没落は四月十六日直前と見てよかろう。幕府では、十

六日、伊勢貞親（伊勢守）邸の遊宴最中に嶽山没落の注進がもたらされ、それを伊勢が将軍殿中に参り披露した。将軍は喜び、そこにいた人々も互いに嬉しそうに顔を見合わせたという（『蔭凉軒日録』）。嶽山を出た畠山義就は高野山に入ろうとしたが、実現せず、紀伊国に逃れた。五月九日には益田兼堯が山名弾正忠（是豊）に同心して紀伊国「熱河谷」に陣寄せした。ただこの熱河谷はどこか不明である。義就軍を追って来た益田兼堯は七月十日には「管庄分」（不詳）にも陣を寄せ、八月初旬にはその「管庄分」に攻勢をかけて「岡城」を陥落させた（寛正四年推定幕府奉行人奉書、『益田家文書一』）。

この山名是豊と畠山政長の紀伊岡城合戦のことは、在地の文書にも見える。紀伊伊都郡相賀庄柏原村証誠権現の証文などがこの合戦の混乱で紛失してしまい、寛正四年十一月十三日に村氏人等は紛失状を立てたが、そこに「寛正四年〈癸未〉七月十五日ニ畠山殿当国岡之城ニ御取籠候之処ニ、山名タンシヤウ殿御タヰシヤウニテ御せメ候」と書かれている（写、西光寺文書、『和歌山県史中世史料一』所収）。畠山殿（政長）が籠もる当国（紀伊国）の「岡之城」を、山名タンシヤウ（弾正）（是豊）が攻めたのである。年次も寛正四年であり、七月十五日であることが分かる。益田家文書と合わせてみると、七月十五日から岡城攻撃は始まり、八月初旬に陥落したことが分かる。

古文書から復元できる五月以降合戦の経緯は以上の通りであるが、『長禄寛正記』は次のように記述する。高野山に入れなかった畠山義就は五月二日に「和歌ノ浦ノ岡ノ城」に落ち、そこを本拠《こ》に粉河寺《かわでら》に出張した。一方の畠山政長は菖蒲谷に陣を取り五月には粉河寺を攻め、両者が激突したが、義就軍は敗れて「岡ノ城ヨリ内ノ郡へ忍落、吉野山ノ奥北山ト云フ山中ニ忍給フ」と叙述する。五月粉河寺合戦で敗れた後、本拠としていた岡城を落とされ、山中に逃げ込む、という筋はほぼ一致している。すると岡城は「和歌ノ浦ノ岡ノ城」に該当するかと思う。また「熱河谷」合戦は粉河寺合戦となる（熱河谷は粉河谷のことヵ）。岡城の該当地は、根来寺近くにも岡城跡があるようだが、和歌山岡城の方がいいのではなかろうか。ただ高野山麓にも岡城があったとのことであり、ここに比定する見解もある（弓倉弘年『中世後期畿内近国守護の研究』）。こうした紀伊での畠山義就討伐も山名是清が進めたのである。

岡城を退去した畠山義就はすぐに吉野に入ったのではなく、いったんは高野山に入ったらしい。『大乗院寺社雑事記』八月六日条には畠山義就は高野の陣を開き、一緒にいた次郎は召し取られたと書いている。吉野に籠もったのはこの後であろう。この畠山義就がやがて山名宗全と手を組み、再び京都政界に君臨する。応仁の戦乱の主役の一人となる。

寛正河内合戦の政治的位置

長禄四年（寛正元）から寛正四年の約四年間に及んだ河内合戦は、その後の幕府政治に大きな影響を与えた。戦場は京都から少し離れた河内であったが、幕府の軍勢動員は将軍・管領・奉行人が中心となって進めた。義就退治を命じる将軍御教書をもとに、管領や奉行人さらに守護の軍勢催促があり、軍功には将軍・管領・奉行人から感状が出された。幕府という権力組織が参謀本部であった、と言えよう。嶽山陥落の知らせは伊勢貞親邸にまずもたらされ、そこから将軍御所に知らされたが（『蔭凉軒日録』寛正四年四月十六日条）、このことは幕府の戦争指揮が将軍・政所別当伊勢を軸に進められたことを示している。管領細川勝元も軍勢催促や軍功感状を出しているが、将軍と奉行人統括の政所別当に権力行使の比重が移りつつある。

軍勢動員に応じた地方武士は、それぞれの家が抱えてきた所領の安堵を求めていた。寛正四年五月十四日、細川勝元が益田左馬守（兼堯）に対して、参陣したら「知行分」を安堵すると約束しているが（『益田家文書 一』）、益田家にとって出陣は知行の保証を得ることでもあった。このことは公戦の場合普通のことであるが、参陣する武士としては「知行分相違なし」をただの文書としてではなく、実効あるものにする政治勢力を見極めることがますます求められる。合戦に参加するに、どの陣営に参加するが、その陣営の政治力が判断材料になる。この傾向がいっそう進むことになる。

山名氏では、惣領の宗全は河内に出陣することなく、また嫡男教豊も出兵しなかった。出陣したのは弾正忠是豊である。是豊は宗全の子息であるが（惟豊と書く系図もある）、この河内合戦以前は目立たない存在であった。それが『長禄寛正記』・『応仁別記』には寛正河内合戦の主役の一人として記述されているし、そのことは益田家文書・毛利家文書でも確かめられる。この四年にも及ぶ畠山義就との戦いで、是豊は現場で戦い続け、七度も攻勢をかけたという。義就の巧みな抗戦を受けたが、最後には陥落させ、紀州にまで追いかけた。是豊は畠山義就と激しく戦ったのである。

宗全は、この後、大和の古市氏を仲介にして、畠山義就との連携に向かう。これが応仁の乱の西軍勢力の中核になる。だがそれに是豊は従うことができなかった。河内での合戦を棚に上げて同じ勢力に入ることなどできず、西軍（山名方）に加わることはなかった。

第八章　雑踏の都市京都

1　都市京都の人口増加

室町時代の京都

室町時代は列島の歴史のなかで特異な時代である。朝廷と幕府がともに京都にあった。それ以前は、平安京が九世紀から安定し、十〜十一世紀の藤原氏の隆盛や十二世紀からの院勢力の増大により、地方の荘園や武士を動員する仕組みをつくり、政治・文化・経済の中心地となっていた。一方、東国では十二世紀末に鎌倉幕府が樹立されて、地方に本拠を置く武士・御家人は鎌倉を中心としてまとまっていた。

鎌倉末期までは、京都と鎌倉はお互いに交渉してはいたが、別々の独自な世界を形成していた。それが、南北朝内乱を経るなかで、足利氏の幕府が京都に出現した。京都の幕府が安定するのは二代将軍義詮《よしあきら》後半と見られるが、それ以降、京都で朝廷と幕府が共存することとなり、京都は公武両勢力の共存の場となった。ただこの体制は長くは続かなかったのであり、応仁の乱の後は、幕府は不安定となり、将軍も京都から離れることが多くなる。また朝廷が政治的実権を回復することはなかった。戦国時代は地方大名の群雄割拠となったが、その動乱を最終的に克服した徳川氏は幕府を京都ではなく、東国の江戸に構え、再び京都・朝廷との二元的体制となった。つまり京都に朝廷と幕府が共存し安定的政治を実現していた時期は意外に短いのであり、およそ百年間であった。

朝廷・幕府が京都で共存した時期、京都はどのような秩序になったのであろうか。将軍・管領を中心とした幕府体制は西国守護が在京したこと、将軍直属の奉公衆が西国全域から編成・動員されたことで、武士身分の者が京都に多く居住することとなった。京都は鎌倉時代とは比較できないほどに武士層が、またその関係者が生活することとなったのである（早島大祐『首都の経済と室町幕府』）。また京都の伝統的公卿勢力は、幕府の朝廷行事関与に協力することとなり、新しく活動する舞台を得た。公卿・貴族には従来からの家司の他に武力で奉仕する存在も出現した。また寺院は天台・真言の伝統的勢力の他に、禅系統が増大した。五山をはじめとする禅宗寺院は、室町時代の京都で数を急速に増加させ、僧侶人口も増えた。地方からは京都寺院に入ろうと、多くの僧が上洛した。また寺院全体には僧籍のものだけでなく、俗人の奉仕者もいたが、彼らは寺院以外との接点を持っていたと予想される、いわば雑人であった。そのなかには武力に長けた者もいた。

十五世紀の京都の人口増加は、飢饉時に飢えた人々が京都に群集することだけで説明できるものでなく、武家勢力と寺院勢力が各々大勢力として京都に君臨するようになったからである。

町と「町衆」

京都には王家・貴族・寺社に奉仕する職人や商人がいて、京都を支えていたが、南北朝時代以後には、商工業者は次第に本所領主から自立しつつあり、また地縁的結合を強めつつあった。小路を挟んで向かい合って居住するまとまり（町）が形成された。

それは洛中に多いが、洛外にも寺社門前に見られた。このなかには様々な職業の商人・手工業者がいた。たとえば長禄四年の祇園社門前には檜皮屋《ひわだ》・神子・大工・結桶屋《ゆおけ》・糸屋・米屋・茶屋・紺屋・油屋・筆屋・煎餅屋・櫛屋《くし》・針屋・酒屋・鍛冶屋・畳屋などである。この人々がつくる「町《ちょう》」は次第に自治的力量を強化してゆくが、その本格的成立は応仁の乱以後のことである。その意味で、町《ちょう》衆《しゅう》の前段階、あるいは初期段階とも考えられる。『京都の歴史』（第二巻）は、この人々が主役となって町衆が成立し、文化の担い手として成長してゆく姿を叙述している。ただこの初期町衆が京都社会の増大する人口の主勢力だったかは疑問である。

この時期の町衆は、応仁の乱後に京都復興を担った町衆と比べた場合、住居としている町の家屋を基盤としていることは共通するが、職業的座衆である面が強く、周辺農村の散在商売人をも支配したという（脇田晴子『日本中世都市論』）。生活拠点は洛中に持つとしても、その活動範囲は洛中洛外から広範囲（畿内）に及んでいたのである。

町衆の源流である人々は、南北朝期には、住居の地税（地口銭）や建物税（棟別銭《むなべつせん》）を幕府に負担するようになったが、この人々は「百姓」とも呼ばれて、居住する地の領主（本所）に地代を納めていた。その洛中百姓が新たに幕府にも地口銭を納めることとなったのである。さらに住居のある町にも地口銭を負担する者もいて、町の結合が強化された。文安二年（一四四五）には棟別銭（一棟百文）は京中で二万貫にのぼると言われたので（「東寺執行日記」）、二十万棟があったことになる。これは観測であり、実数は不明であるが、十万くらいの膨大な数の住居が洛中にあったと見られる。ただその住居が土地所有者以外の住居も含んでいたと思われ、一区画に数棟が付属していた景観を予想できる。洛中には人口が増えていたが、寄宿していた存在が考えられる。人口増加は初期町衆の周辺部で進行していた、と考えられよう。

「雑人」たち

室町時代の京都は、公・武・僧の集合する一大中心地であり、それを経済的に支える荘園制度も修正され安定した（学界では室町期荘園制と言われる）。人・富ともに京都に集まる仕組みになっていた。すると、武士でも主人を持たない侍、僧侶でも属する寺・院のない聖などが、奉公・活躍の場を求めて、上洛してきた。また畿内・近国の荘園から上洛した者がしばらく在京して稼いでいるということもあった。

このような人は、貴族の日記に「雑人《ぞうにん》」と記される。位や官職を持たないので、「凡下《ぼんげ》」と言ってもいいが、「雑人」と書かれることが多い。彼らは上洛すると、洛中や洛外に寄宿しており、京都市中での日雇い仕事などの雑業に従事していたと思われる。

この雑人が、室町時代の京都には数多くいた、と見られる。その数は、座をつくって営業する伝統に連なる商人・手工業者に比べて、劣るものとは考えられない。京都には、いわば得体の知れない雑人が無数に入り込み、この時期の京都社会を動かす階層になっていたものと思う。雑然とした京都をつくっていたのである。

応仁の乱後に形成される町組は複数結合する自治体制（惣町結合）を生み出したが、基礎となる町の町衆は座衆としての特権が形だけのものとなり、家持の住人となる。その職種は様々であったが、町組の内部から賤民居住を排除して行った（脇田晴子前掲書）。雑人と賤民の関係は全くの別物とは考えにくいので、雑人の町居住も制約されてゆく傾向にあろう。ただ応仁以前の町は、このような雑人・賤民をも居住者として含み込んでいたのである。

東寺の雑人

真言宗の大寺院東寺でも室町時代には「雑人」の扱いが問題になる。東寺の寺内には僧侶身分の者の外に、俗人や半僧半俗の人々がいたのである。応永七年（一四〇〇）九月に僧超珍《ちょうちん》は東寺籠衆の構成員に加わるのに、その規則を守ることを誓っている。その制約は、(1)どんな時でも籠衆の命に随うこと、(2)興遊、酒宴酔狂の異形で寺中を歩き回らないこと、(3)寺外に出ることは禁止のこと、の三点である。このうち(2)は次のように書かれている。

一、或いは友の上下、雑人と興遊し、或いは酒宴酔狂の氾倫の加わり、無窮の意体を現し、放逸の形儀を以て、昼夜を論ぜず、寺中院外を往反すべからざる事、（『東寺文書之三』、読み下し文）

意味の取りにくい箇所もあるが、友人や雑人と遊興したり、また酒宴酔狂の仲間に参加したりして、普通ではない形相にては、昼夜にかかわらず、寺中・院外をふらついてはいけない、と解釈できる。

籠衆に加わる僧超珍の誓約であるが、彼だけでなく、だれであっても、このような誓約をしたであろう。それだけに、このような事態が寺内でも横行していたものと想像される。僧でも雑人と日常的に交流して、酒宴酔狂に及ぶことがまま見られたのである。籠衆は東寺でも特別の、潔癖の僧であることが要求されたのであろう。この雑人は東寺の僧と、寺内にて日常的に接触していたものである。

永享二年（一四三〇）八月に大風が吹き、東寺最勝光院の松木が折れた時、妙法院の雑人がその枝を取り集めていたので、糺明することとなった。ここにも東寺の寺内に入り塔頭（院）の松枝を拾い集める雑人が見える。このように東寺が問題にする雑人には外部の出入り人もいたが、内部に居住する者もいた。その雑人は僧に比べて潔癖さが一段下の者と考えられており、例えば文明十九年の修正会には「□奉下部以下雑人は堂内に入るべからざること」とされた（廿一口方評定引付、東寺百合文書ち）。祭礼・法会に際しては雑人を社頭から退けることは全国にも見えるが、ここでもそうである。

このように東寺内においては僧とは区別されながらも、雑人が存在したのであり、寺の運営を支えていたのである。この存在が東寺でも室町時代に史料に見えるようになる。

見せ物に集まる雑人

朝廷・幕府の行事にともなう行列、寺社の祭礼、猿楽・曲舞などの見せ物、これらは洛中・洛外で毎月のようにあった。すると、人々は群集した。永享四年三月十四日には伏見にて猿楽が行われたが、甚雨となり、大光明寺にて挙行となった。群集していた雑人は退散したが、物騒きわまりなかった。寺の地蔵院にて猿楽が行われたが、見物衆がまた群集して猥雑の有様であったという（『看聞日記』）。伏見の猿楽を見物しようと集まり、雨で中止と聞いていったんは退散した雑人が再び集まり猥雑をきわめたというが、見せ物に興じる雑人の性分を示している。また翌年の永享五年十月十日に鳥羽にて女猿楽が催されたが、桟敷は六十三間の規模であった。この一座は西国から上洛したとのことで人気が伝わり、雑人が充満したと言う。雑人は桟敷と舞台の間の芝居（土間）での見物であるが、その喧噪がうかがわれる。

文正元年四月十六日には千本薬師堂に桟敷が設けられ、女曲舞が行われた。近衛政家は殿（房嗣《ふさつぐ》）にしたがい女中を連れて見物に行ったが、「見物の雑人は四五千人計り」であったという（『後法興院記』）。四・五千人とは驚くが、実際に見物した人物の記す数字であり、全くのでたらめとも言えまい。千人単位の人が集まったのである。

このような見せ物に集まる雑人は、洛中だけでなく、周辺からも集まったであろう。京中のどこかで、何か面白そうなことがあると聞きつけると集まるのである。特定の階層の人々とは考えにくい。市中に住居を構えている人だけでは、こんな数字にはならない。知人宅に一時的に寄寓している人や僧、旅の者などが想像できる。

室町期の京都は、貴族・職人・商人の構成する王城都市であるとともに、わけの分からない雑人が集まった都市でもあったのである。

2 洛中・洛外

洛中・洛外の成立

平安京のなかを意味する「洛中」という語は平安時代後期から貴族の日記に見え始めるが、鎌倉後期には「洛中・洛外」の語も生まれた。これは京中と周辺を漠然と指すものであったが、酒屋（金融業者）に臨時税を課す動きのなかで明確な「洛中・洛外」という概念が生まれた。

明徳四年（一三九三）十一月の幕府は「洛中・辺土」に散在する土蔵・酒屋に幕府年中行事費用（六千貫）を負担させることを決め、政所がその支配権をもつこととした。洛中と周辺の土蔵・酒屋に対して、その居住地が洛中のどこか、また領主は誰かにかかわらず、一律に税をかけたのである。そして、この洛中・辺土という語は応永年間には洛中・洛外と改められて、固定する。こうして洛中・洛外とは地理的用語ではなく、洛中・洛外という地理的範囲に住む土蔵・酒屋を掌握するための用語（政治用語）として生まれたのである。

洛中と言わないで、洛中・洛外と言うのは、土倉・酒屋が洛中周辺でも営業していたからであり、それを一体的に把握しようとする志向がみえる。したがって洛中とは洛中全部ではないし、また洛外も伸縮するものである。応永末年では洛外は一条以北、鴨川東（白川・祇園・建仁寺・清水・今熊野）、北野周辺、西郊（嵯峨・仁和寺）を含む範囲であったという（瀬田勝哉『洛中洛外の群像』）。ここに挙げられた地名は、洛中と接している所もあるが、少し距離をおいている所もある。それが「洛中・洛外」と一体的に言われるのは、洛中と洛外が特殊につながっていたからである。

土一揆に襲われた嵯峨の土蔵が質物を洛中に移すということが見えるし（後述）、また宝徳二年二月に唱門師小大が六道珍皇寺《ろくどうちんのうじ》にて勧進猿楽の舞を始めようとしたところ、観世《かんぜ》・金春《こんぱる》の訴えにより「自余の猿楽は洛中において勧進し舞うべからず」との管領（畠山持国）判断が侍所（京極持清）に命じて追い散らされた（『康富記』）。六道珍皇寺は鴨東であり、洛中ではないが、そこでの勧進猿楽を観世・金春は「洛中」での行為として幕府に訴えたのである。これは六道珍皇寺が洛中に準じた扱いを受けたことを示している。建仁寺周辺は鴨川に接しており、准洛中化していたのであろう。

土蔵・酒屋の分布は（油屋を含めて）、北は一条北の立売通から南は六条通までに集中している（高橋康夫『洛中洛外』）。洛中の実態となっていたのはこの範囲であろう。室町時代の京都は上京と下京に分かれるといい、それは二条を境としていたようであるが、下京それも三条～七条、東洞院～油小路に、中心部があったと言える（『京都の歴史』）。幕府はその後、応永三十二年、同三十四年、永享二年、同三年、文安二年と洛中洛外を対象とした法を出すが、いずれも土蔵・酒屋に関する問題であった。

こうして洛中・洛外とは、幕府が土倉・酒屋役をかけるために創出した用語であり、そのため税徴収の権限を持つ幕府政所と強くつながる範域であった。また洛中の住居に対する都市税である地口銭・棟別銭が幕府によって、応永年間には恒常的に徴収されている（馬田綾子「洛中の土地支配と地口銭」）。実際の徴収は幕府奉行人が行っているので、洛中と幕府奉行人との関係はここにも認められる。

洛中の火災

応永十五年（義満死去）から応仁元年を一区切りの時代とすると、その時期の京都は都市としてどのような問題を抱えていたろうか。その一つとして考えられることに、人口増大にともなう火災の問題がある。そこで、この時期の古記録を調べて、洛中（西京と鴨東を含む）火災の記事を一覧表にしてみた。表の作成に当たっては『教言卿記』の始まる応永十四年からデータをとった。データは日記類から検索したものであるが、日記（記主）の性質により、個々のデータに質の相違があり、また落ちもあると予想されるので、一覧表にまとめるのが妥当かどうかの疑問もある。ただ洛中火災はどの貴族にとっても重大関心事であるから、一応の目安にはなるかと思う。

表5　洛中の火災(1)

年	月	日		
応永14	2	22	聖護院御坊炎上卯刻云々、寝殿歟、片時事云々	教言卿記
	2	24	今夜北野経所辺在家焼亡云々	教言卿記
	3	4	戌時、西京戌時焼亡、在家	教言卿記
	5	1	一条富小路僧庵焼亡	教言卿記
	10	21	〈寅時ハカリ〉西京炎上、大将軍堂前在家	教言卿記
	11	17	焼亡、西京云々	教言卿記
応永16	正	16	北小路東洞院相国寺前焼亡、在家放火云々、法印至前在家焼止	教言卿記

年	月	日	記事	出典
	3	19	四条道場焼亡	教言卿記
	閏3	3	建仁寺興雲庵焼亡、〈昼〉、塔頭一山門徒、又夜焼亡、北山勘解由小路殿在家放火云々	教言卿記
	閏3	8	六角町焼亡、〈夜〉	教言卿記
応永23	1	9	夜、北山大塔炎上、雷火	大乗院日記目録
	3	6	晴、京都有大焼亡、自五条万里小路火出来、数十町焼云々	看聞日記
	7	1	正親町烏丸より焼け出す、仙洞など炎上、烏丸薬師堂土蔵在家等十二町焼亡	看聞日記・満済日記
応永24	4	17	今夜〈寅刻〉京都有焼亡、六角町云々	看聞日記
応永25	4	11	今夜京有焼亡、京極屋形近辺云々	看聞日記
	6	10	夜前一条烏丸薬師堂焼失云々	看聞日記
応永26	3	5	今夜畠山金吾（満家）屋形炎上	看聞日記
	3	13	今暁大慈院炎上、六角堂近所也、御堂無為云々	看聞日記
	4	1	六角富小路細川讃州亭焼亡、自彼屋形失火出云々、及六条富小路北頬九町焼了、六角前大外記師夏朝臣局〔務〕大外記師胤朝臣宿所同焼亡、飯尾善右衛門亭同焼失	康富記
	5	26	今夜酉剋、六条道場焼失	康富記

応永27	6	27	又有焼亡〈申時歟〉北小路油小路辺云々	看聞日記
	7	7	今夜転法院京極有焼亡、土蔵炎上云々	看聞日記
	9	5	今夜、五条坊門京極焼亡也	康富記
	9	28	六角堂室町与四条坊門間焼亡、子剋許也	康富記
	10	23	今夜三条京極安富家（管領内者）焼亡	康富記
	10	25	高辻萬里小路与高倉間焼亡、戌剋也	康富記
	11	22	寅刻六角町焼失、	康富記
応永28	2	17	三条堀河千手堂、寄宿の僧が付火	看聞日記
	12	7	〈前管領一族〉修理大夫〈満理〉屋形焼失、自彼家火出云々、昼事也	看聞日記
応永29	2	8	中原康富邸近くの法華僧坊二十焼亡	康富記
	3	20	今夜、大炊御門萬里小路与冷泉間西頬焼亡	康富記
応永30	正	13	今夜、正親町土御門辺焼亡	看聞日記
	2	14	三条辺遊君家焼失	看聞日記
	2	29	今夜有焼亡、六条辺云々、明盛法橋宿所焼失云々	看聞日記
	10	21	今夜六条室町地蔵堂炎上、不及他云々	康富記
応永31	8	11	四条道場炎上事、自焼云々	看聞日記

	8	22	去夜亥刻千本引接寺門焼失云々、門前在家少々焼亡	薩戒記
応永32	正	30	子終剋許北方有火、今出川武者小路也、小庵一宇焼失云々	薩戒記
	8	14	相国寺塔頭など大半炎上↓（大火災）今出川以東富小路北、萬里小路以西一条以北焼了（彼大路東西小家等悉焼）	看聞日記・薩戒記
	9	24	昼太御門西洞院辺四五町炎上、律僧寺金光寺焼失云々	看聞日記
	10	15	相国寺塔頭大徳院炎上云々、此間連々付火、然而打消遂焼失	看聞日記
	10	24	亥終地震、西方有火、嵯峨方歟	薩戒記
応永33	正	15	巳終剋南方有火、五条坊門北東洞院東云々、午剋許或人曰、火及三条、頗近室町殿〈入道内相府御所、姉小路北万里小路東也〉云々	薩戒記
	2	1	一条南室町西吉良家炎上、付火云々	薩戒記
	3	2	嵯峨霊松院焼亡〈絶海和尚御塔頭也云々〉	康富記・薩戒記
	3	6	今宵及暁更、押小路東洞院与三条坊門間西頬焼亡（三条坊門北東洞院西燃える、という）	康富記・薩戒記
正長元	2	26	一昨夜、浄花院西門前酒屋小屋等焼失	建内記
	10	15	花山院近辺火事。慶林寺度々炎上	建内記・薩戒記
永享元	2	30	一条万里小路北東角	薩戒記
	12	2	丑刻許一条北・室町東西頬焼亡、西風頻吹	薩戒記

永享2	12	28	今夜三条河原辺焼亡、御禊幄之跡、在家建立焼失云	看聞日記
永享3	11	12	夜前四条烏丸辺炎上云々	看聞日記
永享4	11	25	仙洞火事	看聞日記
永享5	正	20	南禅寺塔頭二炎上云々	看聞日記
	3	22	昨日昼、冷泉東洞院炎上云々、火焔連続万人恐怖也	看聞日記
	5	14	暁雷、大炊御門町ニ落、在家炎上	看聞日記
	閏7	3	馬借、北白河へ寄来リ在家放火	看聞日記
永享6	2	14	大火。暴風以外、自午末京中炎上、自六角西洞院火出、西ハ高倉ヲ限、下ハ六条ヲ限テ十二町歟、東西六町歟炎上了（満済）	満済日記・看聞日記
	2	19	今夜千本辺又焼失云々	満済日記
	3	19	戌半歟六角堂炎上、六角亭焼失、南北七町、東西四町焼失云々	満済日記・師郷記・看聞日記
永享7	11	29	建仁寺塔頭炎上、自風呂出火云々、寺中大略焼失云々	
永享8	11	25	子刻、東山辺焼亡、後聞、護念寺炎上云々、比丘尼も焼死云々、比丘尼五山之内也	看聞日記
永享9	12	29	夜焼亡、春日高倉酒屋炎上云々	看聞日記
永享10	8	13	昼〈自未刻至申末〉、焼亡。自高辻室町出火、至三条坊門焼了。東西	看聞日記

			八烏丸町室町辺まで焼失。近比之大焼亡也。店屋大略焼了	
永享11	2	4	三光院東藪垣有放火事、大外記業忠隣合壁也、即打消云々、邏齋僧一人元来在此所、大外記青侍打消時相共消之、越藪垣打消之	建内記
永享13	正	13	今朝下方焼亡。一色家人成良家炎上云々	看聞日記
嘉吉元	9	3	土一揆が襲う。三日法性寺辺火災、十日出雲路辺炎上	建内記
	9	10	土一揆、出雲路・河崎土蔵に寄せ放火。見物輩放火	建内記

ここではその表のうちの、義持・義教の時代、応永十四年（一四〇七）～嘉吉元年（一四四一）の火災データの特徴を検討してみよう。この時期も二分して、まずは正長元年（一四二八）までを見よう。

第一に、寺院・僧坊の火災とそれが周辺の在家に及ぶ例が多い。北野社経所辺在家（応永十四年二月）、将軍堂前在家（同年十月）、相国寺前在家（同十六年正月）、一条烏丸薬師堂土蔵在家（同二十三年七月、同二十五年六月）、中原康富邸近所法華僧坊（同二十九年二月）、千本引接寺門前在家（同三十一年八月）、相国寺火災が一条大路東西小家に類焼（同三十二年八月）、浄花院西門前酒屋小屋（正長元年二月）などである。なかには相国寺のような大寺院もあるが、一条烏丸薬師堂のような堂もある。小さな堂でも僧坊が複数建ち並んでいたのであるが、中原康富邸に近くに法華僧坊が二十もあり、そこから出火してみな焼亡してしまった（応永二十九年二月）。この僧坊と康富邸とは竹垣一つで隔てられているだけであり、危うく類焼するところであった（『康富記』）。四条道場・六条道場・室町地蔵堂の例も複数の坊が想像される。このように寺院に僧坊が建ち並び、それと民家が接するように作られていることが、火災を広げる要因であった。

第二に、洛中の民家（在家）そのものの火災が見える。六角町（応永十六年閏三月、同二十四年四月、同二十七年十一月）、五条万里小路での数十町類焼（同二十三年三月）、六角細川邸の出火で六条富小路北頬九町類焼（同二十六年四月）、北小路油小路（同二十七年六月）、五条坊門京極（同年九月）、六角堂室町と四条坊門の間（同年同月）、高辻万里小路と高倉の間（同二十九年三月）、三条辺遊君家（同三十年二月）、六条辺（同年同月）、五条坊門北東洞院から三条室町邸近辺に及ぶ類焼（応永三十三年正月）などである。このような在家多数の火災は狭い区画に集まり住む形になっていたことを想像させる。

第三に、寺院前在家や町在家の住人であるが、一条烏丸薬師堂土蔵在家の土蔵、浄花門院西院前酒屋小屋の例が示すように、土蔵・酒屋が史料には表記される。これは古記録の著者の認識であるが、先の幕府にとっての洛中が土蔵・酒屋（そこからの税収）であったこととも関連するが、貴族の生活と金融業者が深い繋がりにあることを考えさせる。だが町の在家は土蔵・酒屋ばかりではなかろう。火災に襲われた町は、三条から六条、下京の町場が多い。各種の職人や商人が居住していたと思う。またこの町在家には洛外・郊外から稼ぎに来ていた人々の宿所もあった。応永三十年二月二十九日の六条火災では明盛法橋《めいせいほっきょう》宿所も焼失したが（『看聞日記』）、この明盛は伏見地下人であり、貞成親王の主催する月次連歌会の恒例参加者であった。彼は僧であるが、伏見と洛中を往復していたのであり、六条に宿所を持っていた。聖俗両方の活動が考えられよう。

第四に、例は少ないが「付火」も見える。応永二十八年二月の例は、三条堀河の千手堂に寄宿していた龍山《りゅうさん》和尚なる僧の仕業と分かり、追放された事件である。事の経緯を『看聞日記』が詳しく記しているが、龍山和尚は、盗人が千手堂に入り、坊主を殺し、大般若経新写のために蓄えてあった三千疋の銭を奪って火を付けて逃げた、と言っていた。ところが、龍山の所行だと分かったので、この堂の弟子たちが召し捕え糺問したところ白状した、という。弟子たちは禁獄し死罪を行うこととしたが、龍山は咎無しを主張したため、追放となった。この例では三条堀河千手堂の内部の人間の行為により火災が起こったのであるが、これを「付火」と呼んでいる。「放火」が外部からの仕業のように記す例があるので、対照的である。千手堂の僧たちは容疑者を捕らえ糺問しているが、このことは付火人の特定は自力で行うものであり、公権力に申し出るものではないことを示している。火災は付火か放火か、自焼か、分からないことが多く、公権も関与したがらない。

この例の龍山和尚は三条堀河千手堂に寄宿する以前、前年の冬には、伏見の新堂に逗留し、法華経を近所の男女に談じていた（『看聞日記』）。都を目指す僧が、洛外や洛中に、寄宿する寺院を見つけ滞在していたことを示している。こうした僧は都にとっては不穏分子であり、雑人の一種であろう。彼らが火災の要因となっている。

次の義教の時代、永享元年～嘉吉元年の時期ではどうだろうか。義持時代との比較では、第一の寺院・僧坊の火災は引き続き見える。南禅寺（永享五年正月）・建仁寺（同七年十一月）のような大寺院塔頭だけでなく、六角堂（同六年三月）や三光院（同十一年二月）のような中規模寺院も見える。三光院が洛中のどこに所在したか不明であるが、そこには邏齋僧《ろさい》（托鉢して廻る僧）がひとり寄宿していた。得体の知れない僧であり、こうした存在が洛中・洛外の寺院・堂には入り込んでいるのである。僧の雑人であるが、その特徴がよく見える。

第二の町在家そのものの火災も継続して見える。四条烏丸（永亨三年十一月）は町火災であろうし、また大火災も見える。永亨六年二月の例は東西六町で南北は六角〜六条、同年三月六角堂界隈で東西四町・南北七町、同十年八月は南北が高辻室町から三条坊門で東西は室町〜烏丸である。いずれも広範囲であり、町在家を多く含むと考えられるが、永亨十年八月の例では「近比の大焼亡なり、店屋は大略焼け了んぬ」と記されている。

第三の住居混雑具合は相変わらず見える。永亨十一年の例では、三光院の火災が隣家の大外記業忠家に類火しようとしていた。その二家の境は藪垣があったが「相壁《あいかべ》」で接していた（表では略した）。相壁とは一つの壁を両方で境壁としたものであろうから、建物も接近していたのであり、類焼の危険が常にあった。この例では三光院にたまたま寄寓していた僧がいて、火が出たのを大外記青侍ととも に消しているが、この僧は嫌疑をかけられ逐電した。

火災は、「炎上」・「焼亡」として日記に出てくるが、「付火」や「放火」もある。この時期には放火が多く見えるようになる。永亨五年閏七月の例では、馬借（近江）が北白川に寄せ来て「放火」したという。外部勢力の放火が火災の原因である。嘉吉元年九月の法性寺・出雲路の火災も襲来した土一揆の放火である。この特徴が（第四の特徴）、嘉吉の乱の後、応仁の乱までの期間、増加することは後述する。

西京の門前在家

北野社を中心とした一帯は周囲に田畠の広がる農村的景観であったが、応永年間になると、寺社附属施設の近くに在家が立ち並ぶようになった。この地域は「西京」と呼ばれたが、そこの在家の火災記事が貴族の日記に散見する。応永十四年一月には北野経所近辺の在家が、十月二十一日には大将軍堂前在家が炎上している。十一月にも西京の火災があった（『教言卿記』）。寺社堂の前に在家が並んでいたのであろう。西京ではないが、相国寺の門前在家が放火された時は、その火は法印塔頭の至近在家で止められたという。法印塔頭と町在家が接するように立っている。

北野社の西京神人は応永二十六年に京中の酒麹業の独占権を幕府から与えられたが、この神人こそが西京の主勢力であろう。西京は彼らの在家とそこに寄宿する人たちが増加しつつあった。

洛西の中世都市嵯峨

洛外における寺社の強大化とその門前町発展の典型例は、嵯峨の天龍寺門前である。天龍寺境内・門前の景観を表現する絵図が数種類残されているが、これを原田正俊「中世の嵯峨と天龍寺」・山田邦和「中世都市嵯峨の変遷」が詳細に検討している。二人の研究をもとにして嵯峨の都市としての発展をまとめてみよう。

「亀山殿近辺屋敷地指図」（鎌倉末〜南北朝初期作成）によれば、鎌倉末期の嵯峨は、後嵯峨院が造営した亀山殿を中心にして、周囲に複数の院御所と附属する寺院、院関係者の御所・宿所、貴族の別業、さらに武家邸宅などが並んでいた。都市的計画をもっていたようであり、道路が計画的につくられている。亀山殿の前は「惣門前路」が幅広くつくられたが、それと並行するように「朱雀大路《すざく》」も造成されている。朱雀大路は南北に延びる道路で、南は大堰川に、北は釈迦堂（清凉寺）に到る。また「惣門前路」と「朱雀大路」の間には複数の小路がつくられている。朱雀大路の東にも（惣門前路の反対側）にも作道があり、これらの小路によって、方形の都市的地割が造成されている。

これが南北朝期になると、大きく変わる。「臨川寺《りんせんじ》領大井郷界畔絵図」（貞和三年作成）では、天龍寺と臨川寺を中心地する寺院群とその附属施設が並ぶ宗教都市に変化している。亀山殿の地は天龍寺となり、その寺域はかつての朱雀大路に接する。朱雀大路は「出釈迦大路」と記されて、釈迦堂（清凉寺）前からの道であることが明示されている。出釈迦大路の西側が天龍寺の区画であるが、出釈迦大路の東側に臨川寺の区画がある。新しい道路としては出釈迦大路の東に「薄馬場《うすばば》」がつくられた。また「紺屋厨子《こうやずし》」もみえる。さらに、大きな変化は、天龍寺と臨川寺の周囲には、多くの堂・院・寺が造られて、空き地が見えないようである。「在家」がそれと連なるように位置しているが、これは寺院の需要に応えようとするものであろう（紺屋もその一つ）。

室町時代には、都市的発展が一層すすむ。「応永鈞命《きんめい》絵図」（応永三十三年作成、一四二六）は縦横に延びる道路と区画された地に建立する寺院がびっしりと描かれる。天龍寺・臨川寺の他に、釈迦堂・宝幢寺《ほうとうじ》が大きく描かれ、その周囲にはおびただしい数の子院がみえる。原田正俊前掲論文によれば、禅院は百五十あまり、村堂・町堂も含めると百七十四の寺院が書き込まれている。またこの中心地は、天龍寺惣門から造道を東に延ばした所に立つ「天下龍門」であり、これがこの寺院都市の入り口（シンボル・ゲート）に当たると指摘されている（山田邦和前掲論文）。これだけの数の寺院には相当数の僧がいたであろう。また絵図には描かれていない寺院もあるから（養源院など）、それ以上になる。

この「応永鈞命絵図」には「在家」が数多く書き込まれている。山田邦和論文によれば百四十七箇所に上るという。道路に沿って描かれているが、絵図の在家一箇所には数軒の民家が想定できる。実際の在家の数は六百～八百軒、場合によっては千軒に及ぶという。この在家の数は複数の町を生み出し、全体として都市的景観となる。百七十四に及ぶ寺院とともに都市嵯峨を形成しているとみていい。道路が規律をもってつくられ、また絵図には水路も書かれている。都市生活を想定できよう。

この在家のなかには、酒屋・土蔵があった。応永末年の洛中洛外酒屋交名《きょうみょう》には三百四十二軒が見えるが、そのうち嵯峨の者が十七軒ある。原田正俊前掲論文は、この十七軒の酒屋の住居表示に基づいて、その場所を推定したが、釈迦堂（清涼寺）門前、天龍寺・臨川寺支配領域内に居をもっていたのである。十七軒の金融業者の商売相手は寺院関係者と思われるが、それだけの僧がいたのである。この嵯峨の土蔵・酒屋は土一揆に襲われた時、洛中に質物を移動させているように、洛中との繋がりが強い。

都市嵯峨の生活

嵯峨に居住する人々は僧と民間庶民が大半であったが、彼らの生活は嵯峨で完結するものでなく、洛中とも結びついていた。嵯峨と洛中とを結ぶ道は鎌倉期には大覚寺前を通過する愛宕街道であろうが、「応永鈞命絵図」ではこの愛宕街道は嵯峨の東で天龍寺方面に向かう道と釈迦堂門前に行く道とに分かれる。天龍寺方面への道は道幅広く整然と描かれ、薄馬場小路を直行して紺屋厨子を経て大路（かつての朱雀大路）に出る。また釈迦堂前に出る道は大覚寺門前に行く道が七観音の所で分岐して造られたが、その道が釈迦堂門前に到る所に「旦過《たんか》」がある。旦過とは接待所と同じく巡礼する僧に宿泊の便を提供するものであり、「旦過屋」とも言う。寺院が接待所となっている場合は、その寺院内の宿泊所そのものを言う（『太平記』巻二十）。この時代、接待所・旦過が例外的なものでなく、ほぼ全国的に見えることは多くの研究が指摘しているが（新城常三『増補社寺参詣の社会経済史的研究』）、嵯峨でも応永期の釈迦堂門前に見える。この釈迦堂前の旦過は畿内近国・全国から京都に巡歴に来る人々が嵯峨まで足を延ばして宿泊の便を求めたのであろう。つまり京都寺院圏への参詣者はその一環として嵯峨釈迦堂前旦過に宿泊しているのである。

近国・全国からの巡歴者・僧のなかには、堂などに寄宿するかたちで、一時的に嵯峨に住み着く者もあったであろう。「雑人」の一種であるが、このような人も洛中に出かけて生計を立てていたものと思う。

嵯峨の北には化野《あだしの》があり、ここには共同墓地があり、調査によれば室町期の墓も確認できる。嵯峨にて死去した人の多くは此処に葬られたのである。

梅津も都市化

嵯峨は大堰《おおい》川（桂川）沿いにあるが（左岸）、その下に梅津がある。大堰川は淀川となり摂津の海に出るので、嵯峨・梅津は丹波・淀・摂津を結ぶ水上交通の要衝でもあった。

梅津には長福寺が建立されており、塔頭のうち多くは室町時代までに造られている。「大梅山長福寺全盛古絵図」（近世以前を描く）を詳細に検討・考察した研究によれば（伊藤毅「長福寺境内の構成」）、描かれた塔頭二十八のうち十一は十四世紀後半から十五世紀前半に成立したものである。十五世紀後半以降に成立した塔頭のうち二つは応仁の乱前であるから、南北朝後半から応仁の乱前に成立した塔頭が半分を占める。また絵図には描かれていないがかつて存在した塔頭も想定されるので、室町期に造営された塔頭の割合はこれ以上のものであり、長福寺本寺を囲む形で塔頭が急速に増加していったことが想像できる。嵯峨の天龍寺・臨川寺と同様の傾向を見て取ることができるのである。

絵図の門前には町が成立していたことも想定され（伊藤毅前掲論文）、門前被官人の存在も指摘されている。この門前被官人とは寺に属する俗人であろうから、門跡寺院の寺官に近い存在と見られる。また梅津にも土蔵・酒屋もあった。応永三十二年の酒屋交名（北野神社文書）に見える「けいしゅん」なる酒屋には「嵯峨梅津東頬」との注記が付けられている。この酒屋は嵯峨の酒屋が十七人も記されているうちの一人であるが、梅津酒屋は嵯峨酒屋の一員と認識されている。嵯峨から梅津に進出したのであろう。梅津が都市として発展し、僧・住人が増える中で、酒屋（金融業）が梅津にも出現したのである。

梅津には大堰川河畔に節原《ふしはら》という一帯がある。現在でも罧原《ふしはら》の地名が岸に残るが（交通信号がある）、節原は中洲に延びていた。その中洲には梅津側からの開発と対岸の東寺領上野庄の開発とが入り組み、境相論が頻発した（東寺百合文書く、寛正二年六月二十七日条）。応仁二年十一月二十七日には梅津長福寺僧紹儀《しょうぎ》・道林《どうりん》が上野庄内附子原三段二百四十歩（百八十歩は畠）の年貢納入を請け負っている（東寺百合文書テ）。しかもその田畠は東寺領であるにもかかわらず、「在所は梅津庄内罧原に在り、上野ノ庄類地」と書かれている。場所は梅津（庄）内であるが、上野庄の土地であるという。梅津には中洲まで延びた節原があり、対岸の上野庄と入り組んでいたが、その田畠経営に長福寺僧も参加していたのである。

梅津の中心は長福寺であるが、塔頭の養源院は山名宗全が旦那となっていた。この院主は多角的経営に乗り出して寛正三年には所司代（多賀出雲守）に成敗されたが、この時も山名宗全が動いている（後述する）。養源院はまた梅津に散在名田をもっていたことも確かめられ、上野庄代官のもとに年貢沙汰をする養源院僧もいた（東寺百合文書ケ、寛正二年九月三日幕府奉行人奉書案）。

鞍馬寺門前〜市原

鞍馬寺は洛北の山深くに立つが、室町時代には参詣者が増加し、様々な階層の人々の人気を博した。『満済准后日記』や『看聞日記』には、将軍義教の鞍馬花観や自身（代理人）の毎年のような参詣が記述されている。満済の参詣では、往復の路上で死鹿を見て「参詣奇瑞」と感じたり（応永二十二年十月十四日）、貞成親王（代理）では百足を捕《むかで》らえたり（永享九年八月二十日）、扇を拾ったりして（同十年正月五日）、喜んでいる。とくに百足は山椒の枝に挟んで持ち帰り、張台に安置したが、「月詣での信仰、御利生に預かるの間随喜極りなし」と感激している。

百足については、当時、鞍馬の毘沙門天は百足を従えて訪れる福神としての信仰が見られる。狂言「毘沙門」は初寅の日に宇治の木幡《こばた》辺の住人二人が鞍馬に参詣・通夜して福（梨の実）を授かったので、その場で梨を食べると、黄金の鎧に鉾を持った多門天（毘沙門）が百足に乗って現れたという。百足は古代では山川に棲息し人々の横行を妨げるものであったが、室町時代には福神・毘沙門に奉仕するように変身している。その百足を参詣中に捕獲することは奇瑞として喜んで当然であろう。

鞍馬寺参詣は、福を求める参詣者で賑わった。洛中・洛外からの福・富を求める人々には、西宮夷《えびす》と鞍馬毘沙門とが人気があり（狂言「夷毘沙門」）、七福神の前提にもなっていく。その福とはなによりも有徳（富）なのである。役職や家柄よりも富（銭）を優先する感情が、鞍馬参詣を促していたのである。永享四年六月三日のように、「今日鞍馬寺万人参詣すると云々、今月今日庚寅廻逢事六十一年と云々、邂逅の事なり、仍て貴賤参る云々」と見えて（『看聞日記』）、この日が六十一年に一度の邂逅となるとのことで、貴賤が大勢（万人）参詣したという。また禁裏御乳人は順番を決めて毎月参詣しているという（同、永享三年八月四日条）。禁裏に関わる人々も福（富）の魅力には勝てないのである。

鞍馬参詣者は、鞍馬寺門前の旅店に宿泊するが、これは鞍馬寺僧の経営であった（『親長日記』文明三～五年には蔵泉坊・杉本坊などが見える）。鞍馬門前と洛中との中間の市野原《いちのはら》（市原野とも）にも休息・宿泊する施設（宿）が作られた。市野は大原方面からの路も通る交通の要衝であり、たびたび盗賊が出た。比叡山僧の園明坊は応永二十六年正月二十五日、兵士二十人余を引き具しての鞍馬寺参詣であったが、帰路市野原にて、敵対する舎弟に襲撃された。それだけに市野原は不穏な場所であった。そこに休息所・宿泊所が作られて、貞成親王も嘉吉三年三月二十日、鞍馬寺に密々参詣して、帰りには市野原で駄飼《だしょう》（食事）をとり、しばし休息してから帰途についている。

市野には、阿弥陀堂と補陀落寺《ほだらく》がある。阿弥陀堂は寛文七年には市原村等五ヶ村の惣墓が往古からあったと伝えており、近世鞍馬村が阿弥陀堂の支配を続けている。また補陀落寺には三条西実隆母の墓があり、その母は鞍馬門前に実隆が構えた旅店にて死去している（小谷利明『畿内戦国期守護と地域社会』）。室町時代、市原野という場は賀茂社・壬生家などの領有が錯綜する場であったが、二つの寺は鞍馬寺の支配下におかれていたと思われる。

鞍馬商人の活躍

嘉吉元年、万里小路家は禁裏御厨子所率分所《きんりみずしどころりつぶんしょ》を復興するために、七口（七関）の代官に起用する者を書き上げたが、七条口と長坂口が垣屋なる人物であった（前述）。このうち長坂口は北国・若狭方面からの流通路に沿った関であるが、実態は変化していた。京都七口の位置は場所が伸縮性を持ち、細かく見れば、移動していたことが指摘されているが、嘉吉元年十一月には北国口（艮口）は小原（大原）・鞍馬口になっており、鞍馬商人と鞍馬法師は永和年間よりその率分税を免除されていた、という（『建内記』）。万里小路時房はその免除書類に基づいて、十二月三日には鞍馬商人にその旨を確認する下知を与え、礼物の炭二十俵を得た。

こうして鞍馬商人が南北朝時代以来、大原口・鞍馬口の禁裏御厨子所率分（税）を免除されていることが確かめられたが、このことは鞍馬商人が大原・鞍馬を通過する物品の流通に携わっていたことを示すものである。その鞍馬商人は「鞍馬商人・法師」と記されるように、僧形の者が入っていた。商人を含め、おそらくは半僧・半俗の者であったであろう。こうした者たちが大原・鞍馬から洛中に入る道を行き来したのであり、市野原に宿所を構えたのも彼らが始まりであろう。

この鞍馬商人と山名氏との関係を明示する史料はないが、宗全の風貌（赤入道とあだ名された、『応仁別記』）が鞍馬寺赤不動に連想される形で人々の記憶になっていることから、宗全は鞍馬寺と何らかの関係をもっていたものと思われる。参詣もしたであろう。

市原の小町供養

市野原には現在も通称「小町寺」が残る。先に述べた阿弥陀堂であり、小町の供養塔と伝承される塔も残り、鎌倉時代のものとの解説もある。訪れてみると、室町期の五輪塔がたくさん並び立っている。

補陀落寺（小町寺）の小野小町供養塔
（京都市左京区静市市原町）

謡曲「通小町《かよいこまち》」（観阿弥《かんあみ》作）（『日本古典文学大系40　謡曲上』所収）は八瀬で修行する僧と食事を届ける姥《うば》の話であるが、その姥は市原野に住むと言う。僧は小野小町の亡霊と思い、「かの市原野に行き、小町が跡を弔はばやと思ひ候」と、市原に行く。市原野は小野小町の亡霊を回向供養する場と意識されているのである。

小町の死後を市原野と結びつけて連想することは能にも見える。一休禅師の「狂雲詩集」には金原太夫が「市原小町」の能を演じたことをしらせる。

金原太夫市原小町之能　金原太夫市原小町の能
名誉金原禅竹蹤　名誉金原禅竹が蹤《あと》
吹歌臺上月溶々　吹歌臺上月溶々
目前小町風流之面　目前小町風流の面

（中本環校注『狂雲集・狂雲詩集・自戒集』）

こうして金原禅竹《ぜんちく》が演じた小町の能も「市原小町」といわれるように、市原野に引き付られている。小町は市原とともに記憶されたのである。謡曲「通小町」原形の形成に、市原野で遺骸管理と墓守をする天台系下級聖の唱導を想定する研究もあるが（細川涼一『中世の身分制と非人』）、市原野という場所の境界性を考えさせる。死者の霊がよみがえる場所でもあった。

洛南伏見の山名勢力

永享十二年十二月十二日、山名持豊は伏見光臺寺の住僧を検問した。住僧が謀反人の被官であることが判明したのである。同七月の大覚寺義昭の謀反のことであろう。その検問に山名方は使者を伏見に派遣したが、住僧は逐電してしまっていた。そこで被官人僧の「仲人」兵衛三郎（船津西兵衛）を捕らえようとしたが、この人物は隣郷竹田に逐電し切腹したという。そのため船津西兵衛の舅良阿を召し捕らえて光臺寺で事情を聞いた、という（『看聞日記』）。

この伏見光臺寺の住僧を、山名持豊は何もなしに許している。持豊は光臺寺に関与できる何らかの力をもっていたのではなかろうか。

また伏見郷の惣結合の有力者に三木《そうぎ》氏と小川氏がいるが、三木氏は畠山氏と被官関係にあり、小川氏は山名氏の被官に近い存在であった。すでに持豊父の時熙の時期、応永三十二年四月二十日、伏見御香宮《ごこうのみや》祭礼の猿楽に山名金吾（時熙）の妻女子息等が見物に訪れたが、「今日御香宮に猿楽あり、去月延引なり、山名金吾の妻女子息ら来り、猿楽見物す、禅啓が桟敷へ詔請し一献を儲けると云々」（『看聞日記』）と書かれた。小川禅啓《ぜんけい》の招待で桟敷に呼ばれて見物したのである。この時の時熙の妻女子息等は女子が中心であったようだが、子息もいた。ただ持豊は幕府出仕の身であるので、ここにはいなかったと思われる。

小川禅啓と山名時熙の関係は強かった。応永二十四年五月四日に小川禅啓は備中守に任じられた。法体の任官を幕府は躊躇していたが、山名金吾（時熙）の強い要請があり、また山名被官垣屋氏が文書を出して応援した。少々強引な受領であった（『看聞日記』）。禅啓の子の浄喜も伏見での連歌会頭役を務めたり、また地下の大人成《おとななり》を主催するなど、伏見地下の古老・侍に相応しい存在であった（黒川正宏『中世惣村の諸問題』）。浄喜も禅啓と同様に、山名氏との関係を維持しつつ、宗全の時期も在地で地位を保っていたであろう。

3　京都の幕政と有力大名

室町幕府は京都にあって、朝廷・大寺院と共存している。内裏修造や将軍御所造営、寺院での法要に莫大な費用を費やした。それは幕府独自の財源から支出しただけでは賄えずに、大名に負担させた。

幕政と費用負担

長禄三年（一四五九）には、将軍義政は室町に御所を造営し、十一月には烏丸御所から移った。この事業の惣奉行に任命されたのが山名宗全と畠山義忠である。前述のように、その事業に宗全たちがどう関わったか、費用負担はどうであったか、不明である。政所奉行人たちを実務者とした五山からの借財もあったが、守護職を複数持つ大名の負担は避けられなかったと思われる。

室町御所に移った将軍義政は、直後の長禄三年十二月十八日、等持寺で勝定院（義持）仏事三十三回忌を行った。これにも莫大な費用がかかったが、将軍からの拠出の他に、公家・大名・幕臣からの寄付でまかなわれた。寄付した人々は多く、その名前と額が記録に残されている（『蔭凉軒日録』十二月五～二十四日条）。最高額は百貫であるが、三条宰相中将実雅（百貫）、畠山義忠（百貫）、山名右衛門頭持豊（百貫）、武衛（斯波）松王（百貫）の四人である。三条實雅は将軍義政の側近貴族であり、畠山義忠・山名持豊は御所造営責任者であった。斯波松王殿は管領斯波氏を代表しているのであろう。

管領家では細川氏が細川上総（二十五貫）・細川讃岐守（五十貫）・細川九郎（十貫）・細川刑部少輔

（十五貫）・細川下野（十貫）と多く、畠山氏では義忠の他に宮内大輔（十貫）が見えるだけで、斯波氏では松王の他に竹王丸（十貫）が見える。三管領家は将軍家・幕府の事業には相当の額を負担しているのであり、それだけの経済力が求められていたのである。

所司（侍所別当）家では、山名氏が圧倒的に多く、相模守教之（五十貫）、兵部少輔政清（三十貫）・同七郎豊氏（三十貫）・弾正少弼教豊（十貫）・弾正是豊（十貫）・次代房（九十貫）と見える。赤松氏では治部少輔（十貫）・刑部少輔（二十貫）の二人で、京極氏・一色氏は見えない。この他に、幕府奉行人の飯尾・二階堂・松田・齋藤の者、また足利一族の吉良氏が見えるが、負担額は十貫かそれ以下である。

こうしてみると、山名氏の負担額は、合計三百二十貫と多く、細川氏合計の百十貫を大きく上回る。『蔭凉軒日録』にすべての記載があるわけではないから、これ以外にも、寄付は見られたであろう。家柄・数字に変化があると思うが、ただ大筋は動かないであろう。

康正二年の内裏造営

嘉吉三年に焼かれた土御門内裏が、幕府の事業として康正二年（一四五六）に造営された。四月にはその費用徴収の方針が決まり、洛中洛外から地口銭・棟別銭を徴収することになった。幕府では奉行人が基本方針を立てたようで、棟別銭では飯尾為数と布施貞基が惣奉行となり、奉行人二人と侍所被官一人の計三人一組を町々に派遣し棟数を調査させて、一宇別百文を徴収することとした。地口銭の方針は不明だが、東寺領の場合で見てみると、柳原・唐橋通り・西七条五ヶ村から新たに徴収している。賦課される範囲が拡大しているのである（馬田綾子前掲論文）。

棟別銭に関しては、幕府奉行人から東寺に対して、五月二十六日に西唐橋・久世庄は棟別百十文宛であることが指示されて、棟数を隠した族《やから》は罪科に処すとの催促が出された（東寺百合文書ユ八七、を二〇九）。東寺の境内と坊中にも棟別銭が懸けられたが、一間別百五十三文であった。東寺は境内の百五十八軒分は納入することにして、坊中は免除してほしいと寺奉行の齋藤民部と交渉したが、齋藤は造内裏を理由に断っている（廿一口評定引付、文正元年）。ここでも奉行人が棟別銭徴収の実務を執行しており、その推進役となっている。

また段銭も徴収された。この時期の幕府に近しい寺院・神社・貴族、将軍昵懇《じっこん》の武士、奉公衆、守護大名には、段銭が割り当てられたのである。所有している荘園の面積に応じて銭を負担するのである。この時の額は不詳だが、他の例から推定して段（反）別百文と思われる。『康正二年造内裏段銭幷国役引付』（『群書類従』雑部）という史料がこの納入状況を記しているので、見てみよう。嵯峨の大《だい》雄寺《おうじ》は、尾張国味岡《あじおか》庄段銭として五貫八十文を、また丹後国賀悦《かえつ》庄段銭として四貫禄八百八十文を出して、ともに五月二十六日に領収されている。このように荘園ごとに銭が面積に応じて賦課され、それを領主の責任で幕府に納入したのである。これは武士も、守護も同様である。ただ賦課された荘園は全国には及ばずに、東は加賀・遠江、西は因幡・備後の範囲である。

守護大名は所有している荘園の段銭の他に、守護国に対する賦課分を負担した。それが国役であるが、一国が百貫文であった（田沼睦『中世後期社会と公田体制』）。ただ守護全員が負担したわけではなく、この時に負担したのは以下の者である（数字は史料作成時の納入額、「」は注記）。

一色氏	四〇貫文	「丹後国要脚分」
飯尾因幡入道（細川成之代カ）	二〇〇貫文	「阿波・三河両国」
甲斐美濃（斯波氏代）	七〇貫文	「越前国百貫要脚内」・「遠江国百貫要脚内」
安富近江（大内氏代）	二〇〇貫文	「周防・長門二箇国要脚」
遊佐河内守（畠山氏代）	一〇〇貫文	「紀伊役御要脚」
山名与次郎（山名宗全代）	五〇貫文	「御要脚」
土岐	三〇貫文	「要脚」
山名相模守教之	一五貫文	「要却」
細川刑部少輔	三〇貫文	「泉州半国段銭五十貫文内」

注記の文言からも二ヶ国で二百貫、半国で五十貫であるから、一国が百貫を標準としている。一国百貫は過去の例を勘案しながら、この事業の惣奉行たちが決めたものと思われる。永享四年の幕府造営の時は、三ヶ国・四ヶ国守護は千貫、一ヶ国守護は二百貫であったが（前述）、それに比べると守護の負担は少ない。一国当たりは半分である。

山名氏では、この時、惣領宗全は本国に隠栖しており、京宅の責任者は、ここに見える「山名与次郎」であった。この与次郎という人物は諸種の系図にみえないが、山名豊道氏所蔵系図には持豊の孫に該当者らしい者がいる。

六（二）郎
持豊――時豊――弥次郎

持豊の子のうち時豊は六郎を称したが、二郎か、とも言われ、その子に弥次郎がいる。弥次郎と与次郎は発音が近いので、この弥次郎が五〇貫文を負担した名義人（与次郎）であるとも考えられる（他に持豊と同じ時期の人物として、備後西国寺再興に関わった山名次郎教時がいる）。

山名氏では相模守（教之）も負担しているが、山名与次郎負担の「御要脚」は細かく「御要脚万疋之内段銭」と書かれている。万疋は千貫である。山名惣領家では守護国全体分として千貫を拠出することに決まっていたのである。これは永享四年幕府造営の時と同じであり、三・四国以上は千貫となったものと思われる。甲斐美濃守が負担している斯波氏領国分でも、詳しくみると「越前国、万疋分御要脚」、「遠江分、万疋分御要脚」とある。斯波氏も千貫を負担していたのである。三国以上の守護は細川氏（勝元）、畠山氏も同様であったと思われるが、この史料にはそのことは見えない。今回の万疋負担守護は斯波氏と山名氏に限定されたのであろうか。

康正二年の内裏造営事業を賄う費用徴収にあたり、幕府では奉行人の進める洛中・洛外対象の地口銭・棟別銭と領主（とくに大名）が負担する段銭という二つの方法を進めた。奉行人と大名の勢力が並び立っている。奉行人の方が都市京都を対象地する費用調達を担っているのである。一方の大名たちの段銭名目の負担は額が大きい。この大名負担が幕府事業を可能としているのであり、その政治的影響力は甚大である。ただ負担している守護家はここでも少なく、守護全体が負担する原則である守護出銭というよりも、在京する有力大名に負担させる方策であったろう。

山名氏は大名のなかでも費用負担が大きい。宗全が本国蟄居の時であるにもかかわらず、万疋負担の守護となって、幕府を支えている。負担が大きければ、それだけ発言力も高まる。この事業での山名惣領家の功績は、やがて宗全の幕政復帰につながるのである。享徳三年（一四五四）末から但馬にあった宗全は康正三年八月に上洛し、翌年の室町御所造営の惣奉行を担当したのである（前述）。

京都の有力大名

こうしてみると、幕府は主催する国家的行事に際して、京都居住の奉公衆（武士）や守護に経費負担を分担させている。守護には一国単位で百貫文などの基準を設けている。慣例・制度としてある程度定着しているので、これを幕府の財政政策として制度的に理解する研究も多い。ただ制度をもとにしながらも、変則的な負担を有力者には求めざるをえない。三・四ヶ国の守護を兼ねる大名には、基準の三倍・四倍でなく、万疋（千貫）を負担させている。京都の有力大名には基準以上の負担を求めているのであり、山名惣領家（宗全）はその典型である。山名氏が、斯波・畠山・細川の三管領家とともに、幕府を動かす有力大名の政治的位置を確保していたのは、この財政的負担を続けたからである。京都にあって有力大名の名誉を保つには莫大な銭（富）が必要なことが分かる。日野富子が幼児（後の義政）のことで宗全を頼ったという『応仁記』には批判が必要であるが（家永遵嗣「軍記『応仁記』と応仁の乱」・「再論・軍記『応仁記』と応仁の乱」）、日野勝光・富子が宗全と接触を持った可能性はある。その経済的力をねらったとも考えられよう。

この時期の幕府有力大名にはこうした財力が求められたのである。宗全も武力だけでなく、富の力を実感したに違いない。財力なしには京都の大名は立ち行かない。

4　山名一族と京都寺院

山名一族の法事

文安四年（一四四七）七月四日、宗全（宗峯）は南禅寺栖真院にて、亡き父（時熙、入道常熙）の十三回忌仏事を催した（『建内記』）。七月四日が命日にあたったが、前日には一切経転読の供養もしていて、寺へは千貫を施入している。千貫文とは莫大な金額である。一切経読経には僧百人を招待したら、その礼物（引物）だけでも大変である。しかも南禅寺という五山別格寺院での法事であり、費用は田舎とは雲泥の差であろう。千貫は、現在では物資の有り様が全く違うので、比較は出来ないが、何千万円（あるいは一億）という額であろう。京都に屋形を構えて、京都に住む大名は、京都の寺院において法事が多いが、それだけに寺院・僧との付き合いも費用も多い。

宗全と京都寺院

京都は寺院・僧の数が多い。室町時代は禅宗系寺院が幕府の保護を受けて強大となり、鎌倉時代以来の寺院勢力と並ぶほどになった。大寺院には各々末寺もあり、全体として、京都社会の一大構成員となっている。山名氏などの武家大名が京都社会に食い込む（なじむ）には、大小の寺院と結びつくことが必要である。

山名惣領家は、父時熙の時から、京中の寺院と接触を持っていた。そのことを列記してみよう。時熙時代から記す。

○南禅寺

南禅寺は京都五山の上に位置して「五山の上《ござんのじょう》」と言われる。山名時熙（常熙）は南禅寺境内の一区画に庵を構え、大陰宗松を住まわせ、栖真院とした（小坂博之『山名常熙と禅刹』）。その後、宝徳二年（一四五〇）、持豊（遠碧院）は大陰亡き後に、同門の香林宗簡を請じ、南禅寺に真乗院を造立した（『山名家譜』）。その時には深草郷を寄進したが、その寄進状は次のようなものである。

山城国深草郷一色納米三千石、真乗院に寄附す、武運長久・子孫の繁盛を専らにする、子々孫々に至り違変すべからず、寺領の成敗のこと、垣屋申すべきなり、仍って状くだんの如し、

宝徳二年三月四日　　　　源持豊花押

真乗院香林和尚　　　　　　　　（読み下し文）

山名一族の武運長久と子孫繁栄を願っている文面である。この年の七月四日には宗全は父金吾禅門〈常熙〉二十五年忌の供養仏事を催している（『康富記』）。

さらに宗全は、母（無染《むせん》）が養育した山名一族の瑞巌という僧を、享徳四年（一四五五）、南禅寺住持に就任させた。『瑞巌禅師行道記』（『続群書類従』九―下）に、師七十の時に南禅寺住持に就いた旨

の記述が見えるが、同書には至徳元年の誕生と見えるので、七十歳は享徳四年と計えられる。嘉吉の乱の後、宗全は南禅寺との関係を強化して、宝徳・享徳年間には山名一族から住持を出すまでになった。

『蔭凉軒日録』文明十八年正月十四日条には、山名宗全（遠碧）の息（字名芳心）は南禅寺栖真院の美少年なり、と見える。宗全晩年の子であろうが、南禅寺栖真院に入れていたのである。

○相国寺

足利義満によって建立された相国寺は幕府の東隣にあり、将軍家の保護を受けた。五山第二位で、塔頭も多い。

『満済准后日記』永享六年七月十一日には、相国寺の喝食《かっしき》（稚児《ちご》）が僧に殺されたが、この喝食は「山名親類」との記事を載せる。塔頭の坊に同宿していたのであろう。この時期は山名時熙から持豊への山名家権力移行期であるが、山名惣領に近い人物が相国寺に喝食として入っていた。

嘉吉三年五月、塔頭大徳院の僧衆から招待された山名右衛門入道（宗全）は、院主（住持）が空席になっているのを知って、大徳院領の播磨国荘園を預かってしまったという。この時前住持も同席したが、面目を失い、行方不明になったという（『建内記』）。大徳院の中には山名宗全に頼ろうとする僧が少なからずいたことが分かる。応仁元年の相国寺合戦の時にも山名方の僧が付け火をしたというが、宗全の影響力は続いていたのである。

○建仁寺

栄西建立の禅寺であるが、京都五山三位となった。塔頭も多く、室町時代には五十を超えた。その一つの大龍庵は山名宗全が檀那であった。長禄四年（一四六〇）五月、将軍義政の御成には檀那であることから、宗全が相伴している（『蔭凉軒日録』長禄四年五月廿八日条）。大龍庵は江戸時代にはあったが（珍皇寺に近い）、今はない。

○梅津長福寺

桂川左岸に接する梅津に長福寺がある。この長福寺は山名持豊の父時熙の時から所領を寄進して関係が深いが、持豊も永享八年閏五月七日には備後国金丸名・上山村の反銭免除を認めている。また持豊被官で守護代の犬橋満泰は同十二年九月十八日に金丸名田を長福寺に寄進し、その打渡は被官人の伊野家長が行っている（長福寺文書）。この後も保護する姿勢を強め、持豊（宗全）は長福寺檀那と言われるようになる。

寛正三年八月に塔頭の養源庵僧らが所司代多賀によって罪科に処せられたが、それに対して「山名殿はかの寺檀那たるによって」幕府に使者を派遣し善処を申し入れた。所司（侍所）は京極持清であり、その代官の多賀出雲守のために養源庵僧が殺害され、贓物《ぞうもつ》屋具が悉く奪い取られたという。経緯を『蔭凉軒日録』で辿ると、多賀出雲守の被官人の切腹で落ち着いたかに見えたが、奪われた贓物が返却されないことに山名方・長福寺方は抗議している。養源庵の贓物・屋具にこだわっているのであり、養源庵の金融業を想像させる。寛正七年二月二十九日に長福寺祠堂銭から二十五貫文を借用した村上入道正賢は山名氏被官人と見られるから、長福寺金融業は山名氏（被官を含めて）財政を支えるところがあったと考えられる。

5　山名家の催し物

公的な犬追物

犬追物は流鏑馬《やぶさめ》とならぶ武芸であり、足利将軍家でも将軍義満の時期から催されていた。将軍義成（義政）は管領細川勝元邸を訪れて、たびたび犬追物を見ている（享徳二年、長禄三年、寛正六年など）。御成と一体となり、将軍と管領の親密な関係を演出している。その場には在京している大名も参加したが、そこが友好の場となり、また権威にもなっていた。

犬追物は縄を円形に張り、そのなかに犬を入れて、周囲から追い回して、矢で射るものであるが、三十六騎が十二組ずつ三手に分かれ、さらに一手十二騎を三組にして四騎が一度に競うものである。服装は狩衣・直垂に行縢《むかばき》・物射沓《ものいぐつ》を着用するという。京都に居を構える大名の武芸訓練の場でもあり、「犬追物ハただ興宴を催すに非ず、偏に武訓を習う為なり」と言われている（二木謙一『中世武家儀礼の研究』）。

犬追物は友好関係にある者が集い、楽しんだ。文安四年（一四四七）八月十九日には細川勝元は山名宗全との婚儀後初めて宗全邸を訪れたが、そこでは犬追物・猿楽が行われた（『康富記』）。また同六年閏十月五日には宗全は細川邸に招待され犬追物を見ている（『北野社家日記』）。長禄四年（一四六〇）には山名邸馬場にて犬追物を行ったが、そこには管領（細川勝元）・一色・土岐の諸氏が集まった。みな源氏であるが、当時の考え方として、犬追物は源家のものであり、源家の他には許されないものとされていた（二木謙一前掲書）。また同年閏九月には管領邸馬場にて犬追物があったが、そこでは宗全と弾正少弼（教豊）が仲直りした（『長禄四年記』）。宗全父子の仲違いが元に戻る場として犬追物の会が利用されたのである。

犬追物は室町殿で行われても、大名邸で行われても、見物人が押しかけた。長禄三年四月十五日に、細川勝元が西京の桂村野にて興行した犬追物には百騎以上が参加したが、山名宗全がその綱頭（中心人物）であった。万人という見物客が垣のように周りを取り囲み射芸を見たと言うが、四百五十疋が射られた（『碧山日録』）。市中から出かけた見物人の前で、射る者は芸を誇ったのであり、先頭を切った宗全（五十五歳）は人気を博したであろう。

私的な犬追物

山名家では犬追物が好まれて、私的にも挙行されていた。万里小路時房は嘉吉三年五月二十三日に、「山名一党はおおく田猟を好む、田畠を踏み損じ、農民また愁い傷む、人々の犬を捕え、終日犬追物を射る、或いは犬を殺し、人これを食う、鷹養の汚穢不浄充満するか、さらに神慮に叶いがたしか、管領被官人堅く制止を加えるも鷹養に及ばず、食犬は被官人がんらい興隆か、主人は知らざる謂か」と書いている。陰暦五月となり、山名家被官人は田畠に出て猟をし、野良にて犬追物をしたのである。犬追物が終わると、犬を殺して食べたという。時房は被官人の食犬はふだんから盛んであるが、主人が知らないだけである、という。

犬を食することは、京都社会の構成員もしていたようである。病気平癒のために、山伏に勧められて、貞成親王も山犬を食している（『看聞日記』応永二十八年十二月十四日）。地方でも多く、大内氏の山口居館では犬が食用に切断されたように、骨が出土していた（北島大輔「大内氏は何を食べたか」）。

市中の犬

幕府の公的な犬追物に参加する大名は犬を領国から調達した。細川氏は丹波からの貢納が本来であったが、無い時には銭で調達した。犬は京都の専門家が集めたのであろうが、詳しくは分からない。

持豊の父の時熙の時に、市中の犬を集める堂（犬堂）が造られていた。『康富記』応永二十五年九月六日条によれば、四条大宮の「犬堂」において来る九日から、二人の検行が平家物語を語る勧進を行う予定だという。その犬堂の謂《い》われは、洛中に「奇犬」が横行しているので、杓《しゃく》を用いて「一銭勧進」をして集めて、堂を造った、という。犬一疋を一銭で買い集め、堂に入れ置いた（犬堂）。勧進は何を名目にしたか不明だが、予定の金額が集まらないので、山名金吾禅門（時熙）が勧進事業を継承して平家語りを興行し続けたという。犬堂で金銭を集める平家勧進を継承したことは、山名時熙と犬堂との深い関係を示すであろう。犬堂の檀那とも考えられる。

宗全の時代、山名被官人は犬追物を好み朝から晩までやっていた、また犬を食していたと時房は言う。市中の犬を集めることを被官人は続けていたかもしれない。

猿楽「殺生石」

室町時代の京都では猿楽（能）が流行した。持豊も自邸にて猿楽を開催している。永享十年（一四三八）三月十日には観世座の猿楽能を催し、公方（義教）を招待している（『看聞日記』）。また婚姻後に細川勝元を自邸に迎えて犬追物を開催した時には、猿楽も行った。

犬追物が終ると猿楽に移る場合もあったが、犬追物には猿楽能「殺生石」が連動していた。室町時代の辞書である『節用集』の明応本には犬追物は「イヌヲモノ」のルビをつけ「有二玉藻前一」（玉藻前あり）と割書する。また黒本でも「有二玉藻前事一云々」（玉藻前事あると云々）と割書する。犬追物には「玉藻前」がつきものであったことを示していよう。

「玉藻前」は能「殺生石」に登場する姫であるが、実は狐が化けていた。鳥羽上皇が病となったのは寵愛した玉藻前のしわざと分かり、逃げ出した。その後玉藻前は下野国那須野に現れ悪事を重ねていることが朝廷に報告されて、討伐軍が派遣された。玉藻前は九尾の狐と化していたが、討伐軍は犬の尾を狐に見立てて訓練し、ついに狐を射止めて、殺した。だが狐は直後に巨大な石に変わり、近づく人間や動物の命を奪ったという。

山名宗全が細川勝元を招いて行った文安四年八月の「犬追物・猿楽」の猿楽でも「殺生石」（玉藻の前）が上演されたに違いない。犬追物の訓練が九尾の狐を射る弓馬芸となっている。こうした犬追物・猿楽は、山名邸に押しかけた群集も見物したことと思われる。永享四年二月九日に京都の一色邸で行われた猿楽には、赤松氏家人三人が押しかけて、一色家門番との間に喧嘩となった。仲裁が入り大事には至らなかったが、騒動は大きくなり、猿楽は中止となり、群集も逃散したという（『看聞日記』同十日条）。

京都の大名家で行われる犬追物・猿楽は、京都市中や周辺で暮らす人々の注目するところであり、大名家は彼らの目（評判）を意識していた。あちこちの大名家の催し物に押し寄せる大勢の人の大半は雑人であったであろう。

6 市中での勧進猿楽

文安元年五月二十六日から二十八日まで、山名持豊は土御門河原で勧進猿楽を催した。山名氏は一族をあげて桟敷を構えたようである。二十六日、山名修理大夫入道常勝（教清）は使者（高山右京亮清重）を万里小路時房のもとに送り、猿楽桟敷の用意があるので招待したいと伝えた。時房は金吾（持豊）の桟敷で見物することになっていたのでと断ると、それでは御子息（時房の子成房）はどうかと重ねて招待されたが、こちらも指合《さしあい》なので丁重に断ったという（『建内記』）。山名一族がこぞってこの猿楽勧進に力を入れていることが分かる。また交友のある公家層にも見物を招待しようとしている。

勧進猿楽の流行

二十七日には宝生《ほうしょう》座の猿楽が演じられた。来迎堂の勧進とのことであった、山名氏の主催であるが、全体が華美に設えられた。桟敷は十間であったが、醍醐寺三宝院以下の門跡がそこで見物し、また山名一族も見物していた。ただ畠山氏や細川氏は桟敷を打たず（構えず）、武家でも山名氏が単独で興行していた。山名氏被官でも垣屋内者の齋藤丹後入道などは桟敷を打ったし、またそこで見物した山名小者の衣裳が人々を驚かせた。薄綾絹などの贅沢なものであったので、貴族たちは「前代未聞の過差」と非難した。ただ見せ物の場に華やかな衣裳で出かけるのは流行りであり、山名関係者はこの流れに乗って楽しんでいる。
この勧進の名目は来迎堂造営であったが、その来迎堂は梅津長福寺の堂と思われる。元徳二年二月二五日梅津庄守元名坪付（『長福寺文書』一九二）裏書に一段大の買得者として「来迎堂栖芳軒咸海（花押）」が見える。この来迎堂は長福寺内のものであろうし、近世の長福寺絵図に見える阿弥陀堂（伊藤毅前掲論文）が該当するであろうか。山名持豊が檀那である梅津長福寺の塔頭の造営であれば、山名氏が力を入れるのも納得できる。

芝居と雑人　翌日の二十八日にも三宝院は河原桟敷での見物にまた現れた。この日は最終日となったが、山名持豊は群集した見物人のための見物料を免除した。一般の人々は桟敷ではなく、舞台と桟敷の間の場所である「芝居」に座り見物する。芝居とは舞台の周囲の土の上である（林屋辰三郎『日本演劇の環境』）。桟敷は身分の高い者が財力にまかせて華美に設えたが、芝居は土間で安い。雑人の見物席であるが、宗全はそれを免除した。彼が肩代わりしたのである。その額は二千疋（二百貫）に及んだという（『建内記』）。
芝居での見物料一人の額は不明だが、二百貫は一人百文ならば二千人分、一人二百文なら千人分となる。芝居には千人に近い人々が入ったものと思われる。入れなかった者たちは桟敷の並びの外側にたむろしたであろうが、鴨川の土御門河原もごったがえしていた。持豊は集まった人々の気持ちを汲んだものと見えるが、京都での金銭の使い方の一つとして覚えたのであろう。京都での世評を気に懸けて行くには金銭がものをいう。

勧進猿楽と雑人

猿楽勧進には雑人が群集する。寺の造営勧進が境内で行われると、そこに雑人が出入りすることになり、公卿層などは忌み嫌う。嘉吉三年、吉田浄蓮華院の造営を勧進で行うこととなった。浄蓮華院は吉田経房《つねふさ》によって建立されて以来、勧修寺流の氏寺としての性格を持ち、その分かれである万里小路家も同寺で祖先・親族の仏事をし、時房も故人の正忌・月忌・遠忌を行っている（高橋秀樹『日本中世の家と親族』）。

万里小路時房は浄蓮華院造営が住持と幕府管領の協議により、猿楽勧進で行われるようになったことを仕方ないと思いながら、もし寺のなかに桟敷を構えたならば貴賤が軒に出入りするようで草莽《そうもう》に類することになると歎き、河原の如き所で行うことを希望している（『建内記』三月二十五、二十六日条）。

実際には鷹司河原で五月七〜九日に行われた。観世座の舞である。主催者は飯尾肥前入道永祥（為《ため》種《たね》）であり、武家の細川勝元・山名持豊以下が桟敷を構えた（『建内記』）。また浄蓮華院坊主には飯尾肥前の弟がいたので、奉行人たちが大勢で押しかけて、百疋（一貫）、二百疋と銭を出した（『康富記』）。『看聞日記』では勧進場所は土御門河原と見えるが、同時期に近くで平家勧進も行われて、猿楽も六晩続き、万人が集い、騒ぎたてていた、との見物人の話を載せる。大変な人出であり、喧噪に包まれていた。時房は寺の境内でなくてよかったと実感したであろう。彼は三月十八日の宇多院御所の亭子院において行われた勧進猿楽に「雑人群集し」人々が桟敷を構えて見物している様を「はなはだ狼藉然るべからず」と言っていた。

鴨河原での猿楽勧進には大勢に人が群集する。雑人が集まる。山名・細川などの大名は好んでその中に入り、猿楽を見物した。万里小路時房などは見物するが、雑人の喧噪は嫌悪している。持豊らは雑人と接するなかで、京都市中の気風や世評を感じたのである。

第九章　寛正の京都――飢饉・土一揆・幕府芸能

1　戦乱と京都情勢

畿内の戦乱

寛正年間（一四六〇〜六六）の七年間は、幕政が比較的安定していた。河内では断続的に合戦が続いていたものの、京都では戦乱はなく将軍―大名間の協調が維持された。ただ幕政推進の場である京都では応永飢饉を上回る飢饉が襲い、土一揆も起こった。それを乗り越え、寛正が終わると文正となり、幕府に権力闘争が起こった。そのなかで出現した政治装置が応仁の乱をもたらした。

寛正年間の京都はどのような社会状況のなかにあったのだろうか。またそのなかでの山名宗全の位置はどうだったのだろうか。

室町幕府の政治運営はいつも畿内・近国での戦乱を押さえ込み、京都への波及を避けることを一つの要件としていた。またそこで軍事的成功をおさめた人物が職位を越えて幕政に影響力を持つに至る。嘉吉の乱の後の山名持豊がいい例である。寛正年間の畿内での戦乱は、河内嶽山城に籠もる畠山義就を攻撃する畠山政長らの戦いが、寛正四年八月まで断続的に続いた。これについてはすでに叙述したが、幕府・大名は軍勢を派遣して包囲軍を支援していたが、その軍事的緊張や内部対立が京都政界に持ち込まれることはなかった。

大和でも筒井氏と古市《ふるいち》氏という有力国民（国人）の対立関係が続いていたが、これが直接に幕政に影響する段階にはなかった。古市氏と吉野に遁れた畠山義就の連携が始まると政治情勢は大きく動くが、その手前にあった。

ただ京都郊外や、政治的には准京都とも言える地域での戦乱の継続は、在地の庄園社会には疲弊をもたらしていた。播磨国矢野庄では寛正元年閏九月に「天下兵乱、あるいは国中浪人等出現により、自然物忩の時は年貢等取り乱す」ことが問題となっている。どこかで導火線に火が付けば燃え上がる条件は蓄積していた。

山名―京極の対立

その京都市中にあって武力衝突になろうとしたのが、寛正三年八月の京極持清と山名宗全の対立である。これについてはすでに少し述べたが、梅津長福寺の養源庵僧を所司代多賀氏が罪科に処した事件が発端であった。所司（侍所）京極持清の代官である多賀出雲守が養源庵僧を殺害しその贓物屋具を没収した。山名方は幕府に訴えて、多賀出雲守の被官人の切腹で落ち着いたかに見えたが、奪われた贓物が返却されないまま、対立は翌年にも続いた。この対立が武力衝突になる前に、寛正四年九月の土一揆が起こり、両者はとりあえず和解した。侍所権力をテコにして梅津の塔頭寺院を弾圧しようとする京極氏と、檀那としての権勢を強化している山名氏の争いである。このような動きも戦乱につながる恐れがあった。

2　寛正二年の大飢饉

寛正二年の飢饉状況

寛正元年（長禄四）、京都や周辺地域は自然災害に見舞われていた。二月には地震があり、六月（陰暦）は秋の長雨が続き洪水が起こった。また八月、九月、閏九月と地震がおそった。洛西の嵯峨は桂川が流れるが、川向には東寺領荘園が分布する。その一つの上野庄では、川中の節原《ふしはら》が毎年水損となるが、この年はことのほか被害が大きかった（廿一口評定引付）。九月には畿内・周辺では大和・若狭・越前などの庄園で損免（年貢軽減）を求める動きが出てきた。十二月二十一日には「寛正」と改元された。

十月頃から翌年春にかけて、飢餓民が京都に押し寄せた。奈良興福寺別当経覚《きょうかく》の日記（『経覚私要鈔』）によれば、諸国の者が乞食となり京都に上り集まったのは、去年（長禄四）十月頃からであり、洛中に充満するようになった。数万人の数となり、室町殿（義政）は正月一日から五・六日まで施行をした。人別六文、足手の立つ者には人別五十文を与えたが、実際には一条道場聖に執行させた。京都の様子を見てきた僧が別当経覚に語るには、京都では町々で乞食が日夜朝暮に餓死するので、屍骸を捨てることも出来ず、一条から九条まで、東西南北、京中に死人が満溢している。長禄四年冬から寛正二年春にいたるまで京中では幾千万という死者が出たが、諸国炎干連年の災いに逢ったためである（正月二十七日条）。経覚はこれらの記事を、京都と奈良を往復している人物の話に基づいて書いているので、事実に近いであろう。同様な記録は京都東福寺僧（太極）の日記（正月二十二日）にも「去年は蝗《いなご》・潦《にわたずみ》・風・旱の災いが続いて国家が凋耗弊亡した。今年正月には天下は礼を殺ぎ食を減らし、飢餒する者多し」（『碧山日録』）と書いている。

願阿の施行

京都市中に飢餓民が充満した状況のなかで、一条道場では聖が施行した。二月になると三条大納言は午膳を止めて飢人に分け与え、ある者（太極は「春公」と記す）は銭数百枚を道路の餓人に分与したという（『碧山日録』）。

願阿という聖が将軍義政の許可を受けて、大々的な施行に乗り出した。かれは二月二日から、六角堂（長法寺）南に数十軒の苫屋を立て、餓人に飯は害になるとの判断により、粟粥を施した。それでも続出する死体は鴨川の溢（埋め立て地）や油小路坊の空き地に埋めて霊をなぐさめた。二十五日には大釜十五口を用意し、群集する餓人に食を与えたが、死者は膨大となり、京市中で八万二千人に達したという。そして二月晦日には流民のために設けた小屋は取り払われた（『碧山日録』）。

五山の施餓鬼会

三月になると、五山による施餓鬼会が始まった。二十九日、将軍義政の命令を受けて、建仁寺僧は五条橋の上で飢え死にした飢民の霊を慰め、食を施した。願阿の施行が打ち切られたのを受けて、この後、施餓鬼会が四月末まで連続する（西尾和美「室町中期京都における飢饉と民衆」）。実施したのは、建仁寺、相国寺、等持寺、真如院、鹿苑院《ろくおんいん》、東福寺、万寿寺、南禅寺、天龍寺、臨川寺である。五山の禅宗僧が中心であり、二月に施食していた聖は登場していない。相国寺施餓鬼会では侍所所司代が周囲を警固していたが、施食・施餓鬼の混乱なく進めようとする公権力の姿が見える。また施餓鬼会の場は四条橋、五条橋、渡月橋である。橋の上で行われて、「水陸会」とも言われるが、四月二十日に南禅寺僧が四条橋上で行った時には、「七如来の号」が唱えられた。七如来は施餓鬼の本尊であるという（西山克「七如来の顕現」）。鴨川沿いの四条橋・五条橋は町屋街に近く、桂川沿いの渡月橋は嵯峨・梅津の町場に近い。餓人・餓死者が続出した場所柄で施餓鬼会は行われた。

このように室町殿（将軍）義政の指示から動きが始まっている。市中の民に対する処罰権を持つ侍所の出動はあるが、これも将軍の指示を受けていたであろう。だが実施場所から見ても、飢饉・餓死者という緊急事態に対応した側面が強いものである。

鞍智高春の施行

未曾有の飢饉に対して聖願阿や五山僧の活動は出てくるが、俗人はどうであろうか。将軍は施行を命じているが、細川、山名などの有力大名はどうしていたのだろうか。

『碧山日録』が記す俗人の施行は、三条亜相（正親町三条公綱）と「春公」である。このうち「春公」については佐々木鞍智氏と推定されていたが、最近になって鞍智高春であることが確認された（清水克行『室町社会の騒擾と秩序』）。

その施行を示す記事は次の通りである。

春公は銅銭数百枚を出して、道路の餓莩に分かち与える、公は平生より慈あり、流客・餓人を見るに、則ち草舎を作りこれを養う、活きる者おおし。（『碧山日録』寛正二年二月十四日条、読み下し文）

飢えて浮浪している者に銭を分け与えた。彼はふだんから慈愛があり、荒ら屋をつくり餓人を収容し食を与えていたという。

この春公（鞍智高春）は将軍に近習する侍であるが、屋敷を東山と市中に持っていた。流浪民を救う行為も、市中でのことであろう。彼は本領美濃国関の寺院の造営に関わるなど、富を蓄積していたが、その財源は市中での活動にあったかと推定される。春公は様々な交友関係を築き、接待に金銭を使っているが（『碧山日録』に散見する）、それは公務や所領からの収益で賄えるものではない。何か蓄財事業をしていたのであろう（刀剣に関わるカ）。

宗全と鞍智高春との関係

このような状況にあっても大名は例年と同じように贅沢な会合を持っていた。あの春公も三月二十八日には、細川勝元・同道賢・京極持清を自宅に招き、大きな宴を催し、金春を呼んで歌舞を楽しんでいる。その会には東福寺僧太極も参加している（『碧山日録』）。

春公（鞍智高春）と宗全は近しい関係にあった。宗全はたびたび春公のもとを訪問している。寛正二年正月六日にも「年首の礼」に訪れた宗全に対して、春公は酒を勧めている。また春公父死去後の七月には、細川氏・京極氏のように関係深い人物と同様に、宗全も使者を派遣して弔っている。

宗全が檀那となっている南禅寺の瑞岩《ずいがん》は、父が山名氏清の甥であり、母は佐々木鞍智氏の出自であった。また『碧山日録』記主の太極も佐々木鞍智氏であるためか、記事には山名氏関係ものが散見する。そのなかでも注目されるのは長禄三年十二月十二日の記事であるが、「山名氏金吾宗全の亡妻、玉渓と号す、この日すなわち大祥忌なり、邦春院にて弁法供を営む、瑞岩・存耕および諸英あい集まる、余其の席に預かる、点心の供畢りて金吾は其客数十人を率いて来る、焼香して去る」（読み下し）と見える。この日は山名宗全の亡妻の大祥忌（命日）であった。その法事を邦春院にて営んだというが、そこには瑞岩上人も参加している。太極もその席に加わった。法事が終わった後、宗全は数十人とともに太極の坊に来て焼香したという。宗全亡妻は玉渓《ぎょくけい》といい、その祥忌命日法要を具体的に書くのは、太極とその玉渓が近しい関係にあったためかとも思う。宗全妻はあるいは佐々木一族の出自かもしれない。

宗全は鞍智高春とも近しい関係にあったが、高春が餓人に施行しても、宗全はしていない。細川・畠山なども同様である。勧進猿楽では雑人の芝居での見物料を肩代わりした宗全であったが、餓人・流民に施しを与えてはいない。

3　寛正の土一揆

寛正三年の土一揆

寛正二年大飢饉の翌年の寛正三年（一四六二）九月には、京都市中で「徳政」の土一揆が起こった。九月十一日には東山万寿寺などで警戒されたが、二十一日には洛中の土蔵などが襲われ雑物が奪われ、放火された。錦小路と綾小路の南北間、東洞院と町通の東西間の三十町が焼失したというが（『大乗院寺社雑事記』）、商人や金貸しの多い所である。

寛正の土一揆は、周辺庄園の名主・百姓の一揆という側面がないとは言えないが、京都市中に入ると牢人・大名内者が指導者となる。「大将ハ蓮田兵衛ト云、牢人ノ地下人也」（『長禄寛正記』）と言われるように、蓮田《はすだ》（荷田とも書く）という地下牢人が土一揆の指揮者となった。また「大名内者また土一揆引汲者と号し所々に乱入する」（『大乗院寺社雑事記』）と記されるように、大名内者（被官）が土一揆勢と手を取り合っていた。土一揆は京都に入ってからは、その参加者の構成も大きく変化すると考えるべきである。牢人蓮田の周辺にも大勢に仲間が加わり、蓮田は「大将」となるのである。

土一揆勢は、応仁期の足軽と同様に、流通路を押さえ、京都出入口を塞いだ。そのため市中では米穀が不足するようになり、十月末には僧でも羹《あつもの》のなかに米粉を加えたスイトンのような物を食べるようになった。市中では土一揆勢・牢人の放火により三十町が類焼したというが、この混乱のなかで、市中に住む雑人たちは土一揆に入ったり、牢人衆に引率されたりして、略奪に加わっていたと想像できる。

張本の蓮田兵衛

幕府方は京極・武田・赤松・山名・土岐などの諸氏から軍勢が出されて、土一揆軍を洛中から追い出した。十月二十五日には細川軍を中心にして組織的に警備し、翌日の戦闘では一揆軍が敗れた。東寺に籠もっていた蓮田軍もみな逃散し、蓮田兵衛は淀川を舟で下り、紀南に隠れたという（『碧山日録』）。十一月初めには蓮田も討たれて、その頸は三日には京都に届けられ、四日には六条河原に晒された。

このように蓮田は河内淀から紀伊に逃げ込んでおり、そこを活動拠点にしていた。寛正三年九〜十月の期間は、嶽山城に籠もる畠山義就軍を幕府軍が囲んでいた時期であるが、その戦闘は小康状態に入っていた。このような時期に蓮田の牢人軍勢が京都に入り、土蔵を襲い、物資を奪ったのである。戦時物資の調達ということも考えられる。

赤松軍の活躍

寛正三年土一揆はこのように地下牢人を主力にしていたが、それを退治するに功績のあったのは赤松次郎法師（政則《まさのり》）であった。彼は武田氏や伊勢氏の軍が賀茂の林間で土一揆と合戦している時に、助成に加わり、戦功をあげた。そのために十月二十八日将軍義政から褒められている（『蔭涼軒日録』）。

ここに山名氏と対抗関係にある赤松氏がまた台頭することとなった。また奉行人伊勢氏も出動して合戦に参加している。奉行人層の政治的発言も武力行動に裏付けをもつようになった。

寺社炎上

嘉吉二年から文正元年の市中火災を表にしてみよう。日記の性格もあるが、応永・永享期に比べて、市中の小規模火災が多い。また寺社の火災が多い。北野社（文安元年四月）、南禅寺（同四年四月）、鞍馬寺（同四年七月）、天龍寺（同年同月）、六道珍皇寺（同五年四月）、東山浄土寺（同六年六月）、大徳寺（享徳二年八月）、南禅寺（寛正二年二月）、眞如寺（寛正二年三月）と続いている。ほとんどは自焼であるが、北野社の場合は酒麹特権を否定された西京土民による放火である。

表6　洛中の火災(2)（嘉吉二～文正元年）

年	月	日		
嘉吉2	8	12	清水観勝寺奥坊炎上	康富記
嘉吉3	7	22	東山粟田口炎上。青蓮院坊官大谷宿所、盗人所行	看聞・管見記
	7	23	大舎人炎上	管見記
	7	24	五条坊門室町辺数町焼亡。強盗所為という	看聞日記
	9	23	内裏焼亡	康富記
文安元	4	4	地方頭人摂津掃部頭入道住宅〈今出川武者小路西頬〉焼亡。余煙が隣小家に及ぶ。付け火	康富記
	4	13	土一揆、北野社放火	建内記
	10	3	勘解由小路京極朱雀間北頬宗福寺〈律院〉庫裏炎上	康富記

	10	8	北小路聖福寺之戌亥角有焼亡、彼寺之寮。小家ばかり焼く	康富記
文安4	4	2	南禅寺焼亡。龍興庵より失火。塔頭など炎上	康富記・臥雲日件録
	4	9	二条猪熊与押小路間西頬酒屋一宇焼亡	康富記
	4	27	中御門室町北西角甲斐入道〈斯波千代徳被官人〉宿所炎上	康富記
	7	2	鞍馬寺大門幷多宝塔炎上、自大門下在家失火出来、在家四五間焼亡云々	康富記
	7	3	柳原火事	康富記
	7	5	嵯峨天龍寺焼亡、〈亥剋〉都聞寮付火也云々	康富記
文安5	正	2	土御門町辺西山焼亡。奉行齋藤家など	康富記
	4	5	六道珍皇寺炎上、塔坊等焼了	康富記
	5	4	医師寿阿法師之宿所〈春日烏丸与東洞院間南頬也〉夜討乱入。宿所幷文庫焼亡	康富記
	8	4	七条町辺、鷹司町東南角など炎上	康富記
文安6	6	22	東山浄土寺殿焼亡、護摩堂より出火	康富記
宝徳元	10	13	上北畠辺焼亡	康富記
宝徳2	6	10	四条坊門室町焼亡	康富記
	6	27	暁鐘時分、一条堀河南西焼亡、和泉守護が守護代宿所に火付け	康富記

	7	24	四条坊門京極火事	康富記
宝徳3	10	8	戌剋四条富小路辺焼亡	康富記
享徳2	8	4	紫野大徳寺炎上、寺中皆焼亡	康富記
享徳3	9	12	五条町与樋口間西頬焼亡	康富記
享徳4	3	15	今夜鷹司富小路与土御門間東頬焼亡	康富記
	4	24	四条油小路焼亡、盗賊之所為也云々	康富記
康正2	正	29	暁亜相文庫炎上、盗人所為云々、文庫幷累代重宝悉焼失云々	師郷記
長禄元	10	25~27	土一揆により、七条堀川付け火、四条~七条まで焼く	経覚私要抄
寛正2	2	27	南禅寺火災。飯尾氏に悪僧成敗させる	蔭凉軒日録
	3	5	眞如寺炎上。義政は騒劇を当職に命じる	陰凉軒日録
寛正3	9	21	土一揆、洛中土蔵襲い、放火。錦小路と綾小路の南北間、東洞院と町通の東西間の三十町が焼失	大乗院寺社雑事記
寛正6	2	14	土御門京極与富少路間一町燃える	親元日記
	11	7	御霊辻子火事	親元日記
文正元	6	24	暁卯刻許土御門富小路辺有火事	後法興院記
	9	1	去夜丑刻許北方有火事、一条町小家云々	後法興院記
	9	5	近衛朱雀焼亡	大乗院寺社雑事記

9	9~10	山名勢・朝倉被官等が徳政沙汰。土蔵酒屋乱入し放火。鷹司扇町	後法興院記・大乗院寺社雑事記
12	12	坂本馬借が祇園社に籠もり出火	大乗院寺社雑事記
12	16	所司代多賀高忠邸に火事	齋藤親基日記
12	20	細川被官邸出火し相国寺塔頭などに延焼	後法興院記

土一揆の乱入が放火を引き起こしている。長禄元年十月、寛正三年九月の例が典型的であるが、市中の密集地が広範囲に焼かれた。火災拡大を防ぐに大名軍は土一揆勢を京都から追い払うしかない。ただ大名軍の方でも、文正元年九月のように、被官たちが徳政を要求して、土蔵・酒屋に放火している。

寺院火災は僧坊・塔頭などに被害が拡大し、影響が大きい。将軍は事情調査などを奉行人等に命じている。寛正二年二月の南禅寺の場合には奉行人飯尾氏が悪僧成敗にあたっている。寺院内の悪僧が火災の原因となっているとの情報を得ていたのである。眞如寺炎上では騒然となり、将軍が事態の収拾を侍所所司（京極持清）に命じている。京都市中の火災が騒乱となる傾向のなかで、その成敗をめぐって将軍直属奉行人と侍所が競っている。

4　幕府晴事の猿楽興行

寛正五年糺河原の猿楽興行

寛正五年四月の五日、七日、十日の三ヶ日、鴨川糺《ただす》河原で盛大な勧進猿楽が興行された。将軍義政の仰せを受けて管領細川が指示して開催したものであり、幕府あげての行事であった。正月に義政は観世座音阿弥《おんあみ》に河原勧進挙行を命じて始まるが、桟敷構築の差配は管領勝元が担当することとなった。幕府では二月末に室町殿で、三月二十二日には管領邸で習礼を行うなどして、備えた。名目は鞍馬寺造営であり、勧進聖には春松院善盛が命じられた（須田敦夫『日本劇場史の研究』）。

将軍義政は三日ともに、「御台様」（日野富子）と一緒に観劇した。義政は十八人の御供衆（侍十六人）を連れ、富子は十三人をともなった。演じたのは音阿弥嫡子の大夫又三郎政盛であったという。桟敷は六十三間であった。舞台に向かう正面一間には神桟敷が設えられ、その東三間が将軍桟敷、西三間が御台桟敷となった。その将軍桟敷に連続する形で、青蓮院（二間）、梶井某（二間）、管領細川勝元（三間）、畠山尾張守（政長）（三間）、畠山右衛門督（二間）、斯波治部大輔義廉（三間）、山名右衛門督宗全（二間）、山名相模守（教之）（二間）、山名兵部少輔（政清）（二間）、一色左京大夫（二間）、京極（二間）、土岐美濃守（二間）、民部卿法眼胤祐（一間）の桟敷が構えられた。将軍の隣には門跡二人が続くが、それに管領家（細川・畠山・斯波）が三間桟敷を構える（庶子は二間）。続くのは所司家の山名・一色・京極家が二間桟敷を設けている。ただ山名は宗全の他に、相模守教之・兵部少輔政清もそれぞれ二間桟敷である。

「御台」富子桟敷に連続するのは、順番に次の人である。日野義資（二間）、二条道持（二間）、聖護《しょうご》院《いん》（二間）、三宝院（二間）、南都大乗院（二間）、八幡善法院（二間）、細川讃岐守（二間）、細川民部少輔（一間）、細川刑部少輔（一間）、細川淡路守（一間）、細川下野守（一間）、六角某（二間）、富樫介（畠山権介）（一間）、畠山播磨守（一間）、伊勢守（一間）、赤松刑部少輔（一間）、赤松次郎法印（一間）、勧進聖（一間）。こちらには幕府に近しい貴族や寺院勢力が見える。武士では細川一族が五人（桟敷は各一間）のほか六角・富樫・畠山（庶子）が見える。さらに寛正四年土一揆鎮圧に功績のあった次郎法師（政則）など赤松一族二人と奉行人伊勢（貞親）が見える。

このように桟敷を構えた大名や寺院勢力は、この時期の幕府政治を支えた人々である。

鴨川糺河原（京都市左京区下鴨）

「近来の壮観」　初日に集まり桟敷を設けた様子を、相国寺僧は「六十三間桟敷。公家、武家、騎馬、衣服改観。みな曰く近来の壮観。日晴風静。公方は車に乗ぜらる也」と記している。誰の衣服も見たことのないようなもので、

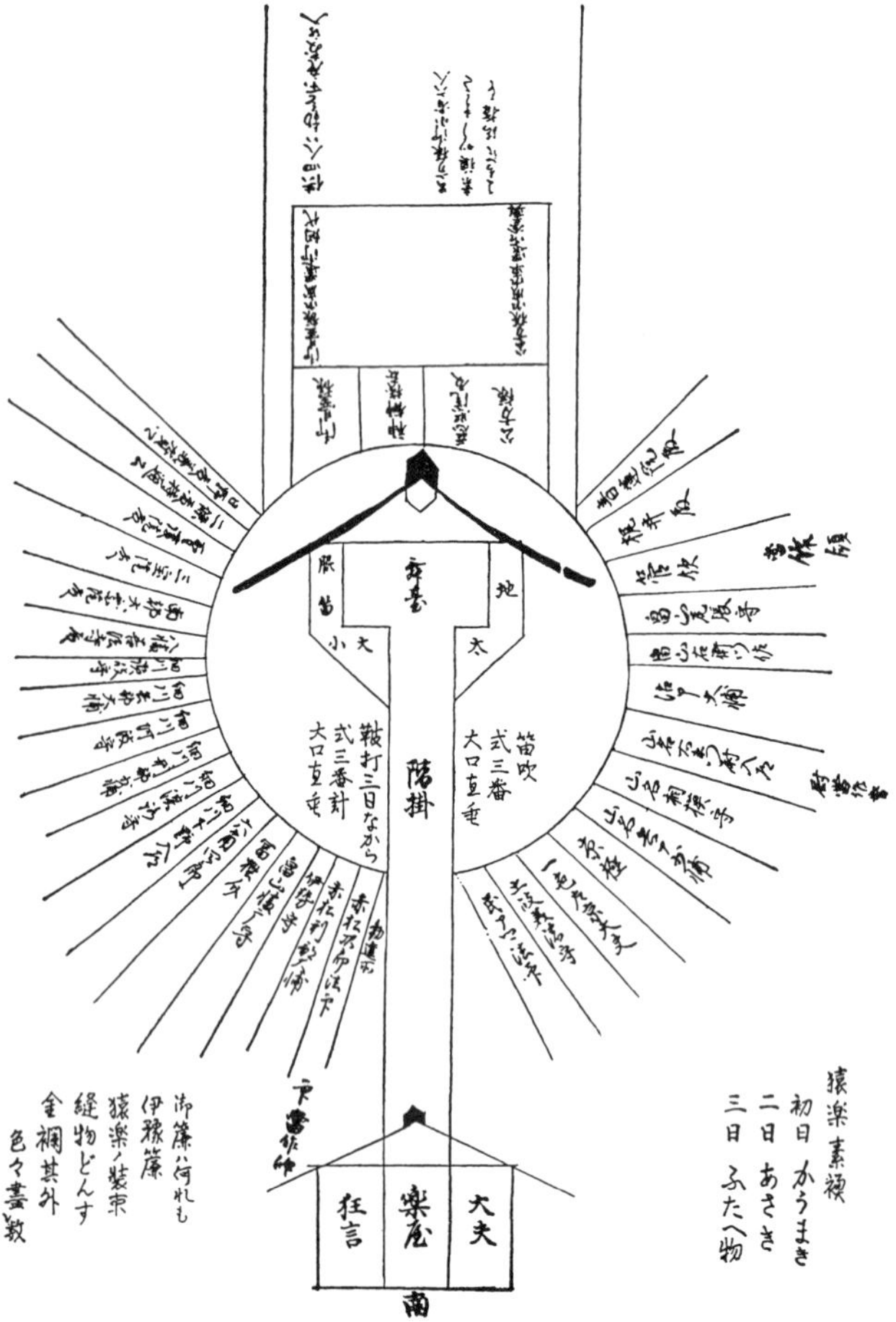

寛正四年糺河原の舞台図

(「異本糺河原勧進猿楽記」『日本庶民文化史集成２　田楽・猿楽』より)

近来の壮観であった。かつて山名被官の派手さを非難した人々も華美を競ったのである。また二日目を終えた時には「天下太平の時、必ず勧進あり。是ゆえ上下和睦しあい楽しむ。尤も公方の御威勢これに過ぐべからず」とも記す。幕府あげての行事に将軍の威光が高揚したと伝えるのである。

勧進猿楽の場となった糺河原は、鴨川と高野川の合流地点である。四月初旬は夏の始まりであるが、まだ水量も少なく、河原としては広い。ここに六十三間の桟敷を設け、舞台をしつらえた。集まった群衆の数は膨大な数であろう。

南都大乗院主の参加計画

南都興福寺大乗院の尋尊は幕府から勧進猿楽参加の要請を受けて、二月から準備に入った。古市氏・十市氏をともなうこととし、上洛は板輿と決めた。桟敷入は車とし、車道具などは九条家に準備を申し入れた。桟敷の作り方は代官の柚留木《ゆるき》に沙汰させたが、京都の人々のやり方を真似させるようにし、また葺板や拵《こしらえ》などには杉正などを奈良から運ばせた。その他の用材は京都の材木屋から借用することにした（『大乗院寺社雑事記』）。

他にも様々な用意をしたが、莫大な費用がかかるので、その工面に苦労した。まずは支配下の庄・郷六十四ヶ所に「御用銭」を賦課した。納入された銭は一ヶ所当たり、五百文から二貫五百文であるが、合計は四十四ヶ所・四十八貫三百文であった。また知り合いの寺院などから借入したが、その合計は三十四貫五百文であった。この二つを合計しただけで八十二貫八百文となる。費用合計はおそらく百貫に及んだであろう。

ただ尋尊の猿楽見物は実現しなかった。興福寺学侶などから、今は訴訟最中にあり、神の法会も止めているのであり、猿楽見物などけしからんとの意見が多く出た。そのため尋尊は京都の幕府にその旨を報告し、上洛をあきらめた。すでに大乗院桟敷は出来ていたが、その費用（工賃ヵ）は将軍桟敷費用分担金とともに進上した。

尋尊は上洛し、猿楽見物が楽しみであった。そこは社交の場ともなっていた。尋尊は「上洛は不能、無念と謂うべし」と日記に書いている。

赤松次郎法師は将軍の盃を受ける

大乗院は二間桟敷を構えての参加に約百貫文を用意した。奈良からの費用を差し引いても相当なものである。聖護院（二間）、三宝院（二間）も大変であったであろう。

大名家では細川氏が管領勝元（三間）の他に庶子が五人（各一間）、桟敷を構えた。管領家で最も有力な家柄であり、将軍義政を支える最も重要な一族である。大変な出費であろうが、それだけの幕府重職を任されることになる。

赤松家では次郎法師（政則）と刑部少輔が桟敷を構えたが（各一間）、猿楽二日目に次郎法師は将軍桟敷に召された。そこで将軍から直々に盃を下され、「恭敬歓喜のおもい」でいっぱいとなった。赤松家は長禄二年南朝から神爾を取り返した功績により再興していたが、その後は細川勝元に接近していた（渡邊大門『赤松氏五代』）。『赤松盛衰記』の「桟敷之並御一字ヲ賜事」はこの年の猿楽桟敷設営が赤松次郎法師から申し出たものであり、細川勝元により執奏されたことと記す。将軍桟敷での御盃については触れていないが、この桟敷がもととなり同年十一月の元服時に一字を拝領したことを述べる。赤松家でもこの勧進猿楽の桟敷は再興過程の一大事であった。

宗全の行動

二日目（八日）猿楽七番が終わった時、将軍桟敷の宴は続いていた。見物人のなかの何人かが一斉に笠を脱いだ。これは宗全が田楽師永阿弥《えいあみ》に命じてそうさせたのであるが、将軍の威に敬意を表したものであった。そして将軍が還御してから、その者たちも帰ったという。笠を着けていたのは時宗の修行僧かと思われるが、その頭目（永阿弥）を宗全は指揮下に置き、猿楽興行の場の権威発揚に気を配ったのである。

三日目（十日）の猿楽に赤松次郎法師（政則）は月毛馬を牽いた。宗全はその馬が気に入り、佐々木三郎衛門尉という人物を仲に立て、譲ってほしいと申し入れた。赤松方では浦上《うらがみ》美作守が、これは犬追物の馬として最良であると断ったが、宗全は諦めなかった。蔭凉軒主（季瓊真蘂《きけいしんずい》）に執拗に頼み込み、遂にその馬を獲得した。その様子は「是非を憚らず懇々と所望せらる」と書かれている。かなり強引である。

赤松政則（六道珍皇寺蔵）

宗全の行動は馬そのものというよりは、赤松政則を格下に扱うことにあったと思う。猿楽二日目に将軍義政桟敷に召された政則の晴れがましい様を見ていたのであろう。赤松家が将軍に優遇されるのが不愉快だったのであろう。

寛正六年の幕府晴儀

寛正五年四月の糺河原猿楽での和合気運は翌年正月に持ち込まれた。同六年正月も将軍義政の大名邸御成が連続したが、大名邸では必ず猿楽が演じられた。正月五日の管領畠山政長邸訪問から始まって、十二日の斯波義廉邸、二十二日の山名宗全邸、二十三日の細川勝元邸、二十六日の京極持清邸と御成・猿楽が続いたのである。幕府では寛正五年九月に管領が細川勝元から畠山政長に替わっていたが、新管領を中心にした幕府は新しい年を歩み出したのである。

還俗していた義視は従四位下（正月五日）、左馬頭（二月二十五日）となった。五月から七月には義政と富子によって義視の婚儀が進められた。富子妹（同母）良子が義視の妻となった（家永遵嗣「再論・軍記『応仁記』と応仁の乱」）。十一月二十日には義視の元服を諸大名も祝った。そして十一月二十三日には御台所富子に男子（後の義尚）が生まれた。ここから富子・義政方と義視方の対立を『応仁記』は説くが、そのことを確認できる史料はない（家永遵嗣前掲論文）。むしろ義政と義視は協調しており、富子も同調している。

寛正七年正月山名邸御成

このような協調関係は山名宗全にとっても好ましいものであった。その翌年（寛正七）の正月も幕府周辺は穏やかな雰囲気のなかにあった。将軍義政は二十二日には宗全亭に、翌二十三日には勝元亭に御成した。宗全亭には義視も一緒であった。連歌となり、将軍の発句。

八千年ノ影モアラタマ椿カナ

それを受けて亭主（宗全）は、

立枝数ソフ梅ソ木タカキ

さらに今出川（義視）は、

紅ノ霞ニ、ホフ日ノイテ、

新しい年を迎えて、庭の椿や梅を、三人で鑑賞しながら、寿いでいるようである（あるいはそうような感情を共有しようとした）。宗全も、山名氏一族の主催する連歌会で正徹に教えを受けていた。また自分の主催する連歌会もあった。京都という文化世界に交わってきたことがここでも生きている。宗全も上手ではないかもしれないが連歌に親しみ、京都の大名として、将軍と膝を交えるように、楽しんでいた。

第十章　宗全の権力主導

1　宗全と勝元、伊勢貞親を失脚させる

斯波家内紛と伊勢貞親

伊勢貞親は長禄四年六月に幕府政所執事に就任した。政所は幕府の政治機関であるが、同時に足利家の家政機関でもあり、足利家の財政を管理していた。幕府が様々な事業を行うときには財源が必要であるが、この時期は京中の町屋に地口銭・棟別銭を賦課して徴収していたが、それを執行していたのが政所であった。そのなかで政所の職員（奉行人）は洛中の町人との接触を深め、土蔵などと特別な関係を築く者もいた。

伊勢氏はその政所職員の筆頭に立つ家柄である。その家風は伝統的な武士というよりは実務官僚的な武士であり、才覚に長けていた。伊勢家は足利家執事であるので将軍の幼児を養育していたが、伊勢貞親も将軍義政の養い親であった。義政が管領権力から自立して幕政を主導して行くとともに伊勢

氏の力量に頼ることが大きくなった。また貞親の姉（妹とも）が義政妻（富子）の兄として権勢を築いた日野勝光の愛妾となったことでも、貞親の幕府での影響力はいっそう強まった。

幕府管領家のうち斯波氏では、当主義敏《よしとし》と老臣甲斐常治《かいじょうち》らとの対立が激しく、幕府は処理にてこずっていたが、甲斐常治妹が伊勢貞親の妾となっていたことから、当主義敏は不利な情勢となり、やがて退き、長禄三年（一四五九）家督はその子松王丸となっていた。

越前守護代家の甲斐敏光と朝倉孝景《あさくらたかかげ》は幕府の関東公方足利成氏討伐の意向を受けて下国し、出陣して堀越公方足利政知を助けた。その政知を補佐していた人物に渋川義鏡《よしかね》がいたが、甲斐と朝倉はその子の義廉《よしかど》を斯波家の当主に立てることを図り、寛正二年（一四六一）将軍義政も容認した。

斯波義廉、追放されようとする

斯波家当主を退いた斯波義敏は復権を図っていた。義敏の妾と伊勢貞親の妾が姉妹であることから、貞親は義敏の荷担に傾いた。貞親の将軍義政への働きかけもあり、文正元年（一四六六）二月二十四日に斯波義敏は修理大夫とともに義政に謁見することができた。同年七月、洛中で斯波義廉が義敏被官数名を斬殺する事件があったが、その件を伊勢貞親と蔭涼軒西堂（季瓊真蘂）が糺明した。この結末は不明だが、義廉側に不利な要因が生まれたことは想像できる。この事件はあるいは伊勢貞親が仕組んだものかとも思われる。伊勢貞親と蔭涼軒西堂は直前の六月から斯波修理大夫の京宅を移動させる謀を進めているが（『蔭涼軒日録』）、これも義敏を京都に迎え入れる策略の一環であろう。

七月二十三日、将軍義政は伊勢貞親・蔭涼軒西堂の進言を入れて、義廉を廃し義敏を斯波家当主に復活させることを決定した。これに対して、山名宗全・細川勝元をはじめ一色・土岐の諸大名は治部大輔（義廉）を支援した。山名宗全は斯波義廉と婚儀を進めつつあり、細川勝元は彼が進めるはずであった九州大内氏赦免を伊勢貞親に横取りされていた。宗全・勝元ともに伊勢貞親に一撃を加えようとする感情を抱いていた。そのため京都に大乱が起こるかとの風聞がたったが、しばらくは静かに過ぎた。

この時、将軍方が斯波義廉討伐の武力行動を起こすという噂も起こった。『文正記《ぶんしょうき》』にはその時の斯波義廉母（渋川義鏡妻）の行動が叙述されている。

そもそも義廉の萱親は山名都督伯父同名摂津守息女なり、小長刀脇差を取り副え身を放さず、合戦に潰れば則ち自害を念《おもひ》定む女房なり、七月末、板蔵以下の郎従を召し、自ら酒を酌して勧め仰せらるようには、義敏の御事は上意に叶い兼ねて贔屓方もこれ夥し、定めて挙戦あるべし、然らば面々は最前に討ち死にすべし、次にまた甲斐党をはじめとして老若そこばく召されて自ら酒を勧む、義敏の御事は上意贔屓なり、かならず討手を下さるべし、面々は日ごろの志これまでなり、自今以後の身体は各々随意たるべき旨を仰せらる、然る間千菊丸又従父兄弟甲斐左京亮は諸傍輩に代わりて、畏まり承り候、御前に参じてはなんぞ二心あるべからずと申し上げ、肝に銘じ舌を巻いて退出する、女丈夫とはもっとも申すべきなりと云々。

（読み下し文）

義廉の萱親（母親）は山名惣領一族摂津守の息女という。山名一族でこの摂津守に該当する人物を系図上に捜してみよう。『尊卑分脈』と『続群書類従』に載せる山名系図では、時氏の子師義（師氏）の第一子に義幸（讃岐守）がいる。両系図ともに義幸に続く系統は載せていないが、山名村岡藩家老池田氏所蔵の山名系図には次のように見える。

師義〈伊豆守〉――義幸〈讃岐守〉――師幸〈同官〉――持幸〈摂津守〉┬遠江守
└宗幸

山名摂津守の実名は持幸である。山名摂津守（持幸）は長禄三年四月五日、鞍智高秀とともに東福寺霊隠軒主太極のもとを訪れた「摂州太守幸公」（『碧山日録』）と同一人物であり、宗全孫が鶺鴒《せきれい》を好んでいるとの話をしている。摂津守（持幸）と宗全家とは近しい関係にあることを示すエピソードである。この山名摂津守の息女が渋川義鏡の妻となり、義廉の母となったのである。

『文正記』の語る彼女は、七月末という緊迫した時期に（二十六日に義政は斯波家督を義廉から義敏に替えた直後）、義敏側からの武力攻撃があると予想して、甲斐など家臣に酒を勧めながら叱咤したのである。彼女自身、いつも小長刀脇差を身につけていて、いざという時は自害する覚悟であったとのことだが、彼女の言動に感じ入った甲斐左京亮は二心無しと応じたという。家臣の武勇を宣揚した彼女は「女丈夫」と評価されている。

宗全の激怒

この時、宗全は斯波義廉を娘婿にする縁談を進めていた。義廉母は山名一族であるから、山名氏と斯波氏との関係がいっそう強化されるはずである。その義廉が危機に立ったので、宗全は黙っていられなかった。しかも伊勢貞親が黒幕であるから、尚更であった。斯波義廉出仕停止の使者が義廉邸に向かったとのことが宗全にも告げ知らされた。その時の宗全と家臣の動きを『応仁記』に見よう。『応仁記』はいわゆる一巻本の、室町末期写とされる宮内庁書陵部本を底本とする古典文庫本（和田英道編、昭和五十三年）を利用する。

山名入道宗全は激怒した。「言語道断の次第であり、奇怪なことだ、この儀はいかに上意であっても、勘解由小路（義廉宅）に出向いて、公方使者を阻止する」と剛毅に言い放った。これを聞いた家臣たちは宗全を諫めた。垣屋・太田垣等の大殿原共十三人である。この度の斯波義廉のことは親戚のこととは言え、主君の上意を優先して判断すべきであり、上意に背くことは「御家の瑕瑾《かきん》」となるとして、前漢王陵の例や聖徳太子の君は天、臣は地とする思想を引いて諫める。そして承引なくば高野・粉川《こかわ》にも入り出家するとまで言った。これに対して宗全は次のように家臣をたしなめた。現代文に直して引用してみよう。

方々の忠言は道を重んじてのものである。私はいままで道が不足していたとは思わない。水は上が濁れば下は澄むことがない。政道が乱れれば民は安じることがない。私は今斯波義廉邸に出向いて謀計の奴原に矢を射懸けて無念を散らそう。それが公方への反抗になろうとも構わない。その証拠は、赤松満祐が義教殿を殺害したとき、細川一族をはじめとして六角・武田等の軍は雲霞のごとく播磨へ出向したが、蟹坂で切り返され人丸塚に陣を取った時、宗全が但馬口より攻め込んで満祐を取り込め城山城を切り落とし、現将軍（義政）の親の敵の首を取った、その本意を達したのはこの宗全である。それなのに六・七年後には満祐の弟を許し、播磨に入れた。その時には諸君たちとともに播磨に下り、腹を切らせた。面々はよくこのことを心得よ。礼記には「父の敵は共には天を戴かず」という。いかなる田夫野人であっても、親の敵には遺恨を含むものだ。亡父（義教）の讐敵に鬱憤を懐かぬ公方ならば上意に違えてもしかたない。諸君面々は自身のことを優先して贔屓する側につきなさい。高野・粉河に隠居するもいい。

宗全の言うところの後半は赤松討伐の功績が自身にあること、赤松は現将軍の親を殺害した敵であり、その恨みを忘れてはならない、もし忘れている将軍ならば上意に違えてもしかたない、というものである。武士の家として、親の敵を憎む感情がはげしく語られる。

前半では「水は上が濁れば下は澄むことがない」という。上（主君）が間違えれば下（家臣）にも及ぶとする考えである。これは室町時代にも読まれた唐の政治書『貞観政要《じょうがんせいよう》』に見える、船は主君で水は家臣とする思想にも通じるもので、主君と家臣は一体関係にあり、主君の過ちは家臣が正すものである、との考えである。

このような演説をした宗全は、さらに次のように、伊勢貞親を糺弾する。

抑、大名ノ身上ニヲイテ、若、不儀不忠アラハ、時ノ管領ニ被仰出、諸大名ト評定アッテ、従其過失ニ被停止出仕者歟、又ハ寛宥有者歟否ニテ有ヘキニ、彼貞親等カ分トシテ三職家ヲ進退シ、畠山ノ家督ノ如ク、又武衛ノ家ヲ掷着ス、依彼思之、今日ハ義廉カ上、明日ハ我等カ身上ニカヽラン事、

〔原文〕

大名の身上に若しも不忠のことがあったら、時の管領に諮り、諸大名と評議して、過失により出仕停止か寛宥かを決めるべきである。それを、あの貞親のごときは「三職」（管領）の人事を牛耳り、畠山家の家督を左右し、また武衛（斯波家）にも関与している。今回のことは義廉の身に降りかかったが、明日は我が身かもしれない。

〔現代語訳〕

三管領をはじめとする大名家の身上のことには、管領を中心とした大名たちの協議の慣習があるのに、伊勢貞親のような奉行人ごときが出過ぎたことをしている、放置したらいつ我が身に災難が来るか分からない、との趣旨である。三管領（細川・畠山・斯波）を中心にした有力大名こそが幕府を支えている自負がある。老臣大名家の家格意識に近いものであり、奉行人を見下している。

聞いていた家臣たちは、「父がもし子の諫めを聞きいれない時には詞を変えて父に従い、主君がもし臣の諫めを用いない時は口を閉じて主君に従えとの文もある、今は猶予できない」との思いに到り、宗全に随う。このように、宗全を諫める家臣には父の敵への恨みを説き、奉行人伊勢の分不相応な振

る舞いを糺弾して、家臣を説得したのである。

斯波義廉出仕停止問題のその後は重大事態になることなく、九月を迎えた。出仕停止は沙汰止みになったか、あるいは直後に解除されたかであろう。『応仁記』では出仕停止命令から二、三十日後に赦免されたという。

この一件に見える宗全の言動は、武士の家を伝統的考えによりながらも、中国政治書を参考にして主君と臣下の臣従関係に近いものとして観念している。これを『応仁記』の虚飾と見る向きもあろうが、『貞観政要』などが一条兼良により武家に説かれていることを思い浮かべると、あり得ることとも思われる。宗全が一条兼良亭に出入りしていたことは前に述べたが、『貞観政要』の趣旨は話題になっていたとも思う。

義政は山名・斯波の婚姻に反対する

八月三日、将軍義政は山名宗全と斯波義廉の婚姻を中止するよう命じた。これも伊勢貞親と蔭凉軒西堂の入智恵であろうが、慎重に進められた。義政は宗全姉の安清院を召し出し、婚姻を絶つことを承諾させるとともに、密かに日野勝光を使者に立てて宗全に命じた。宗全も了承したと言う（『蔭凉軒日録』八月三日条）。斯波義廉と宗全娘との婚姻事実は進んでいたのであるが、それを断絶させる命令である。管領家の斯波義廉が山名宗全に支援され続けることを恐れたのである。この八月の九日、十二日と京中で騒動が起こり、斯波義敏弟（竹王丸）が捕えられているが、この義敏派の動きの背後にも伊勢貞親がいると見られる。ただこの婚儀はこの後、時期は不明だが、結ばれた。山名氏系図（『続群書類従』所収等）でもそのことがわかる。

義視、山名・細川を頼る

九月六日、義政の弟義視は御所から逃れて、細川邸（あるいは山名館）に入った。伊勢貞親の妄言を受けて将軍義政が今出川殿（義視）を殺害しようとしているとの伝聞を得たからである（『後法興院記』）。だが義視殺害の謀略は失敗し、伊勢貞親と斯波義敏は翌日には没落した。

義視は将軍義教の子として永享十一年（一四三九）閏正月十八日に生まれた（義政三歳下の弟）。幼くして僧籍に入っていたが、男子に恵まれなかった義政は寛正六年（一四六五）十一月に浄土寺門跡であった義尋（義視）を還俗させた。足利家督を譲ることを約束したのである。還俗を渋る義視に対しては「もしも今後に若君が生まれるようなことがあってもその子を出家させる」との旨を約束したという（『応仁記』）。十一月二十日義視は元服し、二十五日には公方義政に参じて御目に懸かった。同十二月二日には左馬頭・従五位に任じられた。着々と後継者の道を歩んでいたが、義政に隠居の様子は見えなかった。

寛正六年（一四六五）の十一月二十三日に御台所（日野富子）が若君を出産していた。富子は八月二十七日に着帯して懐妊が世間に知られていたが、若君（男子）が生まれたのである。最初の男子は早世していたが、二度目であり、慎重に育てられる配慮が進んだ。とくに富子の実家である日野家では、おのずから期待がふくらんだ。義政自身にしてもそうであろう。義政には弟義視との約束もあり、苦慮することとなったに違いない。

それから約十ヶ月後の文正元年九月初め、義視は兄義政に命を奪われる危険に遭ったのである。それを義政に勧めたのは伊勢貞親である、と義視は思い込んでいる。義視の伊勢に対する憤りは激しいものとなり、後々まで続く。この義視が、伊勢貞親と敵対する山名宗全を頼ったのは当然であろう。

危険を感じた義視が室町御所を抜け出して、誰の所に逃げ込んだだか。公卿の九条政家は今出川殿が「去夜」（九月五日夜）に「先職（細川勝元）の宿所」に入ったという伝聞を日記に書いている（『後法興院記』）。その事情については、伊勢貞親の讒言《ざんげん》を受けた室町殿（義政）が今出川殿（義視）を殺害しようとしているとある人が告げたので、義視は殺害されるような咎はない、伊勢をこそ殺すべきだと細川勝元に訴えた、ということと伝える（同前）。義視は、義政―伊勢の攻撃を察して、前管領に訴えたのである。幕府前管領の細川勝元に訴えたのである。現管領の畠山政長でなく細川勝元を選んだのは、勝元が実力者であることと、政長は義就との家中争いの最中にあることを思ったのであろう。いずれにしても細川勝元を頼ったのは彼が「先職」（前管領）という幕府権力につながる人物であったことによる。

一方、奈良興福寺の尋尊は、九月六日辰刻（朝八時頃）今出川殿（義視）が山名（宗全）館に入ったとのことを、京都から下向してきた使の言として記している（『大乗院寺社雑事記』）。その使は未下刻（午後三時頃）に京都を出発してきたという。続けて、義視は自分の処分問題が予想されるので、その日のうちに「細川在所」に入ったと記述している。いったんは山名館に入り、直ぐに細川邸に移ったことになる。『後法興院記』には山名館の記述はない。『大乗院寺社雑事記』は早い段階の情報に基づいていて、あるいは不確かかもしれない。もしそうだとしても、京都でも直後には、義視は山名宗全の館に入ったとの風聞がもっともなこととして広がったのである。宗全はこの前後、義視と近しい関係にあったと考えていい。

義視を殺害しようとした伊勢貞親は、細川の申し開きを入れた義政の裁きを受けて、京都から追放された。貞親だけでなく、子貞宗、さらに上池院法師・赤松次郎法師（政則）・蔭凉軒西堂・斯波義敏父子三人の八人という。彼らは伊勢貞親の権勢にすがって上昇あるいは復活を企んでいた。義視を陥れようとした伊勢貞親の言説は不実が明らかとなったので、切腹させることとなったが、近江に逐電してしまった。細川勝元が積極的でなかったのである。いっぽう伊勢貞親がいつも共謀していた蔭凉軒西堂（季瓊真蘂）に対しては、山名宗全が死刑にするよう強く主張したという。『応仁記別記』に「山名殿ハ別而蔭凉ノ生涯ノ事ヲソ被申ケル」と見える。

七月二十三日の斯波義廉被免の動きから、八月の山名―斯波婚姻絶交問題、九月六日の足利義視殺害計画まで、一連の政治的事件の背後には伊勢貞親と蔭凉軒真蘂の策謀があった。これが失敗に終わったのであり、それに乗って動いた将軍義政の政治的信用は地に落ちた。替わって幕政に積極的に乗り出すのが今出川殿（義視）である。義視は細川邸に入っていたが、十一日夜に室町御所に細川勝元を同道して戻り義政に参じた。

2　幕政を主導する宗全

今出川殿・宗全・勝元の権力掌握

九月六日の政変以降、幕府政治は今出川殿・宗全・勝元の三人によって推進された。奈良の尋尊は同十三日の日記に京都情勢の情報をもとに次のように書いている。

近日京都儀一向諸大名相計之、公方ハ御見所也、今出河殿又諸事被仰計云々、公方儀無正躰云々、以外事也、行末無心元者也、事更山名・細川両人為大名頭相計云々、(『大乗院寺社雑事記』)

〔読み下し文〕
近日京都の儀(は)一向諸大名あい計らう、公方は御見所なり、今出川殿また諸事(を)あい計らう、公方の儀正躰なしと云々、以て外の事なり、行末心元なきものなり、事更に山名・細川両人(は)大名頭としてあい計らうと云々、

京都の儀(幕府の政治)について、公方(義政)はただ追認するだけであり、実際は今出川殿(義視)が図らっており、そのもとで山名宗全と細川勝元が「大名頭」として指揮している、ということである。山名・細川が大名たちの支持の上に幕政を動かしていることがわかる。

この時、京都市中では、山名方と斯波被官朝倉方などによる物資略奪が起こっていた。『後法興院記』九月六日条には「申刻（午後四時頃）には東方で火事があった、また夜に入り乾方でも火事があった、悪党・物取が酒屋に乱入しているということだ、斯波義廉被官軍勢は近所の町々で太刀を奪っているという」と書いている。斯波義廉被官の軍勢は近所の酒屋から太刀を奪取しているなど、盗賊的行動が起こっている。斯波義廉は七月二十三日に家督から外される処分を受けていた。義廉の被官には武器を酒屋に預けていた者もいたであろうが、武力行動を起こすのにその武器を実力で取り返している。同九日にも武士の騒動は続いており、「徳政の沙汰」があったという。

その後の山名・斯波方の動きを『大乗院寺社雑事記』（九月九日条）では次のように記している。

一、京都の儀、山名勢幷朝倉被官勢、所々の土倉酒屋以下方々に寄せて、乱入せしめ雑物を運びとり、剰え放火するは希代至極の沙汰なり、殊に伊勢守被官町人（は）一向に生涯に及ぶと云々、しかしながら今に於いては公方は御面目を失うものなり、（読み下し文）

山名・朝倉の被官勢が土倉・酒屋を襲って、雑物を奪取していることが記述されている。朝倉とは朝倉孝景であり、斯波義廉の党である。この朝倉被官と山名被官が金融業者を襲っているのであるが、とくに「伊勢守（伊勢貞親）被官町人」が攻撃対象となっている。伊勢貞親こそが敵対者であるとの認識のもとに、その被官町人（土倉・酒屋）を襲い、生涯にまで追い込んでいる（殺害）。伊勢貞親の被官関係が洛中町人に広がっていることをうかがわせる史料でもあるが、被官（牢人を含む）衆・町方レベルでも対立関係が進行していたのである。同内容の記事は翌日も続いているが、そこでは馬借の乱入狼藉も一緒になり、洛中は壊滅に近い旨が記される。応仁の乱のなかに見える事態である。

この山名方・斯波方・朝倉方の土倉・酒屋襲撃行動は、幕府権力により、一部追認された。『後法興院記』九月六日条にも見える「徳政の沙汰」のことが、『大乗院寺社雑事記』九月十三日条では次のように見える。

一、京都徳政の事、一条より三条に至るは雅意（我意）に任せ、諸大名は土倉・酒屋を打ち破り雑物を取り散らす、三条以下の事は本銭五分一を以て質物を請けるべきの旨、侍所よりあい触れると云々、…（読み下し文）

諸大名方の土倉・酒屋襲撃に対して、一条から三条の上京ではそのまま放置したので、山名・斯波・朝倉方の被官が行っている雑物奪取（私徳政）は容認されたことになる。上京は幕府・室町に近いので、伊勢方町人の金融者が多くいたのであろうか。三条からの下京については、質に入れる時に借りた銭額（本銭）の五分一（二割）で請け出すことが出来ると、侍所から触れ出された。下京の方が金融業者との妥協が見られるが、これは非伊勢方を配慮したものであろうか。これを侍所から触れだしたのは、まずは京中支配権を持つ幕府機関が乗り出したことを意味する。

こうした徳政沙汰は、今出川殿（足利義視）・山名・細川の政治グループによって推進された。伊勢貞親勢を駆逐することの一環であり、それゆえに前管領の細川勝元も容認したものであろう。足利義視は九月十一日、細川邸より本宅の今出川邸に移った。現将軍の弟であり、時期将軍予定者である。しかも現将軍義政は失政の痛手のなかにある。よそ目には将軍を補佐する状況に入った。二人将軍とまではいかなくとも、それに近い勢いであった。山名宗全と細川勝元は二大勢力の長であるが、緊張関係をはらみつつも、協調的であった。

宗全、畠山義就復活を画策する

こうして文正元年九月以降、山名宗全は細川勝元と連携するとともに、吉野から大和壺坂《つぼさか》（高市郡高取町）に出てきた畠山義就との連携を進めた。宗全が肩入れした斯波義廉が義就との連携をすでにさぐっていた。前年の寛正六年十一月二十日には義就家臣の朝倉弾正（孝景）が吉野天川の畠山右衛門佐（義就）に太刀を送り、誼を交わしている（家永遵嗣「再論・軍記『応仁記』と応仁の乱」）。文正元年七〜九月の政変の時には、義就はすでに吉野を出て奈良に入っていた。この武力は現管領畠山政長を牽制するには有効となるとの計算が宗全には働いたのではなかろうか。

『大乗院寺社雑事記』は興福寺尋尊が書いているだけに、大和国の政治情勢に敏感である。その記事によれば、畠山義就は文正元年八月十八日直後に吉野を出発し、二十五日には壺坂寺に入り、その後は越智近辺を経て、九月二日には河内国の升形城を攻め落とした。これを阻止しようとする管領畠山政長も八月二十八日には大和古市氏に宛てて義就討伐の軍勢への参加を求め、さらに同五日には遊佐四郎左衛門が河内若江城に出陣した。両畠山の合戦の舞台は再び河内となった。

九月十八日には嶽山城・深田城で合戦があり、京方（遊佐方）が敗れ、義就方が勝利した。勢いづいた義就方は大和国に攻め入り、同二十五日には布施・高田の郷村を焼き払った。河内・大和での軍事情勢は義就方の優勢となり、大和国の義就方軍勢として越智家栄一門をはじめ吐田・曾我・高田・小泉・延定房・高山・万歳・岡の諸氏がいると尋尊は記している（十月五日条）。畠山義就は河内の軍勢を随えて、大和をも影響下においたのである。この武力の大きさは京都の政治情勢を左右するものとの考えは、宗全のなかで大きくなったにちがいない。

山名宗全は、この義就を京都に迎え入れることを画策するようになった。義就を迎えることは、現在の畠山氏当主で管領の政長に敵対することになる。そうすると、細川勝元との関係が悪化するかもしれない。これは大きな賭であり、政治的謀略でもある。政長贔屓の細川勝元の反発は必至であろう。義就を引き入れながらも、勝元との武力闘争はしないで済むことは可能なのか、失敗すれば宗全自身の没落に直結することは分かっていたであろう。

なぜこれほどの危険を覚悟してまで、宗全は義就と手を組もうとしたか。このとき宗全は六十二歳。『応仁記』一巻本（宮内庁書陵部本）は文正元年河内嶽山城合戦での遊佐長直の言葉として「義就ハ天下ニ並ヒナキ武勇ノ人」を紹介し、京都に入った時の義就と山名宗全の酒宴を心通う様として描いている。これが『応仁記』（群書類従本）では「山名入道ハ嶽山合戦ニ義就ノ働ノ様伝聞テ涙ヲ流シ、弓矢取テ当代ノ比類ナシ、…今ノ世ニイヅレカ是程ノ弓矢取可有、入道ト此人ト相談スルナラバ洛中ニ手ニ立者アルマジト思ハレケル」との叙述となる。宗全は義就の武人としての資質に惚れ込んだとしている。一巻本も記述が簡素であるが、宗全と義就の武勇者としての心情交流を叙述している。六十二歳となり、幕府にも、武勇を誇る人物は見えず、勝元のような調整優先ばかりが目立つ。宗全もそのような勝元に助けられたこともあり、その必要性は認識していた。それでも武勇を第一にしていた。宗全は嘉吉元年の赤松満祐討伐でも、後方からではなく、最前線で軍事指揮していた。戦場での兵士の扱い方に優れていたのである。畠山義就にその気風を感じたのではないだろうか。

一族では、子息の是豊が寛正四年に嶽山城で畠山義就と闘い武勇の力量を示していたが、幕政を動かすほどではなかった。宗全には武勇の人物を、幕政主導の大名集団のなかに入れたいとの思いがあったのではなかろうか。引退も近い年齢の宗全が、自分に近い人物として義就をみていたように思う。

宗全は義就を政界復帰させる工作に入った。『応仁記』は一巻本も群書本も、宗全が御台所富子に取り入ったことを記述する。富子と宗全の関係では、富子が若君（後の義尚）の将来のために宗全に接近したように理解されているが、現在の研究は懐疑的である（家永遵嗣「再論・軍記『応仁記』と応仁の乱」）。宗全の方に富子に接近する理由があったはずである。群書本では、宗全は富子との接触に、姉（妹とも）の安清院を富子のもとに毎日通わせたという。義就の京都政界復帰のため、宗全は策をめぐらせたのである。

宗全、義就を迎え入れる

十二月に入ると、京中は騒然となっていた。十六日夜には火事があり、京極氏被官の多賀豊後宿所が陥落した。京極氏は延暦寺と争っていたが、そのために火が出た。

二十日には洛中北部で火事があり、西風が強く、相国寺塔頭・鹿苑院が焼け、さらに燃え広がり三条の七観音（六角堂）にも火が及んだ。大火災であるが、細川被官家から火が出たという（『後法興院記』）。

こうした世上不安の雰囲気のなかで、間もなく畠山義就が上洛するとの噂で持ちきりとなった。近衛政家は同十九日に「伝え聞く、世上物言以ての外云々、来廿三日衛門佐（義就）上洛の由、世の聞えあり」と書いている。荒れた世上の風説のなか、義就は予定通り上洛した。二十五日である。政家は「伝え聞く、畠山右衛門佐今日上洛云々」と書いたが、「武家の命にあらず、山名入道召し上げるの由風聞あり、大儀出来すべきか」と続けている。京中の人々は山名宗全が畠山義就を京都に呼び寄せたと思っている。義就はその噂通りに入ってきたのである。畠山義就の入洛は人々に見せるように実行されたのである。

上洛の翌日、二十六日、義就は千本釈迦堂に陣を取った（『大乗院寺社雑事記』）。宗全の芝（薬師堂）に近接している。宗全との武力提携は公然のこととなった。

勝元に男子（政元）誕生

細川勝元は宗全の娘を妻としており、宗全にとっては聟であった。そのうえ宗全の子息を養子にしていて深く結びついていた。勝元には男の子がなかなか生まれなかったが、文正元年に生まれた（後の政元である）。生まれたのは十二月二十日である（家永前掲論文）。

畠山義就の上洛騒ぎの十二月二十五日は勝元男子出生直後である。勝元にとっては初の男子であり、喜びのなかにあった。母親は山名氏出自であり、後に桂昌了久と言われた人物である。詳しくは山名熙貴の娘であり、宗全の養女として、細川勝元に嫁していた。

山名氏系図のなかで、この女性を記すものは少ない。わずかに山名豊道氏所蔵系図には熙貴に女子がいて「細川京兆室」と注記される。この人物であろうが、同系図には持豊の女子にも「細川右京大夫勝元室」と記される人物がいる。おそらくは同一人物であり、熙貴の子を持豊の養女としたのであろう。したがって細川勝元の男子出生は山名氏にとっても朗報であり、細川—山名の誼を深めることにもつながるものである。

ところで、山名藩の『山名家譜』は、「細川勝元ハ我ガ聟なりといへとも男子なきにより某カ末子を養子に乞受しにより勝元に得させしに、後に勝元か子今乃六郎出生しけれハ某にも告す彼に得させし子を出家になしたり、依て是を還俗せしめ七郎豊久なり」との宗全の発言を載せている。宗全は末子（後の豊久）を勝元養子に入れたが、勝元に子（六郎）が生まれたので出家させられた、そこで取り戻したとのことである。勝元に生まれた男子は政元を指すのであろうか。政元の通称は九郎なので別人かとも思われるが、『山名家譜』の記事を優先するのも慎重でなければならない。『綱光公記』寛正三年九月十三日条には、細川勝元のもとに入った養子が山名家に返された、と見える。これが『山名家譜』の豊久の件を示すものと考えるのが妥当である。政元出生の以前に養子は山名に戻されていたのである。

文正元年十二月二十五日の細川政元出生は山名—細川間の友好関係を傷つけるものでなかった。宗全も勝元もともに喜んだであろう。

山名・細川の二大勢力

京都と周辺では、対立関係にある一方が細川勝元を頼むと、他方は山名宗全の力を借りようとする傾向が広がっていた。大和では、文正元年九月の段階から、畠山政長派と同義就派に分裂していたが、それが細川派と山名派の対立となった。「当国越智八衛門佐（畠山義就）方なり、山名をあい憑むと云々、筒井・成身院・箸尾・布施・高田八当畠山（政長）方なり、細川をあい憑むと云々云々」（『大乗院寺社雑事記』九月十三日条）と書かれるように、国人相互の対立が山名党と細川党の対立となり、合戦に展開していた。山名党には越智氏のほか古市氏（家栄）がいて直前には吉野の畠山義就と山名方の連絡をとっていた。また細川方の筒井氏の成身院（光宣）は高齢ながら大和の実力者であった。

連歌師心敬《しんけい》は『ひとりごと』（応仁二年八月晦日奥書）のなかで「乱かたぶきたる世の積りにや、いにし年の暮れより、京兆（細川勝元）・金吾（山名宗全）の間の物いひ、既に大やぶれと成て、天下二つに別れて乱れけり」と書いているが、「いにし（往にし）年の暮れ」とは文正元年の暮を指すであろう。細川・山名の二大勢力が幕府・京中で形成されていて、それが文正元年十二月には抜き差しならぬ状況となったことを示している。二大勢力の一方たる山名が畠山義就と連携したのが十二月である。勝元に男子が出生しても、山名—細川間は緊張が高まる。

ただ山名と細川の二大勢力は緊張しつつも、まだ武力衝突の手前であった。宗全と勝元は直接的な戦闘には入らない。考えてみれば、一般的にも二大勢力そのものは戦乱の原因ではない。その関係が緊張を高め、戦乱に突入するには導火線が必要である。応仁の乱では、畠山義就がその役回りとなった。宗全が義就を入京させたことで、緊張関係は高揚した。それが戦乱に入る直接的契機は、義就の政界復帰と政長の没落からである。

3　宗全、幕府権力をつかむ

斯波義廉、管領となる

文正二年（応仁元年）、幕府は例年とは少し違う正月を迎えた。一日には管領（畠山政長）が差配する椀飯が催され、細川・両京極・赤松が洛中路地を警固した。椀飯は、二日には土岐成頼が、三日には京極勝清が、そして七日にも赤松貞祐が主催して行われた。形は順調のようであるが、新たな事態が進行していた。

二日には公方義政は畠山義就を謁見した。義就が上洛して最初の対面である。本来は管領邸に御成ある日であったが、急に中止となり、義就の出仕を受け入れたのである。ある人は「（管領政長が）武命を違えた」（政長が将軍の不興をかった）のが原因というが、具体的内容は不明である。畠山義就方の攻勢が窺えるが、五日には義就は公方義政の御成を受けた。義就は屋形をまだ持っていなかったので、宗全邸を借りてのことであった。義就と宗全は力をつくしてもてなしたであろう。この五日には今出川殿へも御成した。そこに諸大名は参会したが、畠山（政長）・細川勝元・京極は不参であった。

正月八日、斯波義廉が管領となり、同十一日評定始を行った。管領が交替したのである。将軍義政は管領畠山政長を罷免して、斯波義廉を登用したのである。義廉は前年七月の危機を宗全に救われていたが、ここで管領となった。将軍義政が義廉を採用したのは、畠山義就を許したのと同様に、背後にいる山名宗全の力量を優先的に考慮したためであろう。正月十五日の椀飯は山名家の主催であるが、いっそう晴れがましいものとなったであろう。

宗全は、畠山義就を幕府に復帰させ、斯波義廉を管領に押し上げた。長期の管領であった細川勝元の影響力が侍所（京極持清）などに残るが、幕府の中心部を宗全派が押さえたのである。

正月十五日夜の政争

いっぽう管領を罷免された畠山政長は六日には屋形を退去するよう命じられた。政長屋形は下京にあったが、この周辺は前年十二月以来騒然としていた。いつ、義就方との合戦が起こるか分からないという状況であったが、屋形退去の幕命を受けたのである。八日・九日に洛中では火災が連続する。九日には正親町京極の土蔵が焼かれているが、「畠山被官悪党等、処々の酒屋・土倉、そのほか小屋おおく焼き払い財宝を奪い取ると云々」（『後法興院記』）と言われる。政長党の被官・悪党が酒屋・土倉・民家から物資を奪っているというが、この悪党のなかには牢人も含まれていたであろう。彼らは武器を土倉などから奪取して、合戦に備えている。

政長は細川勝元と連携を強めた。山名主催の椀飯が終わった十五日夜、細川勝元は京極持清・細川成之・赤松政則と一揆して、室町殿御所に参籠して、畠山義就治罰を将軍に迫ろうと謀議した。この密議は細川邸内で行われたらしいが、女中から山名宗全に知らされた。即座に宗全孫の政豊（弾正小弼）が将軍御所に駆けつけるとともに、宗全と斯波義廉は御所を警固した（征圧下においた）。宗全は同時に、十六日今出川殿（義視）を今出川から室町御所に移し、畠山政長の動きを防いだ。細川党の政長が今出川殿を取り込む行動に出ようとしていたのである。こうして十五～十六日の政局は、山名宗全―斯波義廉側の有利のまま終わった。

細川勝元としては畠山政長と共同行動を起こしたので、この時点で義就と政治的に連携する宗全とは敵対する側に立ったことが公然となった。ただこれで一挙に戦乱となったわけではない。勝元は思慮をめぐらしていた。

上御霊神社（京都市上京区御霊前通烏丸東入）

上御霊の合戦

畠山政長は政治的不利のなかで、同十八日に自ら下京の自邸を焼き、上御霊《かみごりょう》に移った。義就との合戦に備えてのことであるが、「十八日ノ早天ニ御霊ヘコソハ押寄ケレ、此御霊ノ森ノ有様、南ハ相国寺ノ藪、大堀、西ハ細川ノ要害ナレバ」（『応仁記』）と言われるように、そこが細川勝元邸に近接していたからである。直ぐに両畠山の間で合戦が始まったが、細川勝元は動かなかった。勝元・京極持清らは「心替シテ尾張守（政長）ヲ捨テ」た（『経覚私要抄』）とも言われた。政長の期待通りにはならなかったのである。

山名宗全は一色義直・土岐成頼とともに室町殿を警固した。天皇・上皇も室町殿に移っていたので、将軍・今出川殿ともども、山名方の保護下に入った。政治配置が義就・宗全方に有利となり、戦闘も政長方の敗北となった。両方で四・五十人が討ち死にしたというが、政長は行方不明となり、その配下の遊佐新右衛門・神保兄弟は討たれ、死去した。二十日には、義就派の朝倉孝景が政長派の斯波修理大夫を襲い十四・五人を討つ事もあったが、後は無為となり、天皇・上皇らは還幸した。

この正月合戦は小規模なもので終わった。背後に二大勢力が控えていながら、全面戦争にならなかったのは、細川勝元の軍事的行動が見られなかったためである。この後しばらくは二大勢力全面戦争に到らない可能性もあった。

宗全—勝元の緊迫

二月に入っても宗全派の政治的優勢が続いた。六日には御台（富子）兄の日野勝光が権大納言から内大臣に昇った。勝光・富子は勝元と敵対するわけではないが、宗全と協調関係にあった。畠山義就には、十日に畠山氏領国を安堵する「御判」が成し下された（『齋藤親基日記』）。文書は残っていないが、将軍袖判の御教書であろう。管領斯波義廉の後押しが想像される。

また宗全は次のような文書を出している（『山内首藤文書』）。

備後国岩成下村領家分幷びに伊予西村半済等〈厩料所分〉事、乗馬供たり、給分として宛て行うところなり、早く先例に任せ沙汰致すべきの状くだんの如し、

文正二年二月三日　　（花押）（持豊）

山内新左衛門尉殿　　　　　　（読み下し文）

これは、備後国内の所領二ヶ所を山内新左衛門尉に給付したものである。その所領は「厩料所分」であるというが、これは幕府厩の所領であろう。それを山内新左衛門尉に給付して、税を幕府に上納させるものである。宗全のこの文書発給は備後国守護の立場であろう。ただ闕所ではないので、守護単独の権限では行えない。幕府の同意を得て行っているであろう。管領斯波義廉の同意があったと想像できる。

一方の勝元は遠方の情勢転換を画策していた。二月十六日、新田岩松兵庫頭（明純《あきずみ》）は「武命」により関東に罷り下ることとなった（『後法興院記』）。関東公方足利成氏を討伐する名目である。幕府はすでに長禄元年（一四五七）六月には渋川義鏡を関東に派遣して先遣隊となし、次いで同十二月には義政弟（政知）を関東公方として送り込むことを決めていた。これを積極的に進めたのは当時の幕府管領であった細川勝元である。今回の岩松明純の成氏討伐下向はすでに十二月二十九日には決定していたが、この二月十七日に出発となった。明純の下向期間は短く、翌年二月には帰京して勝元に報告している（あるいは関東の情勢を調べることが主目的だったとも思われる）。幕府の関東公方成氏討伐方針が細川勝元により強力に推進されている。

また勝元は同じ十六日に毛利豊元に出した書状にて「大内新介（政弘）の上洛する風聞があるが、其の方でよくよく談合して策をめぐらすように」と指示している。宗全孫の大内政弘の上洛を食い止めようとしている。京都における政治的・軍事的力関係が宗全側に傾くのを警戒しているのである。宗全と勝元との間は緊迫していたが、融和させようとする動きもあった。今出川殿（義視）がいろいろと策をめぐらした。そのため二月末までは「細川・山名の半（中）は無為なり」（『経覚私要抄』二月二十九日条）ともいわれる状況でもあった。

応仁の改元

三月五日、兵革により、年号が応仁と改められた。三月には山名被官が丹波で討たれたり（三日）、細川被官人の京宅が焼かれたりしたが（二十九日）、大事には至らなかった。

四月になると、義政と義視が一緒に行動することが目立った。十日には上皇が日野勝光邸に御幸したが、室町殿・今出川殿も陪席し、上皇出題の和歌会ではともに歌を奉った。四月二十三日には義政・義視と御台富子は管領斯波義廉邸を訪れた。「以てほかの大儀なり」と言われる程のことであったが、この二人を「武家両御所」と呼んでいる（『後法興院記』）。義政・義視の関係は協調面もうかがえる。

第十一章　応仁の争乱

1　将軍義政の畠山義就討伐命令

義廉ら、関東公方との和議を図る

新しい問題が管領斯波義廉から起こった。彼はどうも二〜三月下旬に、何回かにわたり、関東公方足利成氏から将軍への和議申し込みを受けていたらしい。成氏が幕府方と接触する窓口になっていたと考えられる。義廉はその件を山名宗全・畠山義就と相談し、将軍に上申（提案）した。その結果、三人（斯波・山名・畠山）連署書状が足利成氏宛に出された。そして公方成氏は四月十一日に側近の岩松左京亮（成兼）に知らせた。

連々依被仰上、都鄙御和睦之儀、申沙汰候由、義兼〔廉カ〕幷畠山・山名書状到来候、御大慶至候、此刻速可有御調義候、出陣之用意可然候、委曲被仰含使節候、恐々謹言、

卯月十一日　　　　　　　　　　　　　　　成氏〈在判〉

岩松左京亮殿

（正木文書）

〔読み下し文〕

連々仰せ上げらるにより、都鄙御和睦の儀、申沙汰候の由、義廉幷畠山・山名書状到来し候、御大慶の至に候、此の刻速やかに御調義あるべく候、出陣の用意然るべく候、委曲は使節に仰せ含め候、恐々謹言

卯月十一日　　　　　　　　　　　　　　　成氏〈在判〉

岩松左京亮殿

この書状は家永遵嗣『室町幕府将軍権力の研究』が、京都・畿内の応仁戦乱が東国の公方足利成氏と管領上杉氏の戦争と連動して始まることを示す文書として本格的に取り上げて以来、注目されてきた。この考えに反対して、京都の諸勢力は東国問題に対する関心は薄いとの趣旨を述べる研究もあり（桜井英治『室町人の精神』、同「応仁二年の「都鄙和睦」交渉について」）、議論をよんでいる。文書の年次については応仁二年に比定する研究が多いが（桜井英治「応仁二年『都鄙和睦』交渉について」・家永遵嗣「応仁二年の「都鄙御合体」について」）、応仁元年との見方もある（佐藤博信編『戦国遺文古河公方編』）。私は応仁元年と理解する方が整合的であると思う。後述するが、ここで問題になっている「御和睦」とは応仁二年閏十月浮上する「御合体」とは別次元のものである。関東公方の和睦申し入れ相手は将軍

義政と考えるのが妥当である。このことを優先して年次比定すると、斯波義廉らが成氏からの要望を応仁二年に義政へ取り次ぐということ（西陣から東陣の首領に申し入れることになる）は非現実的である。

右の文書の宛所である岩松左京亮は、岩松家惣領の左京大夫（持国）の子息（二男カ）であり、実名は成兼である。岩松左京亮（成兼）が関東公方成氏の近くで奉仕していたことは新田岩松文書（正木文書）に散見する。その岩松左京亮（成兼）に公方成氏は、義廉・畠山・山名の書状が届いたこと、その書状の趣旨は「都鄙御和睦の儀」であること、を告げたのである。都鄙すなわち京都と関東の和睦である。そして和睦とは敵対関係を解消する（成氏討伐命令を撤回すること）でなければならない。

「義廉幷畠山・山名」とは斯波義廉・畠山義就・山名宗全を指すと考えてまずは間違いない。義廉だけが名字でなく実名で書かれているのは、成氏が特別に思いを懸けているからと解釈できる。事前に成氏は和睦を求めて斯波義廉方と接触を図っていたのであろう。その和議は、将軍義政から成氏追討の御内書（命令）が東国国人に出されているのだから、将軍への申し入れでなければなるまい。「連々依被仰上…」は成氏方から将軍への（何回かの）申し入れの意味であろう。これを窓口となった義廉が山名・畠山の二人に相談し、将軍に上申した（申し入れた）。三人は将軍方に関東との和睦を提案したのである。

義廉ら三人は、和議を将軍方に提案しているとのことであるが、将軍がそれを了解したかは不明である。ただ三人は和議申し入れが将軍にも伝わったと、いち早く関東公方成氏に連絡したのであった。

書状を受け取った公方成氏は「御大慶の至に候」と歓びを表している。続いて「此の刻速やかに御調義あるべく候、出陣の用意然るべく候」とは、普通であれば宛名の人物である岩松左京亮（成兼）に命じた文言と解釈できるが、ここでは成氏自身を含むと考えるべきであろう。和睦は進むが、現在当面している敵（上杉氏）との戦いは緩めない、との基本姿勢を示したのである。

こうして京都の幕府では、四月上旬、関東公方の要請を受けた管領斯波義廉が山名宗全・畠山義就とともに、将軍方に関東との和睦を提案していたのである。これは、直前の二月十六日に岩松明純に公方成氏討伐の下向を命じた将軍義政の方針とは相容れないものであろう。また関東討伐を強く主張する細川勝元にも正面から対立することになる。幕府内は関東と和睦するか、討伐を継続するか、新しい深刻な問題を抱え込んだ。

この問題が具体的にどう展開したか、史料がないが、その後を考慮すると、将軍方は関東との和議方針を拒否したものと考えられる。そしてこのことにより、将軍義政は管領斯波とその支援者の政治勢力を見放したと思われる。宗全はこの問題では、斯波義廉に引きずられているようである。和議提案に同意し、成氏への書状には名前を連ねている。勝元にとっては東国問題が緊要であったが、宗全がそれを意識していたか分からない。

両陣営の形成と是豊の離反

山名—細川の対立は、五月には諸国からの軍勢動員に発展してゆく。細川方には五月十六日に摂津から細川被官池田氏が上洛したが、馬乗は十二騎で、他に野武士が千人も動員されていた、という（『後法興院記』）。

同十八日には赤松次郎法師（政則）勢が播磨に乱入し一国を打ち取った程だが、播磨守護山名宗全は如何なる対応をするかとの観測を誘っている（『大乗院寺社雑事記』）。赤松政則自身は京都の細川勝元邸近くに居を移した。山名宗全に敵対する軍事行動を細川勝元承認の上で起こしたのである。しかもこれと同時に山名弾正（是豊）と山名宮田が赤松有馬などとともに京都を脱出した。赤松与同のためであった（『大乗院寺社雑事記』）。ここで宗全子息の是豊が山名陣営を離れたのである。山名―細川の戦争の直接的契機はこの日の事件かと思われる。

山名方は畠山義就・山名宗全・同政清・一色義直の軍が管領（斯波義廉）邸に集結した。五月二十五日には大名の軍も加わり、両軍の参加者はおよそ次のごとくになった（『大乗院寺社雑事記』六月二日条）。

西軍（山名方）…大名十一人、二十ヶ国勢
　山名入道宗全
　山名相模守（教之）
　同大夫（教清カ）
　同因幡守護（勝豊）
　斯波武衛（義廉）
　畠山衛門佐（義就）

東軍（細川方）
　細川右京大夫（勝元）
　同讃州（成之）
　同和泉守護（常有）
　同備中守護（勝久）
　京極入道（持清）
　赤松次郎法師（政則）

同大夫（義統）
土岐成頼
六角高頼
大将は山名宗全・畠山義就

西陣碑（京都市上京区今出川通大宮東入）

武田信賢
大将は武田信賢と成身院光宣

西軍は山名一族を中心にしている。宗全の他に相模守教之・大夫教清・因幡守護勝豊が入っている。このうち相模守教之は伯耆国守護氏之の孫であり、教之もこのとき伯耆国守護であった。「同大夫」は修理大夫教清（法名浄勝）と見られる。教清は石見国守護職であるが、確かな史料は享徳四年六月十九日まで であり（益田家文書）、応仁時点での史料・古記録には見えない。ただ山名豊道氏系図には教清の注記に「…教清、持豊の一味と為り、美作・石見両国勢を引き細川右京大夫と合戦す」（原文は漢文）とあるので、江戸期の伝承史料であるが、採用していいかと思う。因幡国守護勝豊は持豊子息であるが、煕貴に養育されていたので、系図によっては煕貴の子として記載される。『続群書類従』山名氏系図では持豊の子としても煕貴の子としても記載され、「因幡守護」と注記される。これがこの時の山名氏軍勢の主力であった。西軍には斯波義廉、畠山義就・義統、土岐成頼、六角高頼《たかより》も入っているが、それぞれは独立部隊だったので、全体では寄り合いの状態であった。この寄り合いは東軍にも共通するところである。

ついに戦闘開始　両陣営に軍勢が入り京都は「世上物騒」となり、「大乱近し」の雑説がひろがった（『後法興院記』）。二十六日には細川方から山名方への奇襲があった。それととに火事が起こった。

この二十六日合戦は参加した武士は軍忠状に「一条大宮合戦」と書いているように、一条大宮が主戦場となった。細川方として参加した野田泰忠は後年、「応仁元年五月廿五〔六〕日御合戦の始めより、同民部丞一（安富元綱）手に属して、公方様西御門をあい固め、同廿七日久耕院花坊を責め落とし芝薬師に切り入る合戦の時、泰忠は一所に加わり忠節を致す」と述べている（文明六年三月日野田泰忠軍忠状、前田家所蔵文書）。野田は室町殿西門を固めるとともに、二十七日には久耕院（山名方）を責め、芝薬師に切り入っている。芝薬師は前述したように、宗全邸の所在する場所であった。そこに馬に乗り太刀で切り込んだのである。宗全邸近くも戦場になったことがわかる。

この二十六日合戦の中心は細川方の武田信賢と細川成之が協同して山名方一色義直屋形を襲撃したことである。一色義直邸は一条大宮の東北にあったが、室町邸の西隣にあった。この位置は西に進めば宗全邸につながり、また室町御所と細川勝元邸をつなぐ線を分断するような位置にあった。ここが細川方の攻撃目標となり、焼き討ちされたのである。細川方の用意周到な軍事行動と言えよう。その報復に山名方は細川邸に押し寄せたが、成果はなかった。この日の合戦にも見えるように、合戦は大名邸を襲い、焼き尽くすことを軍事目的にしている。これは大名邸が兵士の集積地となっていて、軍事施設の中核だったためである。

戦闘は開始されたが、すぐに大規模合戦に発展したわけではない。『後法興院記』は二十七日から六月四日までは、合戦は矢を飛ばすばかりで、特別に合戦というほどのものはない、日数ばかりが経過している、と書いている。東西両軍ともに最初は攻めあぐねていたように見える。むしろ政治的に屈服させることに腐心しており、六月四日には細川勝元は幕府から征旗を下された。日野勝光・富子の反対を押し切ったという。そして同六日以後には合戦が連続するようになる。

この間、連日の火事が続いた。近衛家の乾《いぬい》方（北西）である。山名宗全・細川勝元・一色義直の邸が建つ方角である。小規模な矢戦で火災が連続していた。

戦局の推移

六月八日になると京市中や郊外でいくつもの合戦が起こった。一条大宮では山名教之と赤松政則の軍が合戦し、山名方が多く討たれたが、その首を今出川義視が実検した、という。戦闘拡大にともない大火が起きた。大舎人町から勘解由小路・西洞院・油小路の四町ほどが焼失した。十一日・十二日には一色五郎が中御門堀川の屋形を自焼したが、南風にあおられて燃え広がり、細川讃州屋形まで燃えたという（『経覚私要鈔』）。

上京の合戦では戦闘と火災が一体化して大混乱となり、物取りに稼ぎ場を提供することとなった。「去比東北院前京極面炎上了んぬ、物取所行と云々、…京中物取共人数を率いて乱入す」（『大乗院寺社

百々橋の礎石（応仁の乱激戦地）
（京都市上京区寺之内通小川）

雑事記』六月十三日条）と言われるように、物取（盗賊）が乱入し、放火していた。応仁の乱では、その最初から、盗賊が戦闘に紛れ込んで稼いでいたのである。

幕府・細川方では周辺勢力軍の入京を阻止する行動に出て、宇治川・淀川沿いの宇治・芋洗《いもあらい》・淀では山名弾正是豊が橋を引き上げた。弾正是豊（宗全の子）は細川方として軍事行動していた。七月には淀川沿いの山崎周辺で合戦が展開した。宗全は応仁元年七月二十日に「去る十七日、舟橋合戦の時、内藤釆女頭を討ち取る条、神妙に候なり、仍って状件の如し」との感状を垣屋駿河守に与えているが（石田善人「新出の「高畑垣屋文書」について」）、この舟橋合戦も淀川に近い所であろう。八月になると山名方大内政弘軍が上洛して転戦し、十月の相国寺合戦へと続く。軍事情勢は細川方有利から山名方有利へ、そして膠着状態へと推移した。室町殿（花の御所）には将軍義政・御台富子のほか今出川殿義視も移っていた。幕府警固役を掌握して室町殿を手中に収めた細川勝元は山名宗全治罰の綸旨の発給も要請していたが（七月一日）、これは日野富子・勝光に反対された（勝光は勝元の怒りを恐れて室町殿に入った）。

山名方は賊軍と扱われることをまぬがれたので、人々は細川軍・山名軍を東軍・西軍と呼んだ。ただ六月八日に将軍は義視に持豊討伐を命じ、牙旗《がき》を細川勝元に与えている。形式的には大儀は細川方に与えられた。その後勝元は天皇・上皇の室町殿臨幸も実現したので（八月二十三日）、権力の源泉は室町殿に集中した。

山名氏では教之の部下が六月八日に備前より入京し東方軍と久我縄手で戦ったが、七月二十三日には勝元軍勢に教之邸が襲われて焼かれた（教之邸の場所は不明）。九月一日には畠山義就・朝倉孝景に周防から上洛して来た大内政弘（宗全の孫にあたる）が加わり、三宝院を拠点とした武田勢を討った。直後の十三日には宗全も室町御所や相国寺を攻めた。この合戦は「大責め」と言われるように甚大な被害をもたらし、周辺の公家邸宅はほとんどが焼亡した。

宗全治罰院宣と西方大名連署状

十月三日には相国寺に籠もる東軍を西軍が激しく攻撃した。畠山義就・朝倉孝景が中心であったが、相国寺僧のなかには西方に気脈を通じた者もいて、寺内から火が燃え広がった。西軍の朝倉孝景や古市胤栄《たねひで》が焼け跡に陣を取ったという。こうしたなかで天皇・上皇・将軍が山名方に奪い取られたとの風説も流れ、十月三日には奈良にまで伝わった（『経覚私要抄』）。

この混乱のなかで、細川勝元は宗全治罰勅許を求めて九月中旬から工作を進めていたが、十月三日には院宣と御内書が出された。興福寺宛のものは同九日に同寺に届いた（『経覚私要抄』）。それによれば、院宣は興福寺別当法院御房を宛所として、「今度の兵革の事に就き忠節を致すべき」ことを命じている。これに基づいて将軍は次のような御内書を発給した（『大乗院寺社雑事記』）。

山名右衛門督入道宗全の事、治罰の　院宣を成らるの上は、時刻を移さず御方に参じ、忠節を致さば神妙なり、

御判（足利義政）

十月三日

興福寺衆徒中

（読み下し文）

将軍義政は、宗全治罰の院宣が出されたことを明言して、一刻もはやく御方に馳せ参じるよう、興福寺衆徒中に命じたのである。この将軍御内書は上皇が少なくとも将軍方（東軍方）にいること、そして宗全治罰を命じたことを明示している。政治的効果は少なくない。ただ興福寺側は動かなかったので、同五日付の幕府奉行人連署奉書が出されて、まだ上洛がないのはどうしたことか、時刻を移さず馳せ参じよ、と命じている。

いっぽう山名方も動いていた。東大寺・興福寺に支援を要請する山名宗全・畠山義就・斯波義廉の三人連署状が出された。興福寺には同五日に伝えられたが、趣旨は「扶持を蒙るべし、然らば領知（地）を寄進すべし」というものである。この時点では山名方は宗全治罰院宣のことを知らないでいる。山名方がそれを知ったのは同二十日前後のことであろうか。京都では秘密にされていて、奈良から古市氏が山名方にもたらしたのであろうか。

同二十五日には宗全を含めた西方大名八人の連署状を興福寺と東大寺に送った。興福寺に送られた文書が書き写されているので（『経覚私要鈔』応仁元年十月二十九日）、引用してみる。

今度世上時宜に就き、已前具に啓せしめ候ふ如く、近日の御成敗悉く右京大夫自由の所行に候、既に勅書・御内書を成られ、殊に昵近の衆大略此方に馳せ来り候、是等の　上意を以て忝き趣還迹あるべく候、然る上は公武以て御無為の儀必定候、又然るべき在所寄附し奉るべく候、尚々御同心は抑悦たるべく候、恐々謹言、

十月廿五日

謹上　興福寺々務

美乃守判土岐
兵部少輔判大内介
相模守判山名一族
□衛門佐判能登守護
□□□□判一色
□□□□判□□
□□□□判□山
左兵衛佐判武衛管領

（読み下し文）

趣旨は次のようになる。「近日の幕府成敗が右京大夫（細川勝元）の自由の所行（独断）によって（宗全治罰の）勅書・御内書としてすでに出された。でも大半の昵懇衆はこちら（西方）に参加している。このことをご理解いただければ公武ともに無為となること間違いありません。また然るべき場所（領地）を寄進します。ご同心いただけますと本当に悦しいことです」。勅書とは先の院宣を言ってい

るが、それを受けた御内書は、まったくの勝元の独断によって出された、と強調している。正統性のないものと主張しているのである。

連署者八人は、署判から、土岐成頼、山名政清、山名教之、畠山義統、一色義直、山名宗全、畠山義就、斯波義廉と比定できる（酒井紀美『応仁の乱と在地社会』）。ただ日記の著者である経覚（大乗院前門跡）は兵部少輔を大内介（大内政弘）と認識しているが、これは大内政弘が西方大名の有力者であるという世評に影響されたのであろう。署判の最奥は管領斯波義廉であり、その前は管領家の畠山義就であるが、奥三番目の宗全が最高実力者であることは間違いない。宗全は西方大名を惣揃えして連署状を興福寺に送ったのである。また同日記には東大寺にも同文言の書状が送られたと見える。宗全は南都の興福寺・東大寺という二大寺院の政治的支持を得るための施策を進めていたのである。

勝元演出の宗全討伐命令と西方八人連署状を受け取った興福寺・東大寺は、これによってどちらか一方を軍事的に支援したということはなかったし、政治的支持もしなかった。が、宗全にとっても勝元にとっても、南都の二大寺院の支持を得ることは大和国の全体情勢を変えることになるとの判断があったのであろう。大和は山名党と細川党に分かれて争っていたし、また京都での戦乱には兵力供給源となっていた。

2 戦乱の長期化と足軽軍跳梁

船岡山合戦

船岡山は相国寺の北西に近接し、将軍御所に近い。また北陸との交通路、丹波との交通路にも近い。そのため戦場となることが多い。応仁元年十二月には船岡山に駐屯した大内政弘軍を東軍が攻め、翌二年の九月には東西軍が船岡山で激戦を展開した。応仁二年八月に丹波で蜂起した細川軍（東軍）が西嵯峨に入り、二十五日に西軍の民屋を焼いた。そこで西軍は大挙して東軍を嵯峨に攻めた。西軍兵は火を懸けたため諸寺院が焼失した。東軍は西軍が城を作っていた船岡山を攻めて、破壊した。そのため首を切られた者は三十人余となり、近くの千本陣（畠山義就陣）は焼かれた。

この時も東軍の疾足《はやあし》（足軽）が活躍し、その首領の駒太郎は戦死した。また西軍では山名相模守（教之）臣下の小鴨《こがも》父子が戦死し、大内政弘軍は摂津方面に逃走した。この時の船岡山・西嵯峨の戦乱で天龍寺・臨川寺などの寺院は一時にして灰となった（『碧山日録』）。

足軽を動員

嵯峨合戦でも東軍の疾足が活躍したが、京都の戦闘では足軽の軽快さが力を発揮する。京都は狭い空間である。そのために騎馬武士ではなく、歩兵が便利なのである。「足軽」、「疾足」といわれるが、武士身分のものでなく「野伏」とも呼ばれた。山名軍は、京都周辺の庄園から兵粮米を調達するのに、早い段階から利用した。応仁元年八月二十二日には東寺に対して、下久世庄の当年の年貢米から兵粮米を借用することを通達し、名主沙汰人には晦日までに納入するよう、もし延引するようならば野伏が催促すると連絡した（東寺百合文書、次頁写真）。この件は実際にどうなったか不明であるが、下久世庄では文明元年から西岡足軽分として年貢額の四分一が与えられている。山名軍に入った足軽の兵粮米が庄園年貢から差し引かれることに、領主東寺も合意したのである。

船岡山（京都市北区紫野）

応仁二年三月、下京から伏見にかけて、山名方と細川方の激しい戦闘が起こった。その主な武力は足軽であった。東軍配下の骨皮道賢《ほんかわどうけん》（道元）は三百人余を率いる党魁であったが、伏見稲荷社に集まり、宇治方面からの物資移動を管理し、西軍の糧道を絶つ行動をしていた。また下京七条の町屋に火を懸けて西軍を脅かした。この道賢という人物は侍所別当代の下で「目付」として働き、京中の事情に通じていた。また入道していて、伏見稲荷社神職とも知音であり、輿《こし》に乗り出入りしていた。寺社に半僧半俗の者として入りこんでいた人物である。山名軍はこれを退治しようとして、畠山義就・斯波義廉・大内政弘の軍も参加して、稲荷社を攻め、道賢を斬殺し、社殿は焼失した。

構と井楼

戦乱が続くなかで、東西の大名は陣営を構築した。周囲に堀を掘り、土塁を廻らし、防禦を固め、構《かまえ》をつくり、そのなかに被官人を住まわせた。さらに敵兵の動きを眺望するため井楼《せいろう》を上げた。応仁二年四月一日には山名宗全陣（構）では井楼を上げ、近づいてきた細川勝元方の薬師寺与一に石礫《つぶて》を撃ったといい、十六日にも畠山義就陣でも井楼が上げられた。また細川勝元陣にも上げる計画が立てられ、室町殿東に安楽光院鐘突堂が引き寄せられた（『山科家礼記』）。五月二十七日にはその東陣の楼は上げられたが、その上に至ると諸軍営が見下ろせたという（『碧山日録』）。

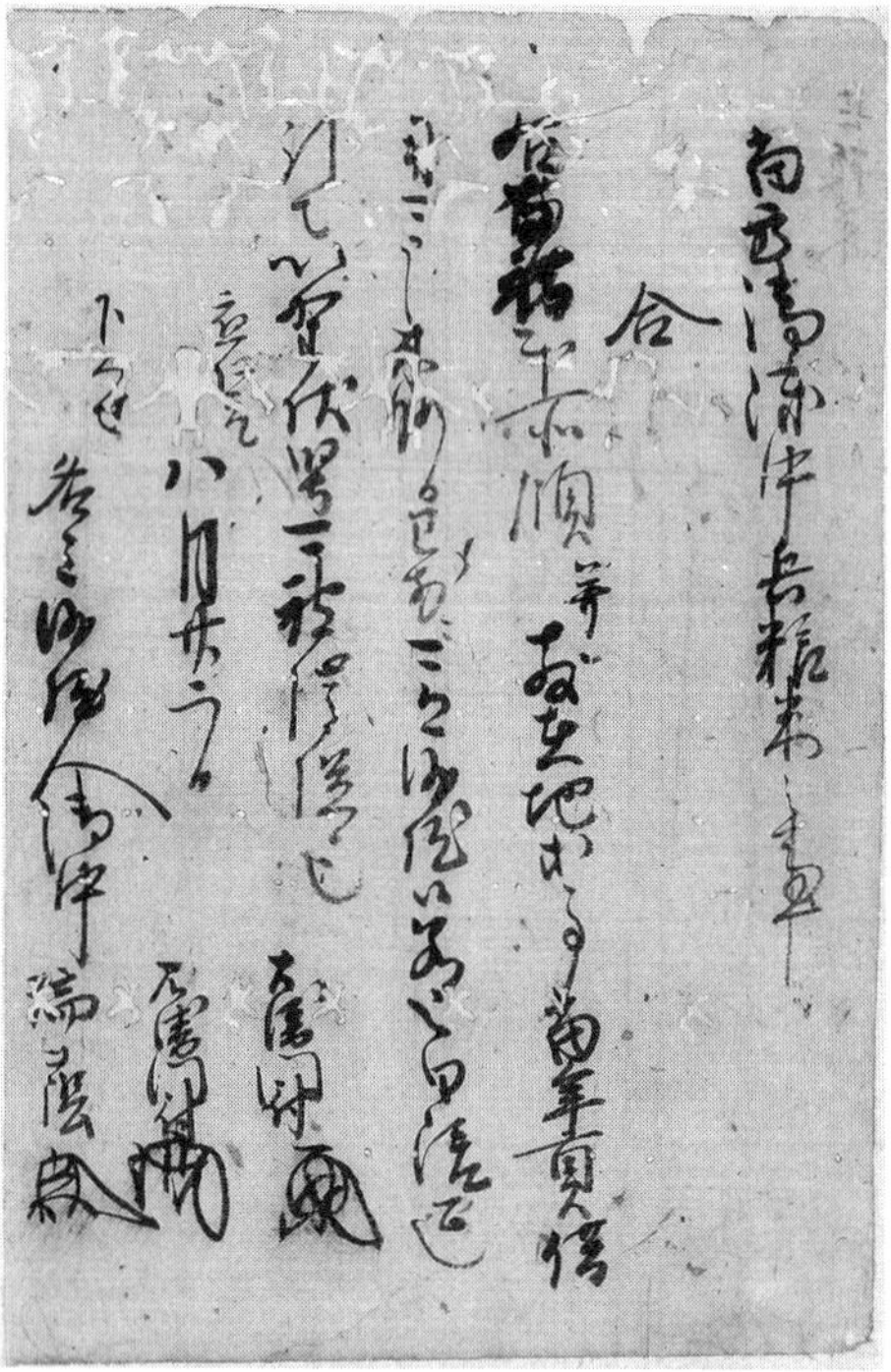

山名宗全（持豊）奉行人連署兵粮米配符
（応仁元年８月22日）
（京都府立総合資料館蔵，東寺百合文書）
堅切紙に書かれている。同旨の命令が多方面に出されたのであろう。

構のなかには足軽・野伏は編入されていたが、それを奪い合っていた。五月一日に山名陣・大内陣に挨拶に出かけた山科言国被官大沢久守は、そこの野伏が細川成之の構に編入されるのを見ている。大内が自陣に帰ってきたところを細川が襲い、野伏を略奪連行したのである。大沢の居住する山科七郷には三月十九日に、東・西の両陣から野伏が徴発されていた。両陣営に分かれた山科野伏は互いに知り合いの仲であり、陣営を変わるのに抵抗感はないであろう。

東寺系の足軽衆

足軽・野伏は東・西の軍に属しての合戦では、紛れて物資を略奪した。東軍や西軍のなかにいたが、そこから外れた行動をしたのである。なかにはどちらの軍につくかは未定のまま、足軽として集団を結成したものもあった。東寺配下の足軽に馬切《まきり》衛門五郎なる者がいた。彼は東寺境内に居住していたが、追放されたり、還住を許されたりしていたが、文明三年正月には八条辺にて足軽を集めていた。東寺関係者でも足軽に傭《やと》われ参加する者がいたのである。東寺では足軽に傭われる可能性のあるものとして、坊の中居・小者・力者さらに境内百姓がいた。東寺境内の坊には主人のもとに入り込んだ様々な俗人・半僧半俗人がいたのである。寛正二年の飢饉で京都に流入した飢餓民もいたかもしれない。飢餓民でなくとも、地方から都市京都での富の獲得を求めた雑人も多くいた。東寺内の坊はそのような人たちのたまり場になっていたと思われる。

足軽の武力は軽微である。「足軽と号するは、甲（よろい）を擐し（着る）戈を取らず、ただ一つの剣を持ちて敵陣に突入し、時には敵兵を馘《くびき》る」と言われたのは東軍足軽であるが、どの足軽にも該当するだろう。ここには雑人が足軽に変貌する様子をうかがえる。

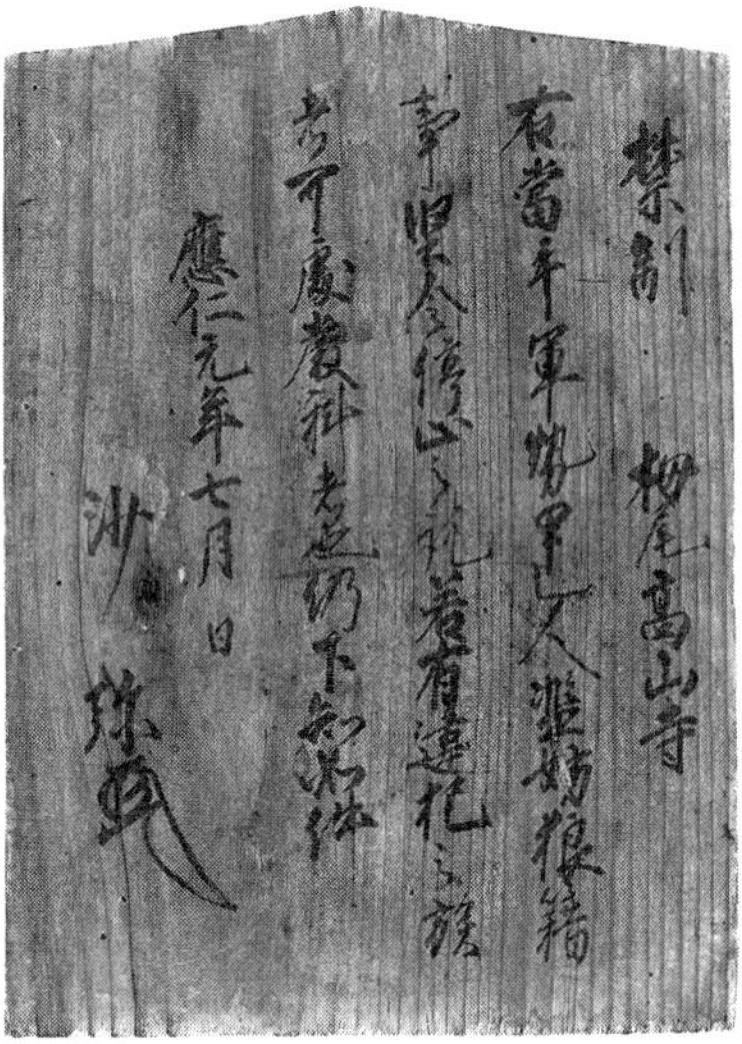

山名宗全制札（高山寺蔵／便利堂提供）

馬切衛門五郎はこのような者たちを足軽に雇い入れ集団を形成し、足軽大将となっていたのである（酒井紀美前掲書）。この馬切衛門五郎は東・西どちらの軍に属したか、不明である。八条で人集めしているので、西軍に近い存在であろうが、確かでない。おそらくは彼の裁量で、全体の戦況を見て、その日その日の去就を決めたであろう。彼らが戦場で獲得した物資は兵器・武具のほか、寺社の尊蔵・絵像などにも及ぶが、それらは転売されて、市（市場）に出る程であった（藤木久志『飢饉と戦争の戦国を行く』）。

宗全の禁制

戦闘は洛中・洛外から周辺部に及んだ。兵士は主に家臣と野伏・足軽であったので、寺や神社は兵士の乱入・狼藉を恐れて、大将からそれを禁じる文書を入手した。山名宗全の出した禁制としては高山寺のものが有名である。

禁制　　栂尾高山寺

右当手軍勢甲乙人濫妨狼籍事、堅令停止之訖、若有違乱之族者、可処厳科者也、仍下知如件、

応仁元年七月　日

沙弥（花押）（宗全）

宗全が山名軍の兵士に対して、高山寺での濫妨狼藉を禁じ、違反者は厳罰に処すと命じている。高山寺は山名兵にこの文書を提示して乱暴を防ぐのである。文書はふつう紙に書かれるが、この文書は木札に書かれている。壁に掛けて目立つように提示したものであろう。

また壬生家は太政官文庫を管理していたが、文庫を守るために、細川勝元からは応仁二年三月九日に、山名宗全からは応仁二年九月日に、それぞれ禁制を獲得した。その写が壬生家文書（京都大学文学部影写本）に残されている。

一、官庫敷地制札の事　二通写有り

禁制　官長者文庫所

右当手軍勢甲乙人等乱入狼籍を致し竹木を伐採する事、堅く停止せしめ訖、若し有違乱之輩あらば、罪科に処すべき者也、仍て下知件の如し、

応仁二年三月九日

右京大夫源朝臣　判

「遠碧院殿御制札案」

禁制　　壬生官長者宿所幷境内

右軍勢甲乙人等或は竹木を伐採し或は濫妨狼籍の事、堅く停止せしめ畢、特に官務文庫に於いては納置の古今の文書、天下亀鏡たるの間、警固を専らにすべし、若し違犯せしむるの輩あらば速かに厳科に処すべき者なり、仍て下知件の如し、

応仁二年九月　日　　　　　　　　沙弥　判

（読み下し文）

前者が勝元発給、後者が宗全発給である。後者の文言が細かく、具体的である。壬生家では山名宗全に官文庫の内容を説明しその保護を求めたのであろう。

市中の寺社は多くが戦乱のなかで焼かれたが、高山寺と官文庫は幸いにも火災をまぬがれた。それは禁制を獲得した側が、山名軍や細川軍にそれを固示して、乱暴を停止させたからである。その寺社の実力次第では焼かれてしまったであろう。

京都足軽の動向

応仁の戦乱は京都を主な舞台とし、長引き、膠着したが、その場稼ぎの足軽の活動は続いていた。山名軍や細川軍に組織だって組み込まれた足軽衆もいたが、その日その日に、戦況を見つつ参加する足軽層（一般参加の足軽）もいた。市中仮住まいの雑人や寺院末組織の僧、さらに主家が没落した侍牢人など、京都にはあぶれ者が集積していたのである。彼らが簡単な武器を持ち、歩兵として、京都の狭い路地を駆け巡り、敵を攻撃しては逃げる。敵兵の武具・武器を奪う、さらに酒屋・土蔵の物資を横取りする。こうした姿が目に浮かぶ。これが京都足軽である。

乱入する足軽　「真如堂縁起」（真正極楽寺蔵）部分

一条兼良は文明十二年、新将軍義尚に『樵談治要』（『群書類従』所収）という書を献上した。そのなかに、足軽こそ応仁の乱の根本原因であるから、これを禁止すべきであるとの一項目がある。彼が足軽をどのように認識しているか検討しよう。理解しやすいように箇条書きにする。

一、足軽は長く禁止すべきである。
(1)昔から天下の乱れる原因はいろいろあったが、足軽という者は古い文献には見えない。平家の時代に「かぶろ」というめずらしい例があったことは承知してはいるが。
(2)今度の戦乱に初めて出てきた足軽はとんでもない悪党である。洛中洛外の神社、寺院、五山十刹、公家、門跡の滅亡は、足軽のためである。敵方の籠もっている所には力を向けずに、敵のいない所々を打ち破り、日をかけて、財宝を見探っているが、その様子は昼強盗である。
(3)この足軽の跳梁は、武芸が廃れたところから出来している。名のある侍が足軽の技量に劣るようになってしまったためである。そのため随分と名のある侍も足軽の一矢に落命し恥を残し、末代までの瑕瑾となっている。

(4)足軽も主人のない者はいないはずである。今後も足軽が問題を起こしたら、各々の主人に命じて糺明すべきである。土民・商人の足軽は在地（町・村）に命じて罪科を課すと禁制を掲げれば、なくなるだろう。

一条兼良は足軽が昼強盗のように略奪行為に走るのは、彼らを使っている武士・侍に責任があるという。主人がしっかり統制すればなくなると思っている。だが、足軽の上昇は武芸が廃れて、足軽と侍との技量に差がなくなり、あるいは追い越されているとの認識をもっている。

京都の大名の軍勢は野伏・足軽の比率が高い。応仁以前からそうである。永享の山門騒動での持豊軍にも野伏が多い。また野伏から侍に取り立てられる者もいる。被官・内者のなかに足軽が増加して、被官層が劣化する傾向になったことが想像される。

野伏・足軽と侍との混濁状況が進行して、戦乱のなかで、京都市中での略奪が頻発したのである。しかし合戦・略奪とともに起こった火災により、野伏・足軽（雑人）たちの居住地も焼かれ、生活拠点を喪失した。これ以後、京都足軽は足軽大将に組織されて、武家に編成されなければ、生き残れなくなった。応仁の戦乱では、火災が繰り返されて、雑然とした人口増加の京都は失われ、足軽も独立勢力として京都で存続するのは困難になった。

一条兼良は、足軽統制に武家主人と在地（町・村）に期待した。この後の都市京都は荒廃するなかで足軽は衰退に向かい、復興するに自治の町が確立し不穏分子を排除する方向に向かうこととなった（仁木宏『京都の都市共同体と権力』）。地方大名のもとの足軽はこの後も増加するが、京都の足軽は応仁の乱とともに力を失うのである。

3　西幕府と東国情勢

足利義視、西陣に入る

足利義視は戦乱開始直後の応仁元年六月には東方として積極的に動いたが（首実検など）、同八月には伊勢に逃れて北畠氏を頼った。将軍義政は義視の自由な活動を警戒し、翌年（応仁二）の四月には上京をうながし、また五月には熊野から呼び寄せた聖護院道興を伊勢に派遣した。義視は上洛するところとなり、九月には京都に入り、義政に拝謁した。しかし義政のもとに伊勢貞親が復帰するとこれを嫌い、十一月十三日には叡山に逃れた。そして同二十三日には西陣に入る。

西陣大名たちは義視を喜び迎え、「将」（大将）を得たと言い、今出川殿義視を「相公」と仰いだという（十一月二十七日）。将軍として立てたのである。『大乗院寺社雑事記』は義視が西方陣の義廉在所に入った（『碧山日録』）。管領斯波が中心となって将軍となるべき人物を迎え入れたのである。ここに西陣は管領・将軍をもつ体裁（西幕府）となった。

足利義視はどうして西軍に加わったのか、その立場の変遷には理解しがたいものがある。想像すれば、東軍では伊勢貞親が実権を握り細川勝元も面目を失うような状態であった。東軍では准将軍としての扱いが受けられる雰囲気にはなかった。文正元年九月からの自負があり、堪えられなかったのであろう。

西陣の諸大名は義視を歓迎し、文明元年の正月八日には山名宗全らは刀・馬を進上して祝賀を顕し、また義視は三月十四日には山名宗全第を訪問した。足利義視は西軍の帥（事実上の将軍）として振舞うのである。

関東公方成氏との連携

応仁元年五月末の戦闘開始後、西陣側は関東公方との和睦方針はどうしたのであろうか。応仁二年閏十月、関東公方成氏は近臣の那須氏に対して、京都から都鄙合体の提案を受けたと伝えている。

「（切封墨引）」
就都鄙御合体、可励忠節由、自京都被成御教書候、此度属本意候様、弥兵義等能々可相談候、謹言、

閏十月朔日　　成氏（花押）

那須越後守殿

〔読み下し文〕
都鄙御合体に就き忠節に励むべき由、京都より御教書を成され候、この度本意に属すよう、いよいよ兵義等よくよく相談すべく候、謹言、

閏十月朔日　　　　　　　　成氏（花押）
那須越後守殿

年欠であるが、閏十月なので応仁二年に間違いない。成氏は、京都から御教書を直前に受け取っていたはずであるから、京都で御教書を出したのは九月下旬から十月初旬であったと考えられる。「御教書」であるから、発給者は管領である。この管領はだれであろうか。

幕府（将軍義政）は七月十日には管領に細川勝元を任じた。それまでの斯波義廉を罷免したのである。義廉は義政と応仁元年四月以来対立関係となっていたが、義廉の管領は形式上は続いていたのである。それを応仁二年七月十日に変えたのである。このことを伝える史料は『大乗院日記目録』であるが、「七月十日　細川官領たると云々、西方に於いては義廉を以て官領と称すもの也」と記す。義政は管領斯波を細川に変えたが、西方陣は相変わらず斯波義廉を管領としていたのである。

西方陣斯波義廉発給の御教書を受け取った成氏は、その趣旨を「御合体」と受け止めた。和睦ではない。西方陣には成氏討伐を命じた人物はいないのであり、そこととの連携は和睦ではありえない。ただ実質は西方陣と関東公方との提携であり、軍事的同盟となる。西方陣は直後に義視を迎え（十一月）、形式的にも幕府体制を整えて関東公方との提携方針は継続してゆく（義視は九月には京都に入っていたので、あるいは十月頃に西方陣営は接触を始めていたかもしれない）。

関東の政治・軍事情勢　京都側のこうした動きに対して関東の諸勢力はどのように対応していたであろうか。公方成氏には近臣の那須資持・小山持政・岩松持国らがいたが、応仁元年～同二年前半に動きは見えない。応仁二年十月になると、上州毛呂嶋《もろしま》（伊勢崎市）で合戦があった。管領上杉顕定方との戦闘であろうが、成氏は河原屋七郎と高民部少輔に感状を与えている。毛呂嶋は利根川沿いにあるが、この流域では公方のいる古河にかけての地域で、小規模の合戦が幾度か起こる。同二年閏十月には成氏と那須持資は佐野天明から足利に陣を取っている。京都方代官を足利庄から追い出そうと、十二月から攻勢をかけたが、成功にはいたらなかった（家永遵嗣「応仁二年の「都鄙御合体」について」）。

都鄙和睦を推進するはずの斯波方京都勢力の具体的な動きは、関東では応仁元年から文明二年の間、現れていない。そして文明三年になると、五月には館林城・足利赤見城をめぐって成氏方と上杉方との攻防が起こる。そこで将軍足利義政は岩松明純に関東下向を命じ、また現地の岩松家純には上杉顕定と共同した軍事行動を取るように指示した。上杉顕定は成氏方の小山持政を執拗に説得し、ついに五月味方に引き込んでいた。この小山持政の離反により、公方成氏も千葉孝胤を頼り、九月にはいったん下総に逃れた。

だが翌年になると、結城氏広や雪下殿《ゆきのしたどの》の活躍により、成氏は古河《こが》に復帰し、小山持政も古河方に戻った。また下野国と境を接する陸奥白河では白河直朝が細川勝元から何度も勧誘されていたが、明確な態度を示すことはなかった。

こうして関東情勢は、公方成氏方と管領上杉顕定方との間で膠着状態となった。将軍義政と細川勝元（東幕府）の後援を受けた上杉顕定も決定的有利を築くことなく事態は経過していた。関東では京都の政治情勢を変えるほどのことは起こっていなかったのである。

宗全と山名八幡宮

宗全の本国は但馬であるが、三代前の時氏までは上野国山名郷を本拠にする武士であった。その上野国から山陰・京都へと進出したのであった。宗全にとっても山名家発祥の地である山名郷には特別な思いがあった。

山名八幡宮（群馬県高崎市山名町）

山名郷には八幡宮が川沿いの低地に建立されていたが（今も「古八幡」の字名が残る）、僧坊も付属していた。度重なる烏川の氾濫により、室町時代には丘陵沿いの現在地に社殿が移されていた（山本隆志「宿と往来」）。その八幡社別当の地位は南北朝期から山名氏が任命してきたが、寛正四年十二月二十七日には宗全が長宥律師御坊を八幡宮別当職に任じた。宗全は京都にいて、河内嶽山城合戦の成り行きなどを案じている時である。長宥律師がどのような出自の者か不明であるが、この時は京都まで出かけて行き、山名八幡宮別当職を手に入れたのであろう。

また宗全は山名八幡宮から祈禱巻数を送られている。次の文書がそれを示す（国文学研究資料館所蔵蜷川親治氏旧蔵文書）。

恒例巻数幷鞦壱具到来候、目出候、弥可被抽懇祈候、委細之旨、太田垣可申下候、恐々謹言、

二月廿一日　　　　　　　　　　　　宗全（花押影）

八幡宮別当坊

〔読み下し文〕

恒例の巻数並に鞦壱具到来し候、目出候、いよいよ懇祈を抽んぜらるべく候、委細の旨、太田垣申し下すべく候、恐々謹言、

二月廿一日　　　　　　　　　　　　宗全（花押影）

八幡宮別当坊

山名八幡宮別当（長宥律師であろう）から祈禱巻数と鞦《しりがい》が、宗全家臣の太田垣に届けられ、太田垣から宗全に進められたのである。この文書（書状）はその返礼であるが、太田垣から八幡宮別当に渡されたものである。祈禱巻数は山名八幡での宗全戦勝祈願・家門長久祈願の趣旨で読まれた経典の目録であり、鞦は馬の緒である。

山名八幡宮別当は上野国にて宗全の戦勝祈願をしている。宗全が細川との戦乱に入ってからのものであろう。宗全は先祖の地での戦勝祈願を求めたのである。

4　山名―細川の和議

小倉宮の王子の西幕府参加

宗全らの西幕府は南朝（後南朝）の王子と接触を始めた。文明二年（一四七〇）五月には西方大名は同心して南帝を迎えようとし、六月下旬にはただ一人反対していた畠山義就も諸大名と足利義視の説得により同意した（『大乗院寺社雑事記』六月二十五日）。この南帝とは小倉宮聖承の流れの人物であるが実名は不詳という（森茂暁『南朝全史』）。南帝は吉野を出て、七月には大和壺坂（高市郡高取町）の越智氏館に入った。

翌文明三年になると、八月二十六日京都に入った。居所は北野松梅院を予定していたが、用心が不安とのことで、「山名入道之妹比丘尼安山院」に移った。この安山院は安清院かと思われる。小倉宮の王子の粧《よそお》いには宗全が積極的に関わる。九月三日には南主（南帝）は北野に参詣したが、その際の夜御衣などは山名方から用意された。宗全の熱心さが分かる。

宗全以外の大名も新主に御礼を申し入れたが、なぜか今出川殿（義視）はそうしなかった。世論はどうか。筒井氏が尋尊に伝えたところでは、吉野はみな支持、南都は少々が支持という（九月十六日）。紀州に利害をもつ高野山は南帝支持、根来は北朝支持と言われていた（六月二十五日）。

宗全と大臣との問答

『塵塚物語』（『改定史籍集覧十』所収）という説話集に、山名宗全がある大臣（大臣経験者）と交わした問答が載せられている。大臣が様々なことに「ふるきれい（例）」ということを強調するのに対して、宗全は例を引いても仕方ない、今後は「時といふ文字」に変えてほしいと言った。下剋上の風潮を体現する山名宗全の言説として有名な話である。

この問答を歴史具体的状況のなかで読むことはできないであろうか。宗全と大臣との交流は一条兼良の例（文安四年、寛正二年）など、いくつか確認できるのである。問答の時期も問題である。「大乱の比をい」に宗全が「或大臣家」をわざわざ訪れてのことであった。しかも「当代乱世にて諸人これにくるしむなどさまゝゝものがたり」した時の問答である。この文を尊重すると、応仁の乱が始まって間もなくの時期である。そして問答の内容を検討すると、宗全が西陣（西幕府）の公的内実を整えようとした時期であると思う。具体的には足利義視を西陣に迎えた時（応仁二年十一月）か、または南帝を迎えた時（文明二年五月）のどちらかであろうが、後者の可能性が高い。

問答のなかで「たけくいさめる者」（宗全）が「臆したる気色もなく」述べたことの趣旨は次のことである（新行紀一「細川勝元と山名宗全」を参考にした）。

(1)大臣の言われることは一応もっともであるが、何がなんでも例に拠るのはよくない。
(2)これからは「例」という言葉ではなく「時」という言葉で物事を考えてほしい。
(3)天皇・朝廷のことは例に準拠して行われてきたことは宗全も承知している。
(4)その朝廷のことでも、建武・元弘以来当代までは、随分と法を変更してきた。
(5)朝廷儀式でも、大極殿のどこで何の儀式を行ってきたという例をあげても、その殿がなくなれば別の建物で行うことになるし、その別殿もなければどうなるのか。「およそ例とは其時が例なり」。
(6)不易の大法には例を引いてもいいが、それ以外に例を引くことは納得できない。
(7)公家の人は例にばかり馴染んで時を軽視していたので、このように衰微して、官位の競臨にばかり熱心になり、ついには武家に媚びている。
(8)古来の例を今の世で押し通すならば、私（宗全）のような疋夫《ひっぷ》が君（大臣）と同輩のように話すことなどありえない。今の時だからこそできる。
(9)私（宗全）の言っていることは君（大臣）に対して恐れ多いことかもしれない。だが今後には宗全よりも増悪のものが出てくるかもしれない。そしてその時にはその者に媚びることになる。
(10)君が時を認識するならば、宗全は努力して天皇・公家らを扶持する所存です。

ここには、内容的に見て、いくつかの事柄がある。問答は一回でなく、何回かあったものを一度の問答として整理したものかと思われる。『塵塚物語』の奥書は天文二十一年（一五五二）であり、応仁の乱開始の年からは八十年余の後である（作者未詳）。

(1)〜(10)のうち、(7)〜(9)には公家の権威が落ち武家に勢いがあり、さらに増悪人の力が強くなるとの認識が見える。朝廷を含む室町幕府秩序が崩れていることを踏まえている。

(3)〜(6)は、そのような時勢に、朝廷儀礼は例の通りにはできないので、できる範囲で行ってきたし、宗全もそれを承知している、との認識を表現している。「大極殿」という具体的名辞も出てきているので、朝儀のことがいろいろと話題になったのであろう。このような話題は、茶飲み話のように話されたとは思えないし、宗全がわざわざ大臣を訪問しての問答であった。

朝儀に関わる問答は、小倉宮の王子を西幕府に迎えたことが背景ではなかろうか。大極殿は問題にならなくとも、王子の扱いをどのようにするのか、西幕府内での礼節・作法をも話題にしたのではないか。大臣は朝儀の基本から話して聞かせたであろうから、例が基準となる。それに対して宗全は、⑽から分るように乱世の時において時をふまえて、実際に出来ることを優先するよう申し述べている。

この問答の相手は、宗全の交友範囲から、そして朝儀の基本、幕政のあり方に理解の深い一条兼良かと推定できる。このとき宗全も六十歳を越えており、いろいろと経験してきている。大臣経験者（一条兼良）に向かって「時」一辺倒を主張したわけではない。例は「時」に応じて変化することを言っている。一般的にも「時」は裸の状態で実現できるものではなく、形式をともなうものであるとの認識に達していたと思う。

宗全死去・山名降参の噂

文明四年（一四七二）正月、二十一日に宗全が死去し、山名方は降参したとの噂が政界を駆け巡った。奈良の尋尊は最近六年間の大乱は諸大名が山名・細川の両方に引き分けて日夜合戦に及んだが、宗全の死去により天下は無為に向かうと喜んでいる。尋尊はこの時点での西方構成者を書いているが、南主（小倉宮の王子）と今出川殿（義視）を中心に、一色某・土岐美濃守（政房）配下斎藤妙椿・斯波義廉配下甲斐党・畠山義就・同義統・六角高頼・山内宮内大輔・大内政弘・京極配下多賀出雲守を挙げている。このうち六角高頼と京極は東方から変わった者という。

同様に東方も列記しているが、西方から移った者に六角雅延・朝倉孝景がいる。宗全死去後には山名—細川の和議が進められたようであるが、山名方では大内政弘と畠山義就が一致して反対し、細川方では赤松が離脱しようとした（『経覚私要鈔』）。和議は頓挫する。

三月になると、細川方では勝元が隠居し、養子（六郎政元）も入道したとの風聞もたった（『大乗院寺社雑事記』三月十六日）。細川父・子は内者とともに髻を切ったといい、宗全は切腹したが内者等が取り留めたため命だけは助かったという（同、五月十四日）。和議が再び始まったのである。この和議は宗全方から勝元方に働きかけたものであろう。勝元とともに六郎（政元）が出家させられたが、政元は宗全娘（養女）の子である。勝元・六郎父子に期待して工作したのであろうが、成功しなかった。山名側では畠山義就が、細川との和議が実現すれば山城国内等で紀州勢に給付した所領が危うくなると反対していた。義就は宗全とは距離ができていた。

宗全がこの和議を進めたのは、六十八（九）歳という年齢であり、体力の衰えも感じていたのかもしれない。また小倉宮の王子と足利義視（准将軍）の体裁を保っている段階で和議を結ぶことを考えたか。

宗全、勝元の死去

文明五年三月十八日、山名宗全が陣中にて死去した。七十歳であった。二十三日に北山禅院にて荼毘に付された。法名は宗峰、道号は遠碧院殿。大将の死去により、西幕府は動揺した。足利義視は四月下旬に一条兼良に身体の事（身の振り方）をたずねたという（『大乗院寺社雑事記』二十三日）。義視はその後も西軍にとどまるが、その主力は畠山・大内に移

宗全墓所（南禅寺真乗院境内）

ってゆく。

同年の五月十一日には細川勝元が四十四歳の若さで死去した（龍安寺殿）。西方に次ぎ東方大将の他界に、みな驚いたが、「疫癘」というが事情は詳しく分からない。東陣も動揺したが、足利義政は益田越中守（兼暁）・吉川次郎三郎（経基）・周布因幡守（元兼）らに御内書を発給して奮発をうながした。

両大将の死去により、山名氏と細川氏の間では和議に向かう気運が出てきた。細川氏のなかでは勝元後継者がなかなか決まらなかったが、政元に落ち着いた。この政元は山名宗全の娘（養女）と勝元との間に生まれた子であるから、宗全の孫にあたる（家永遵嗣「細川政元の生母桂昌了久」）。『親元日記』は八月二十八日に細川殿（聡明〈政元の幼名〉）が香川・安富・内藤をともない幕府に出仕したことを伝える。この政元と、同じく宗全の孫である山名政豊との間で和議が進められ、両者の戦闘は中止された。

このように、宗全と勝元の死去が和議に向かわせている。ということは、宗全は死去の前には、和議を求めていたとも思われる。死去が三月十八日であるから、正月には考えていたことになる。肉親では嫡男の教豊はすでに死去しており、是豊は東陣にいる。後継者は孫の政豊であるが、父（教豊）

がいない。政治的同盟者と見込んだ畠山義就は相変わらず独自の動きをしている。宗全には和議の心情がふくらんでいたのではなかろうか。

山名—細川の講和

文明六年四月三日、山名政豊と細川政元は講和した。宗全・勝元の死去から一年が経過したが、ようやく実現した。四月二日に両側が参会して実現した（『親長日記』）。乱中も山名・細川両氏との付き合いを持っていた東寺の記録は、「細川聡明殿」（政元）と「山名少弼殿」（政豊）との和睦が実現したとのことで珍重々々と喜んでいる。和議の礼は、まず山名方から使者が五人馬を引いて細川政元邸を訪れ、細川方からも使者五人が山名方へ礼を申しに出かけた。山名方の使者は垣屋・太田垣・田君《たぎみ》・佐々木・塩冶《えんや》であり、細川方は安富《やすとみ》らであった。その上で、「聡明殿の御母」（宗全娘・養女）が山名方を訪問した。宗全娘で細川政元母のこの女性が、この和議の立役者となっている。

山名氏からは、細川との和睦に到ったことを、諸方に使者を送り伝えた。使者となったのは太田垣美作守と塩冶であったが、兵部亮殿・大内助殿（政弘）・畠山左衛門亮（義統）・土岐大膳大夫（政房）・一色左京大夫（義直）の方々に触れた。畠山右衛門亮殿（義就）には伝えなられなかった（「東寺執行日記」）。畠山義就は依然として賛成でなかった。

細川氏・山名氏をとりまく東西両陣営全体はどうであったろうか。東軍でも細川成之・武田国信・畠山政長は和議に賛成であったが、赤松政則は賛成でなかった。西軍はみな賛同したが、賛同しない畠山義就は別の動きとなった。

ここに山名—細川の争いは一応終わるが、畠山義就が大内政弘を巻き込んで戦争を継続してゆく。応仁の乱の新しい段階である。山名政豊は四月二十三日に京都室町でかつての盟友畠山義就と戦い、赤松政則との合戦は続いて行く。

おわりに

山名持豊（宗全）の生涯を、皆さんはどのように感じたでしょうか。応仁の乱を引き起こした人物ということはその通りであると思います。細川勝元の本格的人物伝がまだないので、安易な比較はできませんが、勝元は物事を無理なく進めているように見えます。比較すると宗全の方は直情的で強引なところがあります。ですが宗全もそれなりに物事を考えて幕政に参画していたと思います。宗全と勝元は対立的関係がよく叙述されますが、宗全も勝元を聟にしていて、京都での言動で彼に助けられた場面もあり、政界復帰もかないました。宗全と勝元は思っていたよりも協調的なのではないでしょうか。応仁の乱は長い間の対立の結果ではなく、前年末から始まった政局の結果であろうと思います。宗全の人柄と応仁の乱は、無関係ではないでしょうが、直接的に結びつけるのは考えものです。

持豊は応永十一年（一四〇四）に生まれ、文明五年（一四七三）に死去しました。その生涯は激動だったと言えるでしょう。幕府に参加し、京都政界にもまれた生涯と言えます。まとめのつもりで、持豊（宗全）の政治的・人間的な特徴を簡単に振り返ってみましょう。

京都の大名の山名時熙の子として生まれた持豊は京都で育てられましたが、母（山名氏清の娘）の女丈夫の気性を受けて物怖じしない青年に成長したようです。早くから幕府に出仕して、父の意向により、兄の持熙を退けて家督を継承しました。最初は低い評価をしていた将軍足利義教もこの相続を快く認めました。

持豊の生涯で大きな転換点となったのは、やはり嘉吉の乱でしょう。将軍義教が京都赤松邸で殺害された事件ですが、持豊もその場にいました。一緒にいた一族の山名熙貴は殺害されました。大名たちは将軍後継に腐心するなかで、播磨に退去した赤松満祐らを討伐するための軍勢派遣は山名氏も含めて、遅れていました。持豊もやがて但馬から現地に入りましたが、赤松氏を追い詰め、徹底したやり方で亡ぼしました。この時持豊は三十七歳でしたが、その活動で得た武的名声は彼の後半生に影響したと思います。家臣との武的高揚感に満ちた感情交流もあったと想像できます。これ以後、幕府有力大名としての気概に満ちて、躍動感のある行動を示します。

ただ持豊は武力一辺倒であったとは思えません。彼は京都でも南禅寺をはじめ多くの寺院・塔頭の檀那となり、一族の法事を開催しました。そこで費やした費用は莫大であり、並大抵の額ではありません。また姉や妹が京都の寺院に入っています。姉の休耕院は尼五山の景愛寺に入り、住持にまでなっています。妹の安清院とともに京都の尼世界にかなりの力をもっていたようであり、宗全もその力を利用しています。

山名氏が京都の有力大名として幕府儀礼・行事で負担する費用も膨大でした。父（時熙）も宗全も幕府御所造営では大変な苦労をして諸大名に働きかけ、自身は積極的に多くの費用を拠出しました。

その財源は山名家の所領ですが、守護国の荘園を請所として預かり、その経営余剰を取得していました。また檀那となっていた京都寺院の荘園・所領の経営に関与することで得た収入も山名氏経済を支えていたことでしょう。ただこれで支出が賄えたか疑問です。日明貿易の周辺事業や瀬戸内海水運に関わり、尾道などの船を山名氏勢力下に組み込んだことも同様に大きな財源になったかと思います。

宗全は、とくにその当知行優先主義は、従来の法式で荘園支配を維持することに腐心する貴族層には評判のいいものではなかったようです。ただ京都市中に集まり、活動していた雑人や雑僧には人気があったようです。寺院造営のため勧進猿楽を挙行することに熱心であり、集まってきた雑人の見物料金を負担した場合もありました。山名家の屋形は北野天神に近い芝薬師に沿ってあったようですが、彼は市中に出かけることが多かったのです。また家臣・女中も市中を派手な衣裳で闊歩して注目を浴びていました。官位のある公家・武家や大寺院の僧、そして官衙関連の仕事を請け負う職人が京都社会の折り目正しさを保っていましたが、この時期にはその周囲に凡下の人々が雑然と集まっていたのです。これが十五世紀京都の人口増大の主な要因だと言えるでしょう。この雑人は寺社の縁日や催し物にめざとく、派手好みのようです。山名家中の下部たちも派手でしたが、そうした京都の気分に乗っているように見えます。

鞍馬の毘沙門は本来は武神ですが、福神としても意識されていました。市中の人も、郊外の人も鞍馬参詣に熱心でした。宗全は鞍馬毘沙門を信仰していたようですが、たぶん参詣もしたでしょう。一族の山名教清が鞍馬参詣したときには、途中の市原で坂迎をするために待っていた被官人が現地の村人と鹿狩りの仕方をめぐって紛争を起こしていますが、山名家中の鞍馬参詣の熱心さを示しています。京都には、やがて土一揆が乱入し、合戦では足軽が活躍し、略奪・放火が頻発しますが、京都市中の雑人もこれに加わっていました。赤松氏や伊勢氏は土一揆鎮圧に熱心ですが、山名氏などは幕府軍として参加した程度のようです。

宗全は武的名誉を得ていた人物であり、また幕府の政治的調整にも努力していました。それなりの政治場面を踏んで胆もすわった人物なのですが、人を見る目はどうだったでしょうか。幕府政治でも様々な局面がありましたが、畠山家の家督相続が展開して行くなかで、対立することが多かった義就と最後に提携しました。大きな賭だったと思います。宗全は義就と手を組むことにより、聟の細川勝元との政治的決裂へと進むことになったわけです。宗全と義就の提携には利害関係では解釈できないところがあるので、私は両者のなかに見受けられる武的感情を重視しました。応仁の乱は、宗全—勝元の対立のほかに、いくつもの対立軸がありますが、畠山義就の紀州勢動員による山城支配は独自の方向となり、和議問題では宗全の動きと合致しないことになったのです。宗全が義就を取り込んだことは政治的誤算になったようです。

武勇の道を、大名として臨機応変に調節しながら歩み、また周囲からも京都市中から恐れられながらも期待されていた宗全に、理解者はいたのでしょうか。子息のうち、是豊は武勇故に東軍に移り、教豊は応仁の乱早くに死亡しました。後継者に恵まれなかったと言えましょう。父（時熙）が仕組んだようには山名家権力の継承を演出できなかったのです。孫の政豊は晩年の宗全近くにいたために、その意向を踏まえてか、死後すぐに細川との和解に向かいましたが、山名家権力は縮小に向かいます。山名家はやはり宗全の時期が絶頂と見られます。宗全を支えたのは、一族の者と家臣ですが、家臣のなかには宗全との信頼関係を深めた人物もでました。田公入道《たぎみ》（政恵）が病気になった際には、宗全はその人柄を思うあまり、自ら太秦《うずまさ》薬師に七日間参籠していました。また家臣が宗全に諫言することは軍記にも見えますが、垣屋越前入道は宗全の率爾《そつじ》（楚忽）に意見したといい、これが世間に流布していいます（『蔭凉軒日録』文正元年閏二月十八日）。家臣とは胸襟を開く関係にあったらしいのです。家臣には宗全の理解者がいたとも言えるでしょう。

京都の伝統勢力のなかにも宗全を少し理解した人がいました。宗全退治綸旨の噂の時（文安四年）には万里小路時房・三条実雅の具体的な動きに助けられましたし、一条兼良には頼ることが多かったのです。この貴族らの働きかけがなかったら、宗全は政治的に没落していたかも知れません。一条兼良は自邸での連歌会に参加させ、またある機会には「例」を説きました。宗全は「時」を主張しましたが、時と例は二律背反ではありません。実際問題としては時と例がどのように折り合うかが問題なのです。宗全は例を優先する考えを批判し、時を優先して例を維持するよう主張したのです。二人の間では問答が成立していたからこそ出てきた考えではないでしょうか。

宗全最大の理解者は同時代の一休禅師であろうと思います。宗全を鞍馬毘沙門天の化身と喝破し、多門天のように赤い顔をしていると想像しています。実際に赤い顔かは分かりません。だが修羅の道を歩んできた宗全を思い、赤い顔を思ったのでしょう。一休禅師は、調整に走ることなく、修羅道を引き受けて進んだと見たのでしょう。幕府を中心にした京都政界では誰かがこの道を歩まなければならない。宗全が自ら選んだとはいえその道をたどったことに、一休は同情しているようです。一休がこうした理解を示したのは、一休自身が政界と距離を置いていたためかもしれません。雑人と呼ぶほかない人々が大勢入り込んでいて、将軍・大名の言動にも敏感であり、物見高く、世評を作っていました。一休の宗全評価はそうした雰囲気を背景にしているようです。こうした理解者が京都にいたことを宗全は生前には知らなかったでしょうが、うれしいことと思っているのではないでしょうか。

参考文献（二〇一三年まで。なお出版年は西暦に揃えた）

主な史料

『蔭凉軒日録』（増補続史料大成）臨川書店
『経覚私要鈔』（史料纂集）八木書店
『建内記』（大日本古記録）岩波書店
＊公卿万里小路時房の日記。欠失も多いが、正長元年（一四二八）から文安五年（一四四八）はまとまって残っている。山名持豊に関する記事も多い。
『後法興院記』至文堂
『大乗院寺社雑事記』（増補続史料大成）臨川書店
＊興福寺大乗院門跡尋尊の日記。宝徳二年（一四五〇）から永正五年（一五〇八）まで。京都の政治情勢や河内・大和の合戦に関する記事が多く、応仁の乱の戦局についても記述が多い。
『満済准后日記』（続群書類従一、二）続群書類従完成会
『康富記』（増補史料大成）臨川書店
『戦国遺文古河公方編』（佐藤博信編）東京堂出版
『大日本史料第八編一〜七』東京大学史料編纂所
『兵庫県史史料編中世三』兵庫県

『益田家文書一〜四』（大日本古文書）東京大学出版会
『応仁記』（古典文庫）
＊一巻本。序の次に「野馬台詩」とその注解をおく。作者不詳であるが、本文は熊谷訴状から十一の章にわけて、義政治世から相国寺炎上・相国寺蓮池頽までを叙述する。群書本に先行すると思われる。
『草根集』（丹鶴叢書、水野忠央編）国書刊行会
東寺百合文書（画像）京都府立総合資料館（ウェブ）
東京大学史料編纂所史料稿本（ウェブ）

主な系図

『尊卑分脈』山名氏系図
『続群書類従』所収山名氏系図
『山名家譜』（六甲出版）付録山名氏系図（山名藩家老池田氏所蔵）
山名豊道氏（東京都）所蔵山名氏系図

主な辞典

『日本史総覧』新人物往来社、一九八四年
『国史大辞典』吉川弘文館
『日本歴史地名大系　京都市の地名』平凡社、一九七九年
『日本歴史地名大系　兵庫県の地名Ⅰ』平凡社、一九九九年

主な索引

蔭木英雄編『蔭凉軒日録索引』臨川書店、一九八九年
史料研究の会編『大乗院寺社雑事記索引』臨川書店、一九八八年
満済准后日記研究会編『満済准后日記人名索引』八木書店、二〇一〇年
桃崎有一郎編著『康富記人名索引』日本史史料研究会、二〇〇八年
東京大学史料編纂所データベース（ウェブ）

著書・論文

相田二郎『中世の関所』「京都七口の関所」、一九七二年
新井白石『読史余論』岩波文庫、一九九〇年
家永遵嗣『室町幕府将軍権力の研究』東京大学日本史研究室、一九九五年
家永遵嗣「軍記『応仁記』と応仁の乱」学習院大学文学部史学科編『歴史遊学』山川出版社、二〇〇一年
家永遵嗣「細川政元の生母桂昌了久」『日本歴史』七四二号、二〇一〇年
家永遵嗣「再論・軍記『応仁記』と応仁の乱」学習院大学文学部史学科編『歴史遊学』山川出版社、二〇一一年
家永遵嗣「応仁二年の「都鄙御合体」について」『日本史研究』五八一号、二〇一一年
石田晴男『戦争の日本史9　応仁・文明の乱』吉川弘文館、二〇〇八年
石田善人「山名政豊の播磨進攻と蔭木城合戦」『今井林太郎先生喜寿記念　国史学論集』今井林太郎先生喜寿記念論文集刊行会、一九八八年
石田善人「新出の「高畑垣屋文書」について」『兵庫県の歴史』三三号、一九九七年
伊藤喜良『足利義持』吉川弘文館、二〇〇八年

伊藤俊一『室町期荘園制の研究』塙書房、二〇一一年
伊藤毅「長福寺境内の構成」、石井進編『長福寺文書の研究』所収、山川出版社、一九九二年
今岡典和「山名宗全と室町幕府」『此隅山城を考える』第3集、一九九〇年（国立国会図書館になく、未見。川岡『山名宗全』の紹介文による）
今谷明「河内錯乱」『大坂府史第4巻』第4章第1節4、一九八一年
今谷明『室町幕府解体過程の研究』第三章「文安徳政一揆の背景」岩波書店、一九八五年
今谷明『土民嗷々』新人物往来社、一九八八年
上島有「封紙の重要性」『古文書研究』二二号、一九八三年
馬田綾子「洛中の土地支配と地口銭」『史林』六〇巻四号、一九七七年
梅棹忠夫『梅棹忠夫著作集　第17巻』中央公論社、一九九二年
榎原雅治編『日本の時代史11　一揆の時代』吉川弘文館、二〇〇三年
小川信『山名持豊と細川勝元』人物往来社、一九六六年
片岡孏樹「守護山名氏とその在所」『兵庫史学』六八号、一九七八年
川岡勉『室町幕府と守護権力』吉川弘文館、二〇〇二年
川岡勉『山名宗全』吉川弘文館、二〇〇九年
川上貢『日本中世住宅の研究』墨水書房、一九六九年
岸田裕之『大名領国の構成的展開』第一編第二章「守護山名氏の備後国支配の展開と知行制」、吉川弘文館、一九八三年
岸田裕之「守護山名氏の備後国支配」『広島県史中世』Ⅲ—4—3、一九八四年
北島大輔「大内氏は何を食べたか」小野正敏・五味文彦編『動物と中世——獲る・使う・食らう』所収、高志書

院、二〇〇九年
京都市『京都の歴史　第三巻』学芸書林、一九七四年
京都市『京都の歴史　第十巻』学芸書林、一九七六年
黒川正宏『中世惣村の諸問題』第七章「山城国伏見庄の地侍たち」国書刊行会、一九八二年
小坂博之『山名常熙と禅刹』楞厳寺、一九七六年
小谷利明『畿内戦国期守護と地域社会』第三部第二章「中世後期鞍馬街道五ヶ村の領有関係と地域結合」、清文堂出版、二〇〇三年
小葉田淳『中世日支通交貿易史の研究』第二章「遣明船の往来」、刀江書院、一九六九年
斎木一馬「恐怖の世――嘉吉の変の背景」高柳光寿編『戦乱と人物』所収、吉川弘文館、一九六八年
坂井孝一「形成期の狂言に関する一考察」松岡心平編『看聞日記と中世文化』所収、森話社、二〇〇九年
酒井紀美『応仁の乱と在地社会』同成社、二〇一一年
桜井英治『室町人の精神　日本の歴史12』講談社、二〇〇一年
桜井英治「応仁二年「都鄙和睦」交渉について」『日本史研究』五五五号、二〇〇八年
佐藤進一『室町幕府守護制度の研究　下』東京大学出版会、一九八八年
設楽薫「室町幕府評定衆摂津之親の日記「長禄四年記」の研究」『東京大学史料編纂所紀要』第三号、一九九九年
清水克行『室町社会の騒擾と秩序』第二部第三章「ある室町幕府直臣の都市生活」、吉川弘文館、二〇〇四年
下坂守『京を支配する山法師たち』吉川弘文館、二〇一一年
下坂守『中世寺院社会の研究』思文閣出版、二〇〇一年
宿南保『城跡と史料で語る但馬の中世史』神戸新聞総合出版センター、二〇〇二年

新行紀一「細川勝元と山名宗全」笠原一男編『室町幕府　その実力者たち』新人物往来社、一九六五年
新城常三『新稿社寺参詣の社会経済史的研究』塙書房、一九八二年
末柄豊「細川氏の同族連合体制の解体と畿内領国化」石井進編『中世の法と政治』所収、吉川弘文館、一九九二年
末柄豊「『親長卿記』（甘露寺親長）」元木泰雄・松薗斉編著『日記で読む日本中世史』ミネルヴァ書房、二〇一一年
鈴木良一『応仁の乱』岩波新書、一九七三年
須田敦夫『日本劇場史の研究』相模書房、一九六六年
瀬田勝哉『洛中洛外の群像』「荘園解体期の京の流通」平凡社、一九九四年
高橋秀樹『日本中世の家と家族』第一部第二章「祖先祭祀に見る一門と「家」」吉川弘文館、一九九六年
高橋康夫『洛中洛外』平凡社、一九八八年
田沼睦『中世後期社会と公田体制』岩田書院、二〇〇七年
　第一部第三章「公田体制と守護領国」
　第二部第四章「室町期荘園研究の一、二の視点」
豊岡町『豊岡誌』城崎郡豊岡町、一九四二年
豊岡市教育委員会『但馬豊岡城』豊岡市郷土資料館、一九九三年
中島圭一「中世京都における祠堂銭金融の展開」『史学雑誌』一〇二―一二、一九九三年
永島福太郎『一条兼良』吉川弘文館、一九五九年
永島福太郎『応仁の乱』至文堂、一九六八年
永原慶二『下克上の時代　日本の歴史10』中央公論社、一九六五年

中村治『京都洛北の原風景』世界思想社、二〇〇〇年
中村吉治『土一揆研究』校倉書房、一九七四年
中本環校注『狂雲集・狂雲詩集・自戒集』（新撰日本古典文庫5）現代思潮社、一九七六年
仁木宏『京都の都市共同体と権力』思文閣出版、二〇一〇年
西垣晴次・山本隆志・丑木幸男編『群馬県の歴史』第二版、山川出版社、二〇一三年
西尾和美「室町中期京都における飢饉と民衆」『日本史研究』二七五号、一九八五年
西山克「七如来の顕現」『関西学院史学』三八号、二〇一一年
野田泰三「赤松氏の興亡と山名氏」『但馬史研究』二六号、二〇〇三年
服部敏良『室町時代医学史の研究』吉川弘文館、一九七一年
服部英雄「犬追物を演出した河原ノ者たち」『河原ノ者・非人・秀吉』所収、山川出版社、二〇一二年
早島大祐『首都の経済と室町幕府』吉川弘文館、二〇〇六年
　第一部第二章「中世後期社会の展開と首都」
　第二部第一章「足利義政親政期の財政構造」
早島大祐『足軽の誕生』朝日新聞出版、二〇一二年
林屋辰三郎『日本演劇の環境』第二章「芝居」大八洲出版、一九四七年
林屋辰三郎『京都』岩波書店、一九六二年
原田正俊「中世の嵯峨と天龍寺」『講座蓮如　第四巻』平凡社、一九九七年
二木謙一『中世武家儀礼の研究』吉川弘文館、一九八五年
　第一編第一章「室町幕府歳首の御成と椀飯」
　第二編第一章「室町幕府弓馬故実家小笠原氏の成立」

第二編第三章「故実家多賀高忠」
藤木久志『飢饉と戦争の戦国を行く』朝日新聞社、二〇〇一年
藤田弘夫『都市の論理』中央公論社、一九九三年
細川涼一『中世の身分制と非人』日本エディタースクール出版部、一九九四年
百瀬今朝雄「応仁・文明の乱」『岩波講座日本歴史中世3』所収、一九七六年
百瀬今朝雄「鎌倉府の没落」『神奈川県史通史1』第3章第4節、一九八一年
森茂暁『満済』ミネルヴァ書房、二〇〇四年
森茂暁『南朝全史』講談社選書メチエ、二〇〇五年
山田邦和「中世都市嵯峨の変遷」金田章裕編『平安京—京都』所収、京都大学学術出版会、二〇〇七年
山田雄司「足利義持の伊勢参宮」『怨霊・怪異・伊勢神宮』所収、思文閣出版、二〇一四年
山本茂信編『北兵庫の古刹　佛頂山　楞厳寺随想』楞厳禅寺随想出版刊行会、一九八一年
山本隆志「山名時氏の西国進出」『新編高崎市史通史2』所収、二〇〇〇年
山本隆志「宿と往来」『新編高崎市史通史2』所収、二〇〇〇年
山本隆志「山名宿の構造」『新編高崎市史通史2』所収、二〇〇〇年
山本隆志『新田義貞』ミネルヴァ書房、二〇〇五年
山本隆志『東国における武士勢力の成立と展開』第一章「北関東における武士勢力成立の政治史」、思文閣出版、二〇一二年
弓倉弘年『中世後期畿内近国守護の研究』第二部第二章「畠山氏の内訌と紀伊」、清文堂、二〇〇六年
横井清『看聞御記』そしえて、一九七九年
脇田晴子『日本中世都市論』第四章「都市共同体の形成」東京大学出版会、一九八一年

渡邊大門『中世後期山名氏の研究』第六章「『山名家譜』所収の「円通寺文書」について」日本史史料研究会、二〇〇九年
渡邊大門『赤松氏五代』ミネルヴァ書房、二〇一二年

「山名氏系図」（山名豊道氏蔵）部分

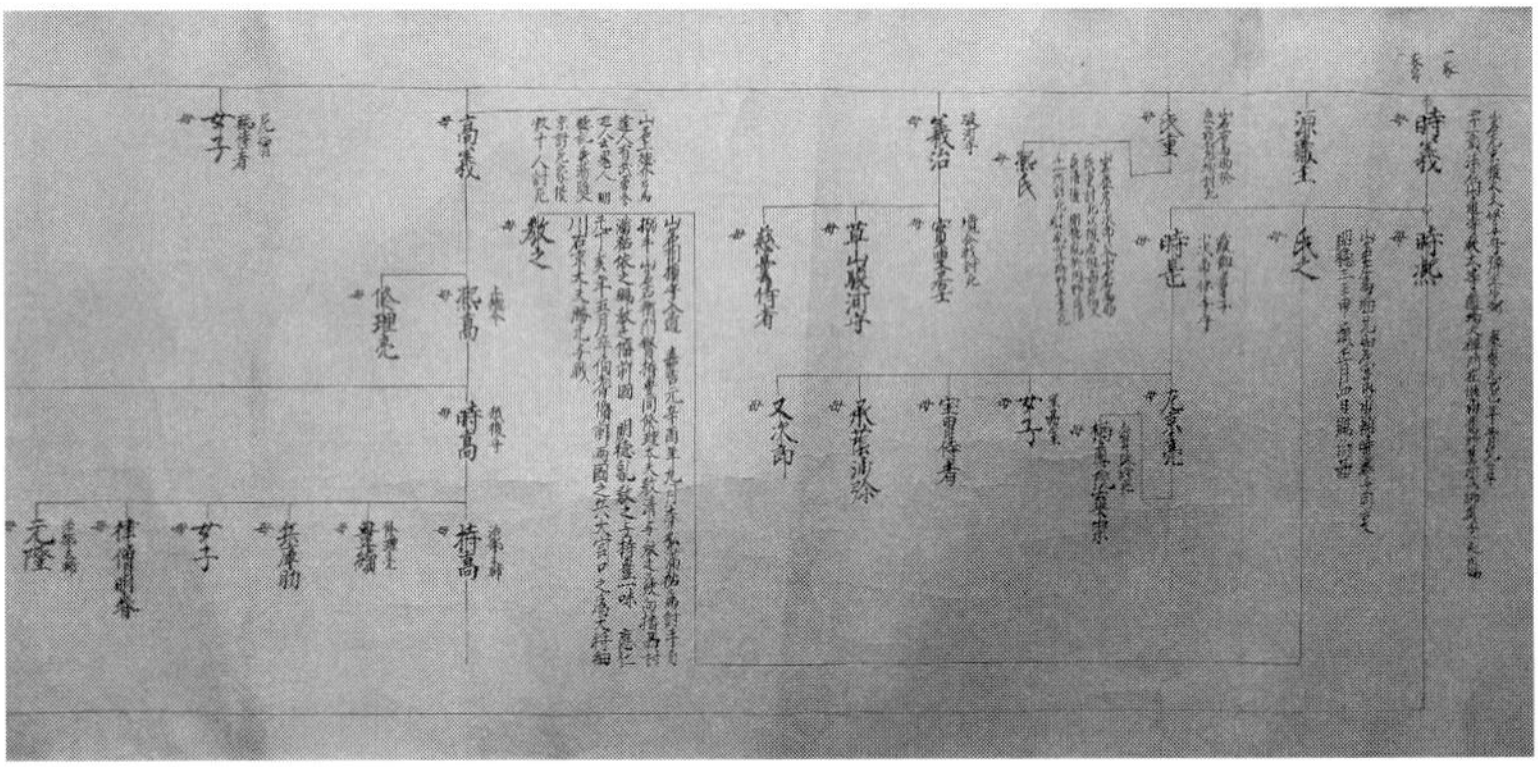

（右下へ）

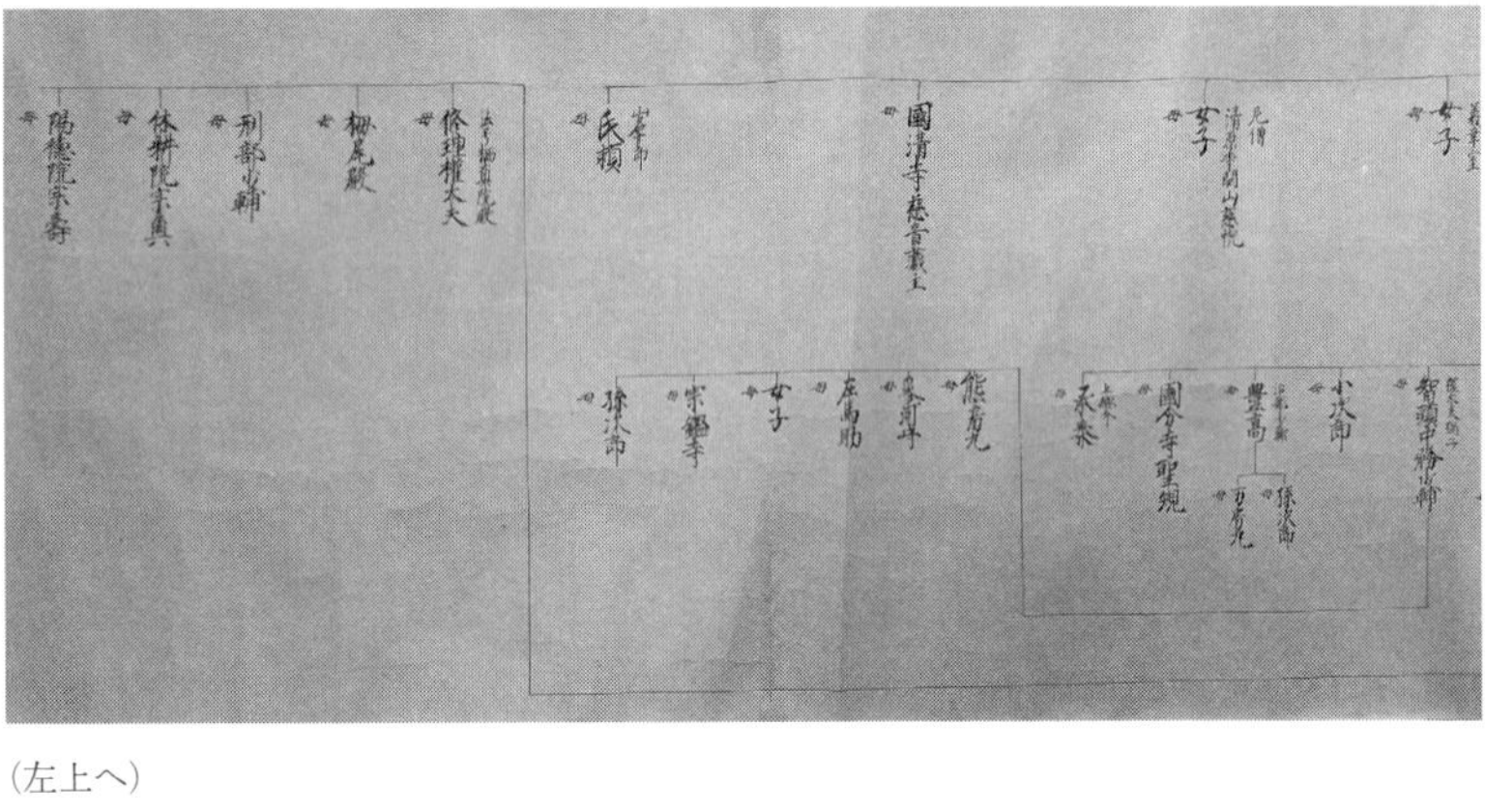

（左上へ）

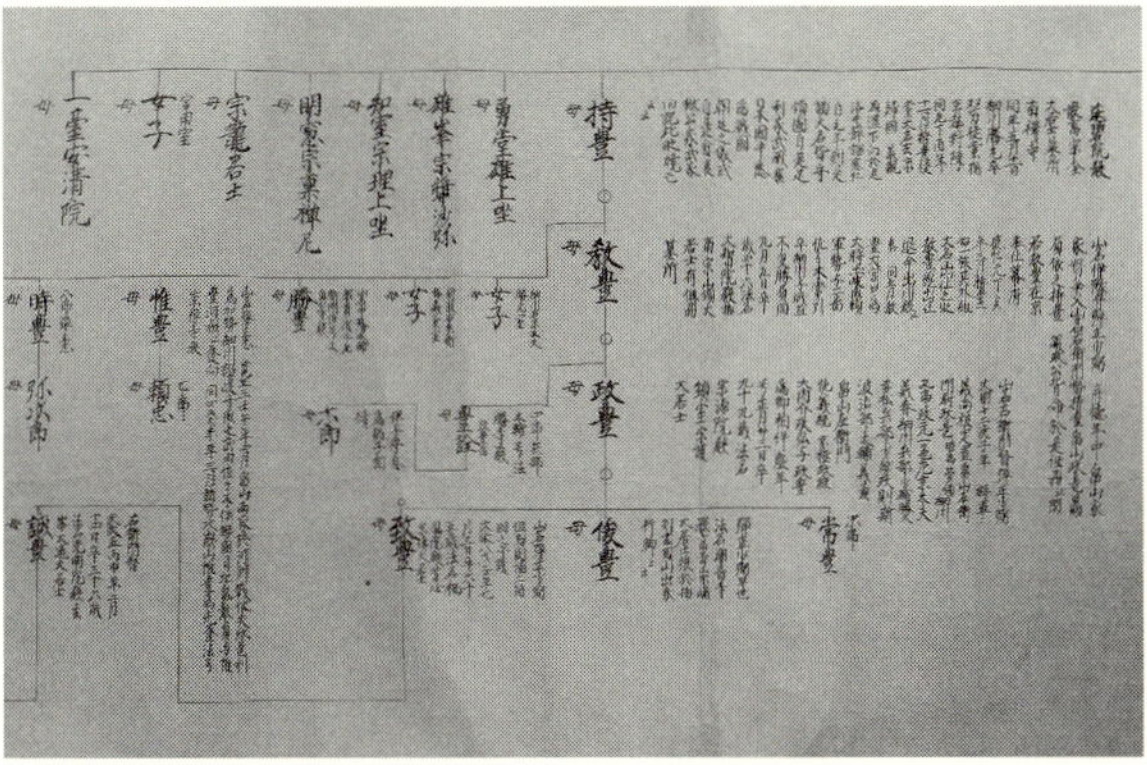

（右下へ）

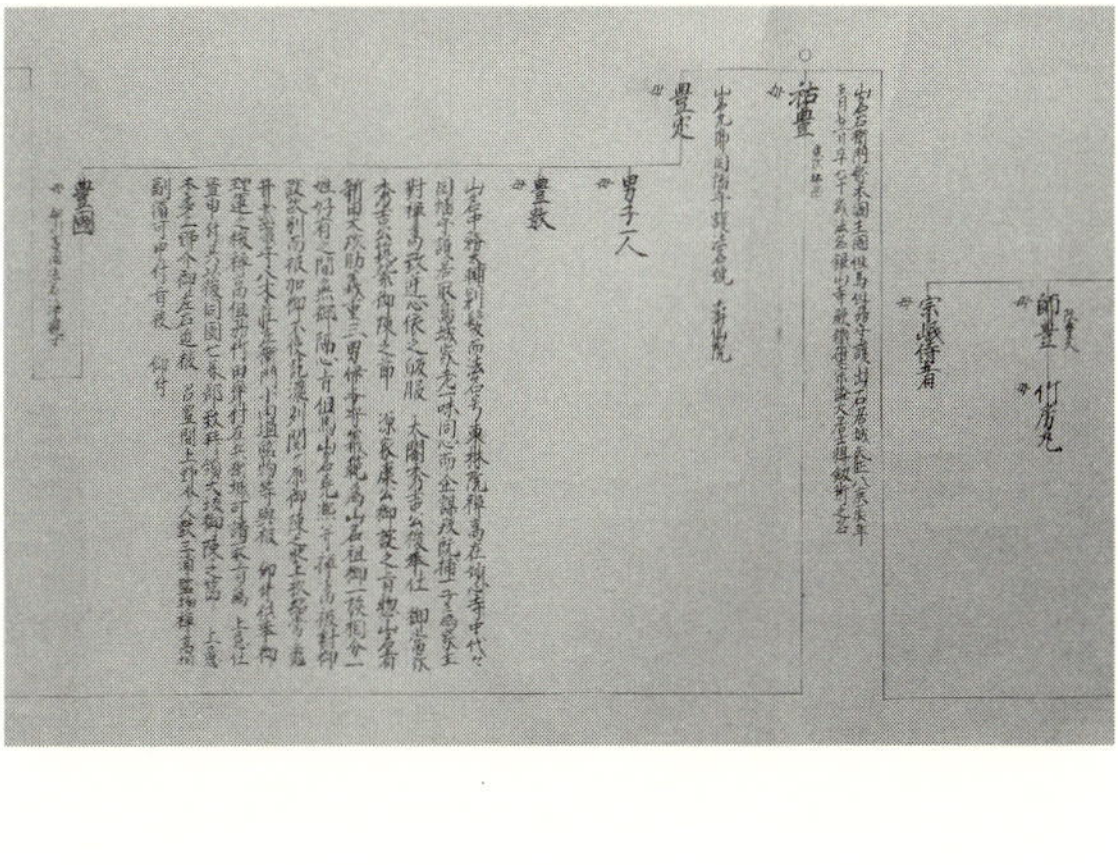

あとがき

山陰の山名氏関係地を平成三年（一九九一）十月、はじめて訪問しました。高崎市史編纂の調査の一環でしたが、多くの寺院を訪れて、文書や石造物を拝見したのです。山名氏の故地が群馬県高崎市であり、そこを本拠とした山名氏がやがて山陰の大名に発展した様子を辿る目的でした。現地の山本茂信先生にご案内いただいて、成果をあげることができました。その後も何回か山陰を訪れましたが、平成十一年十月には、南北朝内乱のなかで山名時氏が因幡から美作へ進出して行く道を確認してみたいと思い、倉吉市奥地から中国山地に入り岡山県津山市にぬけて山城を登りました。

このように山陰山名氏を調べ始めましたが、この時は山陰の山名氏を関東から見ていたのであり、室町期山名氏全体のことは考えていなかったのです。山名宗全を主題にした本を書くことになるとは思いませんでしたが、『新田義貞』（二〇〇五年）を書き終えてみると、関東出身の武士が都や西国の世界でどのように行動したか、興味が出てきました。新田氏から分かれた山名氏が山陰の守護大名となり、京都の室町幕府で発展していった様子を、調べてみたくなったのです。

山名宗全という人物は守護大名の代表的存在であり、下剋上の世に力まかせに挑んだ人物のように思われています。ですがその内実を述べている書物は見かけません。そこで彼がどのように社会と向かい合っていたか、彼の具体的活動全体を一次史料に基づいて調べ直し、点検することから始めました。多くの時間を費やしましたが、目途が立ってみると、宗全は大変な時代に、一筋縄では行かない都市京都で、悪戦苦闘している姿が浮かぶようになりました。

室町幕府は京都に出現したという点で珍しい武家政権であり、山名宗全（持豊）の活動もほとんどが幕府・京都です。京都は学会参加や史料閲覧などで何度も訪問しましたが、山名氏関連の史料・現場の調査はしたことはありませんでした。『東国における武士勢力の成立と展開』（二〇一二年）でも東国武士の在京活動を重視しましたが、今度は京都そのものが舞台です。そこで、何回か京都を歩きました。南禅寺・建仁寺、上御霊神社・相国寺、西陣、嵯峨・梅津、賀茂河原、また洛北の市野原から鞍馬寺。伏見は『那須与一伝承の誕生』（二〇一二年）以来、幾度も訪ねました。同じ場所を何回か歩き、あれこれと考えました。持豊（宗全）の跡をめぐって、毘沙門の化身と呼ばれた、彼の激しさに触れてみたいと思ったのです。但馬の気風を内にもつ宗全の京都での振る舞いを、想像したのです。

山名宗全の生涯を、事実に基づいて考えるために、宗全と同じ時代に書かれた史料を重視しました（読み下し文にしてあります）。表と図面もいくつか掲載しましたが、図面は山本が原案・原図を作成し、武田周一郎さん（筑波大学大学院）が作図したものです。またミネルヴァ書房編集部の田引勝二さんには、南禅寺周辺や市原をいっしょに歩くなどお世話になりました。お二人には感謝しています。

平成二十七年（二〇一五）一月

山本隆志

山名宗全年譜

和暦	西暦	齢	関係事項	一般事項
応永一一	一四〇四	1	**5・19**時熙の子として生まれる（母は氏清の娘）。	
二〇	一四一三	10	**正月**元服（持豊と名乗る）。	
二一	一四一四	11	**3・12**兄満時（宮内少輔）が侍所頭人に任じらる。	
二四	一四一七	14	**9・24**将軍義持は山名時熙・満時（刑部少輔）邸に御成。	**正月**上杉氏憲ら敗れ、鎌倉にて自害する。
二五	一四一八	15	**6・6**父時熙が義嗣叛逆同意の疑いにより出仕を停止される。	**正月**義持、弟義嗣を殺す。
二七	一四二〇	17	**正・22**兄満時が死去する。	
二九	一四二二	19	**2・28**持豊、兄熙高とともに備後より上洛する。	
三〇	一四二三	20	**正・11**将軍義持は時熙邸に御成。	
三五	一四二八	25	**4・23**右衛門入道（時熙）病気。遺跡継承が兄刑部少輔（持熙）と弟弾正（持豊）で問題となる。	**正・18**足利義持死去。家督は籤引きにより義教となる。
永享　元	一四二九	26	**4・1**熙貴（中務大輔）亭にて歌会（5・21、8・15、9・15、12・14も）。**5・21**父時熙（右衛門入	**3月**足利義教が将軍となる。**8月**斯波義淳、管領に就任する。

			道常熙)、病気平癒祈願に北野社参詣し、百首奉納する。9・15持熙(刑部少輔)亭にて歌会。	
二	一四三〇	27	正・8熙貴(中務大輔)亭にて歌会(2・8、3・6、9・14、閏11・8も)。6・8持熙(刑部少輔)にて歌会(8・8、10・8も)。	この年、世阿弥「中楽談義」成る。
三	一四三一	28	正・15幕府椀飯、山名刑部少輔(持熙)出仕。正・17山名持熙は満済を訪問し、相国寺僧二百余人退出の件で物語する。正・29室町殿は聖護院に渡御。大名四人参。山名は耳所労により不参。3・22管領からの使者が言う。関東使節対面問題につき、公方は意見を求める。山名も意見を申す。3・23関東使節・罰状問題につき山名禅門(時熙)は満済を訪問し、直接に意見を伝える。直後に数回、畠山方使者(遊佐など)・山名方使者(垣屋・田公)が満済を訪れ意見を申し入れる。6・11室町殿連歌会、頭役山名右衛門督(時熙)、発句。7・17畠山・山名両人が満済を訪問し九州問題・関東告文問題を議論する。7・28山名禅門(時熙)は幕府上御所造営を満済・公方に建議する(12・12将軍新造上御所移徙)。9・3山名禅門(時熙)は大内雑掌内藤よりの書状	6月畠山満家・細川持之ら、義教に意見する。7月陸奥の足利満直は畠山氏らに状況を報告する。

			を満済に持参。故大内徳雄跡配分に関わる問題。10・7山名禅門（時熙）は奥州佐々河よりの返報があったことを満済に伝える。	
四	一四三二	29	正・15持豊が幕府椀飯を沙汰。正・19山名禅門（時熙）が上御所用脚皆済・未進目録を注進。	9月義教、富士遊覧。10月細川持之、管領に就任する。
五	一四三三	30	正・12熙貴（中務大輔）は畠山阿波守・下野入道素明とともに正徹庵歌会に参加する。2・21将軍、北野社参籠し一万句連歌。奉行は山名右衛門督入道（時熙）。閏7・2中務大輔熙貴は北小路猪熊に転居した初めて歌会を催す。8・9弾正少弼持豊が父（時熙）一跡を継承し、但馬・備後・安芸・伊賀守護を安堵される。10・9山名右衛門督入道（時熙）、直綴（じきとつ、禅宗僧衣）を許される。10・10宗砌の新庵にて歌会に弾正少弼持豊も参加する。11・26山門争乱に持豊ら諸大名が衆徒攻撃に参加する。	5月日明貿易再開。
六	一四三四	31	正・10右衛門佐入道（持熙）、将軍家に参賀する。正・22中務大輔凞貴亭にて歌会（3・14も）。5・18弾正少弼持豊家にて歌会（11・16も）。11・19持豊など山門攻撃に出陣、比叡山に向かう陣中より中務大輔（熙貴）は正徹に百首題を乞う。	

七	一四三五	32	7・4金吾入道（時熙）死去する。遺跡兄弟相論か、との噂も。	正月鎌倉公方持氏は諸将に足利満直を攻めさせる。
八	一四三六	33	7・4持豊、時熙一年忌供養する。仏事拈香を南禅長老無為和尚。	
九	一四三七	34	7・30刑部少輔（持熙）は大覚寺門跡出奔に与同したが、備後にて討伐される。12・12金吾（持豊）謀反との噂。	7・11大覚寺義昭が大和に出奔。
一一	一四三九	36	正月持豊は正四位下、右衛門佐となる。	2月上杉憲実は持氏を攻め自害させる。
一二	一四四〇	37	5月持豊は侍所別当に就く。	
嘉吉元	一四四一	38	6・24赤松邸にて山名熙貴は殺害され、持豊は逃げ帰る。7月山名持豊が赤松討伐に出陣する。9・10赤松満祐の首、山名相模守（教之）の手より持豊の手に渡る。10・29持豊は播磨守護となり、守護代三人を置く。	6・24将軍義教、赤松邸にて殺害される。7・11細川持常ら赤松討伐に出発する。9・9重臣会議で土一揆鎮圧を見送る。閏9月徳政令。
二	一四四二	39	6・14祇園社祭礼中に山名金吾被官と駕輿丁とが刃傷事件。神輿を汚す。6・25山名兵部少輔（教之）、冷泉院町内艮町（大炊御門堀川北西）を獲得しようとする。	6・29畠山持国管領となる。11・7足利義勝、将軍となる。
三	一四四三	40	5・7鴨河原にて浄蓮華院修造勧進猿楽あり。管	7・11義勝死去。諸将会議で弟

			領・細川・山名は桟敷を構える。5・9山名右衛門佐入道は紫野大徳院僧衆に招かれ饗応を受けるが、住持なきを知る。5・23万里小路時房、山名一族の横暴を歎く。また犬追物・田猟を好むという。6・9惣領右衛門佐持豊は故中務大輔女を猶子とし、大内教弘に嫁す。9・21修理大夫（教清）、鞍馬参詣する。被官人、市原野にて郷民と紛争。9・23山名金吾持豊、伊勢神宮に参詣する。	（義政）をたてる。8・23内裏炎上。
文安元	一四四四	41	4月持豊は播磨東三郡にて郡散合を実施する。5・26～28持豊は土御門河原にて来迎堂造営勧進猿楽を催す。	
二	一四四五	42	2・9～10播磨で山名軍は赤松軍と合戦する。	3月細川勝元、管領となる。
四	一四四七	44	2月山名宗全は娘聟に細川勝元を迎える。3・8兵部少輔（教之）若党斎藤らの紛争を持豊が処理する。斎藤は帰国する。7・4故右衛門督入道常熙十三回忌仏事を南禅寺栖真院にて宗峯（持豊）が主催する。7・16山名右衛門督治罰綸旨の噂が流される。8・19細川勝元は山名亭聟入りの儀。	6～7月土一揆が西岡・嵯峨で広がる。
五	一四四八	45	9月備前・播磨・美作三国を赤松則尚に与えるとの下知あるも、宗全は渡さず。12月赤松則尚の事によ	

年号	西暦	年齢	事項	関連事項
			り、宗全と細川持常が対立したが、公方の宥により鎮まる。	
宝徳 元	一四四九	46	2・19一条家の連歌会に山名兵部少輔（教之）が参加する。6・6弾正少弼教豊亭にて歌会（7・25、9・6、10・6も）。7・9兵部少輔教之亭にて歌会（8・16、12・2も）。閏10・5細川邸犬追物に山名宗全が参加する。11・6山名殿御成が中止される。	正月持氏子（成氏）を鎌倉公方となる。4・29義政、将軍となる。10・5管領、細川勝元から畠山持国に代る。
二	一四五〇	47	8・28山名被官馬田の中間某は北歓喜寺後苑で寺僧と紛争。9・1宗全と兵部少輔（教之）と不和。	
三	一四五一	48	7・4宗全が時熙（常熙）二十五年忌を催す。7・28太田垣内者は細川京兆被官豊田内者を殺害する。	
享徳 元	一四五二	49		11・16管領、畠山持国から細川勝元に代る。
二	一四五三	50	8・16相模守教之亭にて歌会。10・8右衛門督入道宗全亭に三宝院義賢出御し、正徹らと歌会。	
三	一四五四	51	8月畠山家内の争いに、宗全・勝元は弥三郎を支援する。11月山名宗全失脚し但馬に下国する。	12月成氏は上杉憲忠を誘殺する。
康正 元	一四五五	52	4月山名教豊（弾正少弼）、但馬に下向する。5月宗全は播磨に出兵し、赤松則尚を討つ。6月播磨国	

			守護代垣屋熙続は大部庄兵粮米を免除する。8・27教豊帰洛する。この年、宗全の推薦で、瑞巌禅師を南禅寺住持に就任。	
二	一四五六	53	6月山名与次郎、造内裏段銭を幕府に納入する。7・25兵部少輔政清亭にて初めて歌会（8・27、9・17、11・17）。8・10山名大蔵大輔之朝が正徹を訪問する。10・17宗全は但馬西光寺にて亡母十七回忌を行う。	4月幕府は内裏造営段銭・棟別銭を課す。
長禄元	一四五七	54	7・25兵部少輔政清亭にて初めて歌会（8・27、9・17、11・17）。10・27土一揆京中で蜂起するに、一色・山名ら防ぐ。	
二	一四五八	55	正・19兵部少輔政清亭にて歌会（3・17、4・19、6・17、7・17、9・17、10・17、10・19、12・17も）。6・14幕府使者が宗全を訪問し、御免を伝える。8・9山名宗全、幕府に出仕する。11・27室町邸造営沙汰を宗全と畠山義忠が命じられる。	7月将軍義政、内大臣に任じられる。
三	一四五九	56	正・2兵部少輔（政清）亭にて歌会（3・19、3・晦）。9月山名政清、勝元の要請で上洛。畠山弥三郎上洛するも勝元対面せず。12月義持三十三回仏事に宗全ら山名一族費用負担する。	

	四	一四六〇	57	8月山名宗全馬場にて犬追物。閏9月細川馬場にて犬追物、宗全と教豊不和を仲直りする。10月教豊は再び宗全と対立し、播磨に下向する。	9月畠山義就、河内に奔る。
寛正	二	一四六一	58	2・3義政・勝元・宗全は畠山義就退治に就き談合する。2・23宗全は一条兼良邸を訪問し連歌会に参加する。6月山名是豊は河内切山合戦を指揮し益田氏功績を将軍に報告する。	正月飢餓者多数京都に集まる。義政が施行。2月願阿が京中にて施行。3月五山など施餓鬼会を行う。10月斯波義廉が家督に就く。
	三	一四六二	59	8〜9月長福寺養源院僧処罰をめぐり宗全と侍所京極氏が対立する。10月土一揆に山名相模守（教之）ら兵を出す。	10月土一揆首領蓮田ら洛中に蜂起する。
	四	一四六三	60	正・22義政は山名宗全新宅に御成。4〜7月山名是豊は河内・紀伊にて畠山義就を攻める。12・27宗全は長宥律師を山名八幡社別当職に任命する。	
	五	一四六四	61	正・22山名邸御成。5月幕府主催の糺河原猿楽に宗全ら山名一族参加する。	9・21管領、細川勝元から畠山政長に代る。12・2足利義視還俗する。
	六	一四六五	62	正・22幕府椀飯を宗全が沙汰する。	11・23日野富子が男子を出産する（後の義尚）。
文正	元	一四六六	63	正・24山名殿御成。7・17宗全孫女比丘尼死去する。	7・23義政は斯波義廉を退け、

			8・3義政は宗全娘と斯波義廉との婚儀絶交を命じる。9月宗全・勝元らは伊勢貞親を追放する。12・22勝元に男子生まれる（後の政元、宗全の孫）。12・25宗全は畠山義就を京都に迎える。	義敏に家督を与えようとした。
応仁　元	一四六七	64	正・5畠山義就は山名邸にて義政・義視を饗応する。正・15宗全は幕府御所を制圧下に置く。2・3宗全は備後国岩成下村等を山内豊成に給付する。4月宗全・斯波義廉・畠山義就連署書状を関東公方足利成氏に送る。5・18赤松政則が播磨に乱入する。山名是豊は呼応し京都を脱出する。5・20山名党、細川党の軍勢がおのおの集結する。5・26山名軍と細川軍は一条大宮などで合戦する（応仁の乱始まる）。細川方山名是豊は淀川沿い所々にて通路を塞ぐ。6・13細川・京極・赤松の軍は山名宗全館を攻める。6・8山名教之と赤松政則は一条大宮で合戦。6・21宗全は細川に誘われて山名館近くの寺を焼いた寺僧を殺害する。7・25細川軍は山名教之第を焼く。7月宗全は高山寺に禁制を出す。8・10上洛の大内政弘が摂津に入り、難波に戦う。9・13宗全らは室町第・勝元邸を攻める。一条高倉でも合戦。10・3	正・8幕府は管領畠山政長を罷免し斯波義廉を任命する。正・18畠山政長と義就は上御霊社にて合戦。2・16義政は岩松明純を東国に派遣する。2月足利義視は山名・細川を調停する。8月足利義視は伊勢に奔る。

			宗全治罰の院宣・将軍御内書が出される。10・25宗全・義就・義廉ら八人は連署状を東大寺・興福寺に送り同意を求める。12・7細川軍は大内政弘の船岡山陣を攻める。	
二	一四六八	65	正・1細川軍が西陣を攻める。3・15東軍の骨皮道賢は伏見稲荷辺に蜂起し西軍糧道を塞ぐ。3・21宗全らは骨皮道賢を攻め殺す。4・13山名・大内の陣は楼櫓を建てる。細川陣も高櫓を構える。5・8山名軍と細川軍と合戦。大内軍と赤松軍と合戦。8月両軍は東山に戦い、西軍は青蓮院を焼き、清閑寺を壊す。9月宗全は壬生家・官文庫に禁制を出す。10月西軍は関東公方に都鄙合体提案の御教書を送る。11・3東軍疾足が宇治参詣する帰路、西軍に殺害される。11・23足利義視は西陣に入る。12・30宗全は山内豊成に備後国信敷東分半分を給付する。	7・10幕府は管領に細川勝元を任命するも、西陣は斯波義廉を管領とする。
文明元	一四六九	66	正・8宗全らは足利義視に刀・馬を進上する。2・11西軍山内豊成と東軍山名是豊が備後にて戦う。3・14足利義視は宗全第を訪問する。3・16細川軍兵が山名方芝薬師堂陣を襲う。	
二	一四七〇	67	4月東軍山名是豊は山城国で西岡などを攻略する。	6月土岐氏は本国下向。西軍に

三	一四七一	68	5月西幕府は南帝を迎えることを決める。大内政弘ら西軍は摂津にて東軍と戦う。6月畠山義就は八幡に下向し、西陣は正体なしとの噂が広がる。4月東軍山名是豊は備後に出陣し、諸城を攻略し、鞆に陣を置く。8・26南帝は入京し、宗全妹安山（清）院に拠る。9・3南帝の北野社参詣を宗全が沙汰する。	投降者続出する。
四	一四七二	69	正・21宗全死去の噂が広まる。3月山名―細川の和議が起こるが、成功せず。	
五	一四七三	70	3・18宗全は陣中にて死去する。3・23荼毘に付される。遠碧院殿。5・11細川勝元死去する。	12月義政は将軍職を義尚に譲る。
六	一四七四		4・3山名政豊と細川政元が和議。4・23山名政豊と畠山義就が京都室町で合戦する。6・26山名政豊は義尚に謁する。	

*澤柳政太郎　新田義之
河口慧海　高山龍三
山室軍平　室田保夫
大谷光瑞　白須淨眞
*久米邦武　髙田誠二
フェノロサ　伊藤　豊
三宅雪嶺　長妻三佐雄
*岡倉天心　木下長宏
志賀重昂　中野目徹
徳富蘇峰　杉原志啓
竹越與三郎　西田　毅
内藤湖南・桑原隲蔵　礪波　護
岩村　透　今橋映子
*西田幾多郎　大橋良介
*金沢庄三郎　石川遼子
柳田国男　鶴見太郎
厨川白村　張　競
天野貞祐　貝塚茂樹
大川周明　山内昌之
西田直二郎　林　淳
折口信夫　斎藤英喜
辰野　隆　金沢公子
シュタイン　瀧井一博
*西　周　清水多吉
*福澤諭吉　平山　洋
福地桜痴　山田俊治
田口卯吉　鈴木栄樹
*陸　羯南　松田宏一郎

黒岩涙香　奥　武則
長谷川如是閑　織田健志
*吉野作造　田澤晴子
山川　均　米原　謙
*岩波茂雄　十重田裕一
*北　一輝　岡本幸治
*穂積重遠　大村敦志
中野正剛　吉田則昭
満川亀太郎　福家崇洋
*北里柴三郎　福田眞人
高峰譲吉　木村昌人
田辺朔郎　秋元せき
*南方熊楠　飯倉照平
寺田寅彦　金森　修
石原　純　金子　務
*辰野金吾　河上眞理・清水重敦
*七代目小川治兵衛　尼崎博正
ブルーノ・タウト　北村昌史

現代

昭和天皇　御厨　貴
高松宮宣仁親王　後藤致人
*李方子　小田部雄次
吉田　茂　中西　寛

マッカーサー　柴山　太
石橋湛山　増田　弘
重光　葵　武田知己
市川房枝　村井良太
*池田勇人　藤井信幸
高野　実　篠田　徹
和田博雄　庄司俊作
朴正熙　木村　幹
竹下　登　真渕　勝
*松永安左エ門　橘川武郎
鮎川義介　井口治夫
*出光佐三　橘川武郎
松下幸之助　米倉誠一郎
渋沢敬三　井上　潤
*本田宗一郎　伊丹敬之
井深　大　武田　徹
*佐治敬三　小玉　武
幸田家の人々　金井景子
*正宗白鳥　大嶋　仁
大佛次郎　福島行一
*川端康成　大久保喬樹
*薩摩治郎八　小林　茂
松本清張　杉原志啓
安部公房　鳥羽耕史
*三島由紀夫　島内景二

井上ひさし　成田龍一
R・H・ブライス　菅原克也
柳　宗悦　熊倉功夫
バーナード・リーチ　鈴木禎宏
イサム・ノグチ　酒井忠康
川端龍子　岡部昌幸
藤田嗣治　林　洋子
*井上有一　海上雅臣
*手塚治虫　竹内オサム
古賀政男　藍川由美
*吉田　正　金子　勇
武満　徹　船山　隆
*八代目坂東三津五郎　田口章子
*力道山　岡村正史
*西田天香　宮田昌明
安倍能成　中根隆行
サンソム夫妻　平川祐弘・牧野陽子
和辻哲郎　小坂国継
矢代幸雄　稲賀繁美
石田幹之助　岡本さえ
*平泉　澄　若井敏明
安岡正篤　片山杜秀
島田謹二　小林信行

田中美知太郎　川久保剛
前嶋信次　杉田英明
唐木順三　澤村修治
保田與重郎　谷崎昭男
*福田恆存　川久保剛
井筒俊彦　安藤礼二
小泉信三　都倉武之
*瀧川幸辰　伊藤孝夫
矢内原忠雄　等松春夫
*フランク・ロイド・ライト　大久保美春
大宅壮一　有馬　学
今西錦司　山極寿一

*は既刊
二〇一五年四月現在

＊古賀謹一郎　小野寺龍太
永井尚志　高村直助
＊栗本鋤雲　小野寺龍太
西郷隆盛　家近良樹
＊塚本明毅　塚本　学
＊月　性　海原　徹
＊吉田松陰　海原　徹
＊高杉晋作　海原　徹
久坂玄瑞　一坂太郎
ペリー　遠藤泰生
ハリス　福岡万里子
オールコック　佐野真由子
アーネスト・サトウ　奈良岡聰智
緒方洪庵　米田該典
冷泉為恭　中部義隆

近代

＊明治天皇　伊藤之雄
＊大正天皇　F・R・ディキンソン
＊昭憲皇太后・貞明皇后　小田部雄次
大久保利通　三谷太一郎
山県有朋　鳥海　靖
木戸孝允　落合弘樹
井上　馨　伊藤之雄
＊松方正義　室山義正
北垣国道　小林丈広
板垣退助　小川原正道
長与専斎　笠原英彦
大隈重信　五百旗頭薫
伊藤博文　坂本一登
井上　毅　大石　眞
＊井上　勝　老川慶喜
＊桂　太郎　小林道彦
渡辺洪基　瀧井一博
＊乃木希典　佐々木英昭
＊児玉源太郎　小林道彦
＊高宗・閔妃　木村　幹
山本権兵衛　室山義正
＊金子堅太郎　松村正義
高橋是清　鈴木俊夫
小村寿太郎　簑原俊洋
＊犬養　毅　小林惟司
＊加藤高明　櫻井良樹
加藤友三郎・寛治　麻田貞雄
牧野伸顕　小宮一夫
田中義一　黒沢文貴
内田康哉　高橋勝浩
石井菊次郎　廣部　泉
平沼騏一郎　堀田慎一郎
鈴木貫太郎　小堀桂一郎
宇垣一成　北岡伸一
＊宮崎滔天　榎本泰子
＊浜口雄幸　川田　稔
幣原喜重郎　西田敏宏
関　一　玉井金五
水野広徳　片山慶隆
広田弘毅　井上寿一
安重根　上垣外憲一
＊グルー　廣部　泉
＊永田鉄山　森　靖夫
東條英機　牛村　圭
今村　均　前田雅之
蔣介石　劉　岸偉
石原莞爾　山室信一
木戸幸一　波多野澄雄
＊岩崎弥太郎　武田晴人
伊藤忠兵衛　末永國紀
五代友厚　田付茉莉子
大倉喜八郎　村上勝彦
＊安田善次郎　由井常彦
渋沢栄一　武田晴人
益田　孝　鈴木邦夫
山辺丈夫　宮本又郎
武藤山治　阿部武司・桑原哲也
西原亀三　森川正則
小林一三　橋爪紳也
大倉恒吉　石川健次郎
大原孫三郎　猪木武徳
＊河竹黙阿弥　今尾哲也
イザベラ・バード　加納孝代
＊林　忠正　木々康子
＊森　鷗外　小堀桂一郎
＊二葉亭四迷　ヨコタ村上孝之
夏目漱石　佐々木英昭
徳冨蘆花　半勝英明
巌谷小波　千葉信胤
樋口一葉　佐伯順子
＊島崎藤村　十川信介
泉　鏡花　東郷克美
上田　敏　小林　茂
＊有島武郎　亀井俊介
永井荷風　川本三郎
北原白秋　平石典子
菊池　寛　山本芳明
＊宮沢賢治　千葉一幹
正岡子規　夏石番矢
高浜虚子　坪内稔典
与謝野晶子　佐伯順子
＊種田山頭火　村上　護
＊斎藤茂吉　品田悦一
＊高村光太郎　湯原かの子
萩原朔太郎　エリス俊子
＊原阿佐緒　秋山佐和子
＊狩野芳崖・高橋由一　古田　亮
＊小堀鞆音　小堀桂一郎
竹内栖鳳　北澤憲昭
黒田清輝　高階秀爾
中村不折　石川九楊
横山大観　高階秀爾
＊橋本関雪　西原大輔
小出楢重　芳賀　徹
土田麦僊　天野一夫
岸田劉生　北澤憲昭
＊山田耕筰　後藤暢子
松旭斎天勝　川添　裕
中山みき　鎌田東二
佐田介石　谷川　穣
＊ニコライ　中村健之介
出口なお・王仁三郎　川村邦光
島地黙雷　阪本是丸
＊新島　襄　太田雄三
木下広次　冨岡　勝
海老名弾正　西田　毅
嘉納治五郎　クリストファー・スピルマン
柏木義円　片野真佐子
津田梅子　田中智子

法然 今堀太逸
慈円 大隅和雄
明恵 西山　厚
親鸞 末木文美士
恵信尼・覚信尼 西口順子
覚如 今井雅晴
*道元 船岡　誠
叡尊 細川涼一
*忍性 松尾剛次
*日蓮 佐藤弘夫
一遍 蒲池勢至
*宗峰妙超 竹貫元勝

南北朝・室町

後醍醐天皇 上横手雅敬
護良親王 新井孝重
*赤松氏五代 渡邊大門
*北畠親房 岡野友彦
楠正成 兵藤裕己
*新田義貞 山本隆志
*光厳天皇 深津睦夫
足利尊氏 市沢　哲
佐々木道誉 下坂　守
円観・文観 田中貴子
足利義詮 早島大祐
足利義満 川嶋將生
足利義持 吉田賢司
足利義教 横井　清
大内義弘 平瀬直樹
伏見宮貞成親王 松薗　斉
*山名宗全 山本隆志
細川勝元・政元 古野　貢
日野富子 脇田晴子
世阿弥 西野春雄
雪舟等楊 河合正朝
宗祇 鶴崎裕雄
*満済 森　茂暁
一休宗純 原田正俊
蓮如 岡村喜史

戦国・織豊

北条早雲 家永遵嗣
*毛利元就 岸田裕之
毛利輝元 光成準治
*今川義元 小和田哲男
*武田信玄 笹本正治
*武田勝頼 笹本正治
*真田氏三代 笹本正治
*三好長慶 天野忠幸
*宇喜多直家・秀家 渡邊大門
*上杉謙信 矢田俊文
島津義久・義弘 福島金治
長宗我部元親・盛親 平井上総
吉田兼倶 西山　克
山科言継 松薗　斉
*雪村周継 赤澤英二
正親町天皇・後陽成天皇 神田裕理
織田信長 三鬼清一郎
豊臣秀吉 藤井讓治
*北政所おね 田端泰子
*淀殿 福田千鶴
前田利家 東四柳史明
*黒田如水 小和田哲男
*蒲生氏郷 藤田達生
*細川ガラシャ 田端泰子
伊達政宗 伊藤喜良
*支倉常長 田中英道
*長谷川等伯 宮島新一
顕如 神田千里
教如 安藤　弥

江戸

徳川家康 笠谷和比古
*徳川家光 野村　玄
徳川吉宗 横田冬彦
*後水尾天皇 久保貴子
光格天皇 藤田　覚
崇伝 杣田善雄
春日局 福田千鶴
宮本武蔵 渡邊大門
*池田光政 倉地克直
保科正之 八木清治
シャクシャイン 岩崎奈緒子
*田沼意次 藤田　覚
*二宮尊徳 小林惟司
末次平蔵 岡美穂子
*高田屋嘉兵衛 生田美智子
*林羅山 鈴木健一
吉野太夫 渡辺憲司
中江藤樹 辻本雅史
*山崎闇斎 澤井啓一
山鹿素行 前田　勉
*北村季吟 島内景二
伊藤仁斎 澤井啓一
貝原益軒 辻本雅史
松尾芭蕉 楠元六男
*ケンペル B・M・ボダルト＝ベイリー
新井白石 大川　真
荻生徂徠 柴田　純
*雨森芳洲 上田正昭
石田梅岩 高野秀晴
前野良沢 松田　清
平賀源内 石上　敏
本居宣長 田尻祐一郎
杉田玄白 吉田　忠
木村蒹葭堂 有坂道子
*大田南畝 沓掛良彦
菅江真澄 赤坂憲雄
*鶴屋南北 諏訪春雄
良寛 阿部龍一
*山東京伝 佐藤至子
*滝沢馬琴 高田　衛
平田篤胤 山下久夫
シーボルト 宮坂正英
本阿弥光悦 岡　佳子
小堀遠州 中村利則
狩野探幽・山雪 山下善也
尾形光琳・乾山 河野元昭
*二代目市川團十郎 田口章子
与謝蕪村 佐々木丞平
伊藤若冲 狩野博幸
鈴木春信 小林　忠
円山応挙 佐々木正子
*佐竹曙山 成瀬不二雄
葛飾北斎 岸　文和
酒井抱一 玉蟲敏子
孝明天皇 青山忠正
*和宮 辻ミチ子
徳川慶喜 大庭邦彦
島津斉彬 原口　泉

ミネルヴァ日本評伝選

上代

*俾弥呼　古田武彦
日本武尊　西宮秀紀
仁徳天皇　若井敏明
雄略天皇　吉村武彦
*蘇我氏四代　遠山美都男
推古天皇　義江明子
聖徳太子　仁藤敦史
斉明天皇　武田佐知子
小野妹子・毛人　大橋信弥
*額田王　梶川信行
弘文天皇　遠山美都男
天武天皇　新川登亀男
持統天皇　丸山裕美子
阿倍比羅夫　熊田亮介
*藤原四子　木本好信
柿本人麿　古橋信孝
*元明天皇・元正天皇　渡部育子
聖武天皇　本郷真紹
光明皇后　寺崎保広
*孝謙・称徳天皇　勝浦令子
藤原不比等　荒木敏夫
橘諸兄・奈良麻呂　遠山美都男
吉備真備　今津勝紀
*藤原仲麻呂　木本好信
道鏡　吉川真司
*藤原種継　木本好信
大伴家持　和田　萃
*行基　吉田靖雄

平安

*桓武天皇　井上満郎
嵯峨天皇　西別府元日
宇多天皇　古藤真平
醍醐天皇　石上英一
村上天皇　京樂真帆子
花山天皇　上島　享
*三条天皇　倉本一宏
藤原薬子　中野渡俊治
小野小町　錦　仁
藤原良房・基経　瀧浪貞子
菅原道真　竹居明男
*紀貫之　神田龍身
源高明　所　功
*安倍晴明　斎藤英喜
藤原実資　橋本義則
*藤原道長　朧谷　寿
藤原伊周・隆家　倉本一宏
藤原定子　山本淳子
紫式部　竹西寛子
和泉式部　ツベタナ・クリステワ
大江匡房　小峯和明
*阿弖流為　樋口知志
坂上田村麻呂　熊谷公男
*源満仲・頼光　元木泰雄
平将門　西山良平
藤原純友　寺内　浩
空海　頼富本宏
最澄　吉田一彦
円珍　岡野浩二
*空也　石井義長
奝然　上川通夫
*源信　小原　仁
慶滋保胤　吉原浩人
*後白河天皇　美川　圭
式子内親王　奥野陽子
建礼門院　生形貴重
藤原秀衡　入間田宣夫
平時子・時忠　元木泰雄
平維盛　根井　浄
守覚法親王　阿部泰郎
藤原隆信・信実　山本陽子

鎌倉

源頼朝　川合　康
*源義経　近藤好和
源実朝　神田龍身
九条兼実　加納重文
九条道家　上横手雅敬
北条時政　野口　実
熊谷直実　佐伯真一
*北条政子　関　幸彦
北条義時　岡田清一
曾我十郎・五郎　杉橋隆夫
北条時頼　山本隆志
北条時宗　近藤成一
安達泰盛　山陰加春夫
平頼綱　細川重男
竹崎季長　堀本一繁
西行　光田和伸
藤原定家　赤瀬信吾
*京極為兼　今谷　明
*兼好　島内裕子
重源　横内裕人
*運慶　根立研介
快慶　井上一稔

刊行のことば

歴史を動かすものは人間であり、興趣に富んだ人間の動きを通じて、世の移り変わりを考えるのは、歴史に接する醍醐味である。

しかし過去の歴史学を顧みるとき、人間不在という批判さえ見られたように、歴史における人間のすがたが、必ずしも十分に描かれてきたとはいえない。二十一世紀を迎えた今、歴史の中の人物像を蘇生させようとの要請はいよいよ強く、またそのための条件もしだいに熟してきている。

この「ミネルヴァ日本評伝選」は、正確な史実に基づいて書かれるのはいうまでもないが、単に経歴の羅列にとどまらず、歴史を動かしてきたすぐれた個性をいきいきとよみがえらせたいと考える。そのためには、対象とした人物とじっくりと対話し、ときにはきびしく対決していくことも必要になるだろう。

今日の歴史学が直面している困難の一つに、研究の過度の細分化、瑣末化が挙げられる。それは緻密さを求めるが故に陥った弊害といえるが、その結果として、歴史の大きな見通しが失われ、歴史学を通しての社会への働きかけの途が閉ざされ、人々の歴史への関心を弱める危険性がある。今こそ歴史が何のためにあるのかという、基本的な課題に応える必要があろう。評伝という興味ある方法を通じて、解決の手がかりを見出せないだろうかというのも、この企画の一つのねらいである。

狭義の歴史学の研究者だけでなく、多くの分野ですぐれた業績をあげている著者たちを迎えて、従来見られなかった規模の大きな人物史の叢書として、「ミネルヴァ日本評伝選」の刊行を開始したい。

平成十五年（二〇〇三）九月

ミネルヴァ書房

《著者紹介》

山本隆志（やまもと・たかし）

1947年　群馬県生まれ。

1971年　東京教育大学文学部卒業。

1976年　東京教育大学文学研究科修士課程修了。

現　在　筑波大学名誉教授。博士（文学）（筑波大学）。

著　書　『荘園制の展開と地域社会』刀水書房，1994年。

『群馬県の歴史』共著，山川出版社，1997年。

『講座日本荘園史 3　荘園の構造』共著，吉川弘文館，2003年。

『新田義貞』ミネルヴァ書房，2005年。

『東国における武士勢力の成立と展開』思文閣出版，2012年。

『那須与一伝承の誕生』編著，ミネルヴァ書房，2012年。

『日本中世政治文化論の射程』編著，思文閣出版，2012年，ほか。

ミネルヴァ日本評伝選

山《やま》名《な》宗《そう》全《ぜん》

――金吾は鞍馬毘沙門の化身なり――

2015年 4 月10日　初版第 1 刷発行　〈検印省略〉

定価はカバーに
表示しています

著　者　山　本　隆　志

発行者　杉　田　啓　三

印刷者　江　戸　宏　介

発行所　株式会社　ミネルヴァ書房

607-8494 京都市山科区日ノ岡堤谷町 1
電話代表（075）581-5191
振替口座 01020-0-8076

共同印刷工業・新生製本

ISBN978-4-623-07358-0

Printed in Japan

人名索引

※「山名宗全」および「山名氏」などの氏名は省略した。

あ 行

か　行

さ 行

た 行

な 行

は 行

ま　行

や　行

ら・わ　行

地名等索引

ま　行

や　行

ら・わ　行